ヤマケイ登山学校

山と溪谷社

雪山登山

天野和明 監修・著

JN223292

Contents

ヤマケイ登山学校

雪山登山

「山は自由に、山を自由に」

山から雪の便りが届きはじめると、
寒さとは裏腹に気持ちがワクワクしてくる。

ピンと張りつめた空気、
凛とした雪山特有の空気感が大好きだ。

赤岳をめざし、文三郎道を登っていく

靴ひもを締め、
クランポンを靴に装着し、
アイスアックスを握る。
雪を踏む音、青空と白い雪とのコントラスト、
雪は朝夕の空の色も反映する。

静寂のなかにある躍動。
寒いけど熱い気持ちを胸に、感じるままに登ろう。
山にはルールはない。
雪山は究極の自由を感じさせてくれるはずだ。
どこを歩いてもよいし、山の中のテントで寝る喜びも、
ほかでは味わえない贅沢な時間だ。

山、それは自分の心を映す鏡のようなもの。
感じるままに登ろう。

山はいつもそこにある。

天野和明

テント泊用具一式を背負って、樹林帯の尾根をラッセルする。息は切れるが、それもまた雪山の楽しさのひとつ

雪上に色とりどりのテントが張られた、西穂山荘のテントサイト。西穂山荘は、穂高の稜線で通年営業している唯一の山小屋

雲ひとつない青空のもと、西穂高岳に向かう。背後には焼岳や乗鞍岳が望める

※ここに挙げた「Q」は、講習会やガイド登山でよく聞かれること、SNSを通じて寄せられた質問が元になっています。

雪山登山 Q&A

雪山ビギナーの疑問や不安にお答えします！

これから雪山に登ってみたいと思っている人や、雪山をはじめたばかりの人は、きっとさまざまな疑問や不安を抱いていることだろう。まずはその疑問や不安に答えます！

Q1

雪山というと「危険」「寒い」というネガティブなイメージが先行して、なかなか踏み出すことができません…。

たしかに雪山は寒いし、雪崩や低体温症、凍傷など雪山特有のリスクもあります。しかし一方で、雪山でしか出会えない風景、雪山でしか味わえない体験や感動もあります。

リスクをゼロにすることはできませんが、適切な計画や準備、登る山の選定や山中での判断・行動によって回避することは可能です。雪山をやみくもに恐れるのではなく、危険に遭遇しない方法、回避する方法を考えることで、ぜひチャレンジしてみてください。

☞「雪山の魅力」は、P12へ
☞「雪山の厳しさやリスク」は、P14、P136へ

Q2

雪山のステップアップをしていくとき、夏山と同じようにやはり「低山」からはじめればいいのでしょうか？

雪山では、必ずしも「低山＝難易度が低い」とは限りません。低山でも、日本海側に位置していれば大量の降雪に見舞われ、人が入っていなければラッセルやルートファインディングをしなければなりません。

自分に合った山を選ぶには、エリアや季節、必要な技術、入山者の多寡、当日の天気などを総合的に考える必要があります。また、雪山は必要な知識や技術が多いので、山行ごとに目的を分けて徐々にステップアップしていくといいかもしれません。

☞「日本の雪山の特徴」は、P16へ
☞「自分に合った山の選び方」は、P22へ

Q3

雪山経験のある知り合いと登っているのですが、人によって教えてくれる内容が違ったりして困惑します…。

本書のような技術書を書いたり、仕事で講習会を企画している僕が言うのもなんですが、山登りに正解はありません。人によって言うこと、教えることが違うのも、よくあることです。ただ、それだと初心者の方は困惑してしまうので、僕自身は今のスタンダードな知識・技術を伝えようと心がけています。

みなさんも、人の教えを鵜呑みにするのではなく、自分なりに考え、経験を積み、自分にとってのベストを見つけることが大切だと思います。

☞「技術や知識の習得」については、P20へ

Q4

一緒に雪山を登ってくれるパートナーがいません。どうやって見つければいい？

今は雪山講習会やガイドツアーが多いので、そこに参加して自分自身の経験を積みながら、参加者のなかから仲間を見つけるという手段があります。ただし、講習会やツアーには費用がかかります。あるいは山岳会に入ってみるのはどうでしょう？

近年はSNSを通じての雪山登山もあるようですが、互いの経験や力量がわかりにくく、リーダーや責任があいまいになりがちで、事故になった例もあります。そのため、慎重に判断する必要があると思います。

☞「雪山講習会や山岳会」については、P20へ

Q5

これから雪山をはじめたいと思っています。装備はまず何を買えばいいのですか？夏山のウェアや装備は使えますか？

太平洋側の低山や残雪期の山であれば、アウターシェルをレインウェアで代用するなど、夏の装備を流用できます。しかし、冬期に高い山をめざすなら、保温性に優れた厳冬期用の装備を選ばなければなりません。「将来、どこまでの雪山をやりたいか」にもよりますが、初心者向けの雪山（森林限界以下）であれば、夏山装備（靴は3シーズン用）にプラスして6本爪以上のアイゼン、グローブや帽子などの小物、アンダーウェアを買ってもらいます。

☞「雪山の用具選び」は、P26へ

Q6

コースタイムの考え方がわかりません。「夏山の何割増し」など目安はあるのでしょうか？

雪山のコースタイムは、山域や登山者の多寡、積雪状況によって変わります。雪に覆われることで歩きやすくなり、夏山より早く登り下りできるときもあるし、ドカ雪に見舞われて一日に数百メートルしか進めないことも。ですので、「夏山の何割増し」などの明確な目安はなく、過去の登山記録、自分たちの経験、当日の積雪量などを踏まえて予測するしかありません。計画時にも、状況が悪いときを想定しながら、余裕をもった時間設定にする必要があります。

☞「行動計画の立て方」は、P56へ

Q7

以前、雪山に登ったとき、おにぎりや水が凍ってしまい、苦労しました。凍らせないコツはありますか？

凍ったおにぎり……切ないですね。衣類に包んで寒さを遮断するなどの工夫はありますが、そもそも「凍らないもの」を持っていくことが基本です。僕は、冬の行動食はもっぱらお菓子やパンを持っていきます。飲み物も、保温ボトルに入れた温かいものを飲みます。また、テント泊の場合、寒冷地対応ではない普通のガスカートリッジだと、寒さの影響で火力が強くならなかったりします。雪山に持っていくものはすべてにおいて「寒さ対策」が必須なのです。

☞「雪山の食事」は、P64へ
☞「ガスストーブ」については、P50へ

Q8

雪山に登るには、どんな技術や知識を身につける必要があるのでしょうか？

歩行技術、ピッケルの使い方、ルートファインディング、雪上のテント泊、ロープワーク、雪崩対策など、必要なスキルは多岐にわたります。

初心者の方にまず意識してほしいのは、雪上の歩行です。歩くことは練習しなくても誰でもできると思っている人が多いのですが、雪上では特殊な足の運びをするので、繰り返し練習して足で覚えることが必要です。どんな場所でも「滑らない」「転ばない」確実な歩行は地道な訓練、経験のたまものです。

☞「雪山に必要なスキル」は、P18へ
☞「雪上の歩行技術」については、P74へ

Q9

雪崩が不安です。雪崩は、どんなときに、どんなところで起こるのでしょうか？

雪崩の発生は、積雪や気象状況、地形などからある程度は推測できますが、１００％ではありません。積雪の深いところの危険な層は、経験を積んだ登山者やスキーヤーでもなかなか気づきにくいものなのです。

雪崩に対して何の備えもしないで雪山に入るのは極めてリスキーです。しかし、雪崩の正しい知識やマネジメント法を知っている登山者は少ないのが現状です。ぜひ雪崩講習会に参加し、基本的な知識や雪崩リスクを減らす方法を学んでください。

☞「雪崩」については、P138へ

Part 1

雪山のはじめ方

雪山に広がる世界

自由、それがいちばんの魅力

心が、体が、雪山を欲する

どうして山に登るのか？――家族や友人からそう質問されたとき、あなたは自分の想いをうまく言葉に表現できるだろうか。「景色がきれい」「癒し」「達成感」などの答え方はあるだろう。山に向かう理由は人それぞれであり、100人いれば、100通りの答えがあるはずだ。でも、「あんなに大変なのに、どうして？」とさらに聞かれれば、理屈ではなかなか説明できないのではないか。

特に雪山は、そうした傾向が強い。あなたが「雪山に登りたい」と言ったとき、周りの人たちはたいてい、「寒いし、危ないし、やめたほうがいいんじゃない？」と反対するだろう。夏山を一緒に登っている友人からそんなことを言われてしまい、仲間探しに苦労している人もいると聞く。雪山に登らない人に、雪山の魅力を説明するのは難しい。

だが、理屈ではないのだ。山が好きになると、心が、体が欲するようになる。まるで初恋にも似た淡い想いと、そして情熱を、山に感じるようになってくる。

たしかに、雪山には「雪崩」「滑落」「寒さ」「遭難」「危険」というイメージがついてまわる。しかし、そうしたマイナスイメージを補っても余りあるほどの魅力があるからこそ、人は雪山に登るのだ。

世界の人々を魅了する日本の雪山

日本の山は、季節によって大きく変化する。冬、冷たい空気が日本列島に入ってくると、特に日本海側の山々には豪雪がもたらされ、低山でも充分すぎるほどの雪と戯れながらの登山が楽しめるようになる。

最近ではＳＮＳでの発信などによって、海外にもその魅力と特異性が伝えられ、主にバックカントリースキーの分野で大勢のインバウンドの人たちが日本の雪山に訪れるようになった。ヨーロッパアルプス、アラスカ、ヒマラヤなど、氷河のあるエリアは夏でも雪があるが、冬は環境が厳しすぎて一般的な登山の対象とはならない。しかし、日本は山と町との距離も近いため、日帰りや週末を利用して楽しめる雪山が多い。そのことが、世界の人々を魅了しているのである。

山の存在感をより強く感じる

僕自身、日本の雪山に魅了された一人である。生命の営みを感じられる夏山もいいが、雪の山にはまた違った魅力がある。山があり、ただそこに自分がいる。「凛」という言葉がこれ以上ないくらいぴったりとハマる、引き締まった空気感。そして色味こそシンプルだが、その純白は光を伴いとても美しくなる。山そのものの存在感をより感じられる瞬間が、雪の山には多くある。

雪山の「自由さ」も大きな魅力だ。雪に深く覆われた大地では、どこを歩くのも自由。尾根を歩くのも、沢に入るのも、テントをどこに張るのかも自由。無雪期であれば、ヤブが濃く容易には入れないようなところでも、雪に覆われた季節にはルートを自由に選ぶことができる。すべてが自分で選択できることは、言い換えれば「自分の力が試されている」ということだが、その難しさも含めて、雪山の醍醐味である。

さらに、雪山は困難さを伴う分、達成感を感じやすい。バリエーションルートに行くようになると〝生〟をより強く実感できるはずだ。

自分たちのパーティだけしかいない山の中、深雪をかき分けて無心にラッセルしていく。白と黒の水墨画のような静寂な風景。頭上には宇宙を感じさせてくれる濃紺の空。下界の煩わしいこと、心配事や悩み事はそこには一切ない。ただ山と向き合い、自分と仲間、そして山のことだけに集中し、めざす頂に向かってルートを切り開いていく――。

そんな瞬間にこそ、僕は心からの幸せを実感するのである。

槍ヶ岳東稜。濃紺に近い空の蒼さと黒々とした岩、そして雪の白さ。厳しくも美しい世界が広がる

樹林帯の尾根をラッセルして登る。登山者は自分たち以外にいない。ルートを切り開くのは大変だが、楽しくもある

雪山の厳しさと責任

雪山をはじめる前に知っておいてほしいこと

美しく、自由である。それはまぎれもない雪山の魅力だが、一方で雪山をめざす登山者は、その「厳しさ」も知っておかなければならない。

数時間前まで、風もなく、太陽の光が降り注ぎ、晴れ渡っていた山が、あれよあれよという間にガスに覆われ、吹雪となることがある。晴れていたときにはハッキリと見えていたトレースも風と雪で埋没。ホワイトアウトして真っ白な世界となり、天地の境がわからなく、バランス感覚もおかしくなる。強風にさらされ、暖かかったときにかいた汗が体を冷たくする。だが、もう着替えができる状況ではない――。

常に無風快晴、青空の下での登山はあり得ない。山の状況は刻一刻と変化し、山中で天気や山の状況が変わることは日常茶飯事だ。

夏山では、仮に不測の事態に遭遇しても、体力次第でなんとかなってしまうことが多い。夏でも低体温症のリスクはあるが、冬期のように気温がマイナスになることはないし、凍傷になることもない。だが、雪山では「体力だけ」ではどうにもならないことが圧倒的に増える。

吹雪や豪雪、不安定な積雪、凍結した斜面、氷点下を下回る寒さ、立っていられないほどの強風、衣類や装備の濡れなど、登山者を「不便で、不快で、不安に」させる要素は山ほどあり、時にそれらの要素は凍傷や低体温症、雪崩や滑落といった生命の危険に直結する事態を引き起こす。

人間の都合を山に持ち込んではいけない

山は誰に対しても平等だ。その平等さは、山の魅力でもあり、厳しさでもある。雨や雪は、装備が整っている人にも、整っていない人にも同じように降ってくる。凍結した急斜面は誰がそこに来ようとも変わらずに存在するし、ラッセルしなければ進めない深雪は登山者の体力の有無にかかわらず目の前にある。

つまり、山はただそこに存在するだけであり、その山を登ろうとするわれわれ人間が必要な準備――体力、装備、技術、知識、経験などあらゆる面において――を整えていかなければならない。「仕事が忙しかったから」「翌日に用事があるから」……そんな人間の側の事情なんて、山にとっては知ったことではない。

「人間の都合を山に押しつけるとしっぺ返しを食う」とは、山岳部時代に先輩に何度も言われたことである。僕自身、何度かヒヤリハットに遭遇したし、山でケガを負ってしまったこともある。ほかの登山者のレスキューに関わったりもしてきた。人間はミスをするものである。ただ、雪山では、ちょっとしたミスが致命的なことになりかねない。だからこそ、山に向かう姿勢を大事にしていきたいと思っている。

「人事を尽くして天命を待つ」

これが山に関わる僕の人生の座右の銘である。

「オウンリスク」の意味

自由には「覚悟」も伴う。

雪山には、マナーやセオリーはあっても、ほかの競技スポーツと違って公式のルールはない。他人に故意に迷惑をかけなければ、基本的には何をしてもよい。マナーを守り、自分でルールを決め、自分でルートを探し、判断する。それが雪山登山の本質である。

ただし、自分が選択した結果起こり得ることは、すべて自分で引き受けることになる。英語でいう「オウンリスク」。日本語では「自己責任」と訳されることが多いが、僕は「そこに生じる危険はあなたのもの」「そこで起こりえた結果は自らが引き受ける」という意味だと思っている。

雪山登山は自由であるべきだが、安全や効率のためにはこうしたほうがよいとか、現在のスタンダードといえる技術はある。本書では、「すべてのリスクを踏まえたうえで自由に活動するのが雪山である」という前提のもと、雪山を安全に登るための、現時点でのスタンダードな技術や知識を伝えていきたい。

北アルプスの稜線。晴れてはいるが、強風が吹きすさび、雪煙が舞う。緊張した登高が続く

悪天候に見舞われて、撤退する。雪山では無理は禁物だ

疲労したメンバーの一人が遅れがちに。このまま進むべきか、引き返すべきか……判断が問われる

日本の雪山の特徴

「地域」「標高」「シーズン」から考える

標高による特徴

登る山の標高が高くなれば、気温は低くなり、特に森林限界を超えると環境が厳しくなる。森林限界は山域によって異なるが、本州中部の高山では2500m付近となる。

■3000m
森林限界を超えるため、悪天候になれば、風雪の影響をもろに受ける。雪面がカチカチに凍ったり、岩と雪がまじるミックス帯になったりするため、確実な歩行技術が必須

■2000m
3000mに比べれば、風や雪面のクラストはマイルドだが、降雨後や北面は凍って危険なことも。山域にもよるが、麓との距離が近いため、悪天候時に撤退しやすい山も多い

■低山
太平洋側ではあまり降雪はないが、天候によっては雪に恵まれることも。日本海側では、低山といえども雪が深く、入山には経験者の同行が必要

地域による特徴

登りたい山が、日本海側、太平洋側のどちらにあるかによって、冬の天候は大きく変わる。初心者には、悪天候の日が多い日本海側よりも、天候が安定している太平洋側の山がおすすめ。

■日本海側の特徴
□12～2月は
天気が悪く、吹雪が多い
□3月以降は
天気が安定してくる

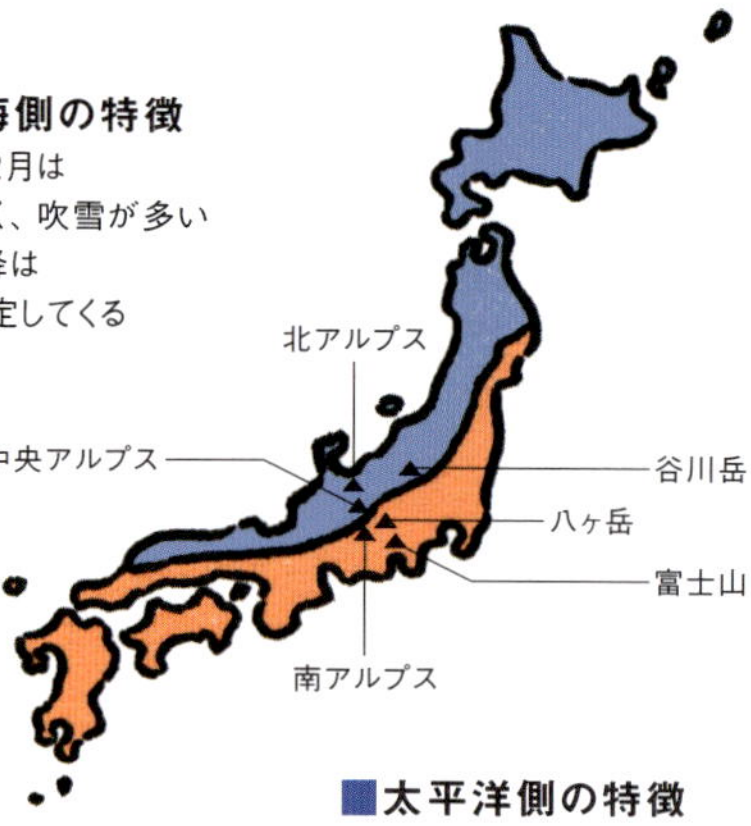

■太平洋側の特徴
□12～2月は
晴れる日が多いが風は強い
□強い寒気が南下したり、南岸低気圧（P68）通過時は悪天になりやすい

→標高1491mの塔ノ岳（丹沢）への登山道。太平洋側の低山であれば、降雪後に雪山ハイキングを楽しめる　←標高2899mの赤岳（八ヶ岳）の頂上直下。強風が吹きつけ、雪と岩の困難な箇所が続く

太平洋側か、日本海側か

日本の雪山は、「地域」「標高」「シーズン」という3つの視点から見てみると特徴をつかみやすい。

「地域」は、登りたい山が「太平洋側」か「日本海側」かに着目する。そのどちら側にあるかによって、冬の天候（晴天率）や降雪量が大きく変わってくる。日本の冬は、太平洋側は晴れの日が多く、日本海側は曇って降雪が多い。この特徴は山も同じで、北アルプスや谷川《たにがわ》連峰の山では悪天候の日が続き、八《やつ》ヶ岳や南アルプスでは天候が安定しやすい。

次に「標高」。登る山の標高が高くなれば、山の環境は厳しくなる。たとえば、寒さ（気温）は、標高が100m高くなるごとに約0・6℃下がる。寒くなれば、凍傷や低体温症のリスクは高まる。また、標高が高くなると、森林限界を超え、風雪の影響を受けやすくなる。

ただし、必ずしも「標高の高さ＝難易度の高さ」ではない。たとえば、

雪山のシーズン区分

雪山のシーズンは大きく「初冬期」「冬期」「春期」の3つに分けられる。冬期のうち最も寒さの厳しい1～2月は「厳冬期」、春期のうち4～5月は「残雪期」と呼ぶ。ただし、この区分はひとつの目安であり、山域や標高によって異なる。

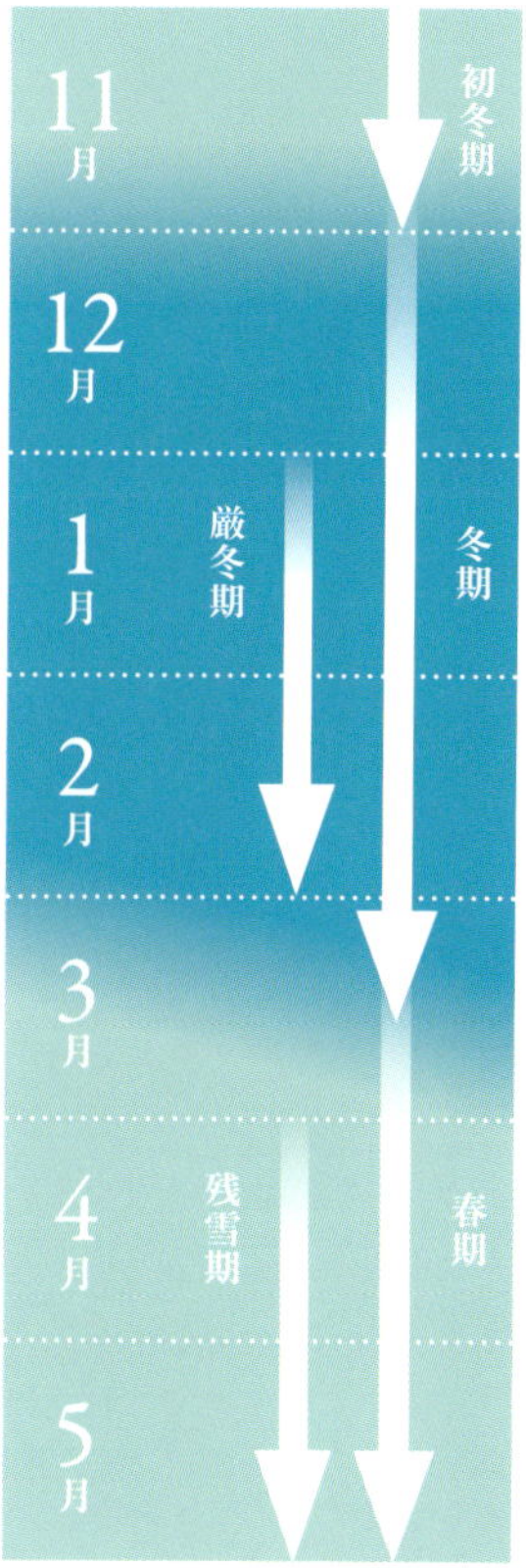

初冬期

日本アルプスなどの中級山岳以上の山で、本格的な積雪がはじまる季節。まだ積雪量は多くはないが、寒気の流入によってひと晩で大雪が降り、登山道の状況が一変することもある。太平洋側の1000m前後の低山では、この時期はまず降らない

冬期（厳冬期）

北アルプスでは、最も雪が降る季節。特に北部や日本海側は荒天が続くため、雪山の諸技術を身につけ、入念な準備をして、経験豊富な人とチームを組んで入山する。太平洋側の山では好天が続くが、南岸低気圧による大雪には要注意

春期（残雪期）

標高の低いところから徐々に雪が解けはじめる。5月に入ると北アルプスも天候が落ち着き、山小屋も営業を開始する。雪山初心者でも登りやすい季節。ただし、天候が悪化して、真冬のような寒さや吹雪に見舞われることもあるので油断は禁物だ

八ヶ岳の硫黄《いおう》岳（２７６０ｍ）のようにベースとなる営業小屋があり、登山者の多い山は、標高は高いが初心者でも登りやすい。逆に、いくら標高が低くても人があまり入っていない山は、ルートファインディング力や自分たちでラッセルする体力が求められ、難易度は高い。

雪山の3つのシーズン

雪山の「シーズン」は、大きく「初冬期」「冬期」「春期」の３つに分けられる。「冬期（冬山）」は12月から3月で、なかでも最も寒さの厳しい1～2月を「厳冬期」と呼ぶ。その後、3月中旬ぐらいから5月までを「春期（春山）」といい、そのうち4～5月を「残雪期」と呼ぶ。一方、雪が降りはじめる11月は「初冬期」と呼んでいる。

ただ、この区分は目安であり、エリアや標高によって雪山の状況は異なる。たとえば、積雪の多い北アルプス北部は、11月に雪が積もりはじめ、場所によっては翌年6月末くらいまでは雪が残る。太平洋側の低山では、12～3月に少し積雪があってもすぐに解けてしまうため、明確に雪山といえるシーズンはない。

雪山登山に必要なスキル

自分や仲間の生命を守るために

夏山の一般登山道を歩くだけなら、それなりの体力があって、天候さえよければ、なんとかなってしまうことが多い。しかし、雪山には、夏にはないさまざまなハザード（危険の原因）が存在する。たとえば、雪の斜面は滑りやすく、転倒や滑落のリスクがある。多くの積雪があれば、雪崩の危険性を考えながら行動しなければならない。寒さは低体温症や凍傷の発症につながる。天候などの条件の悪化、登山者の経験不足や判断ミスが、生命の危険に直結するのが雪山なのだ。

そうした雪山特有のリスクを回避し、自分自身や一緒に登る仲間の安全を守るためにも、雪山をめざす登山者は確実な技術や知識を身につけておく必要がある。

まずは「雪上歩行技術」から

登る山のレベルを問わず、基本となるのは、やはり「雪上歩行技術」だ。ステップキッキングやアイゼン歩行、ラッセル、ピッケルワークである。雪が積もったり、凍結した斜面を歩くときに必須のスキルで、歩行技術を習得していないと転倒や滑落をしたり、スムーズに前進できずに余計な体力を消耗してしまう。

雪山は山全体が雪で覆われているため、夏山のように明確な登山道がない。そのため、地図を読んだり、地形を見たりしてルート判断を行なう「ルートファインディング力」も不可欠である。

レベルに応じて「テント泊」や「ロープワーク」も

積雪期には大部分の山小屋が休業しているため、さまざまな雪山に登りたいと思ったら、雪上での「テント泊」の技術も習得しなければならない。夏山と異なり、雪山では自分の好きな場所にテントを張れる〝自由〟があるが（ただし、冬期も営業している山小屋周辺は除く）、一方で安全なテントサイトを自分たちで見極める難しさや、炊事をするために雪を溶かして水をつくらなければならない手間はある。

登る山のレベルを上げて、ルート上に急な斜面やナイフエッジ（細い稜線）といった危険箇所が出てくるようになったら、自分とパートナーでロープを結び合って互いに確保する「ロープワーク」も必須となる。

さらに、雪崩、雪庇の踏み抜き、凍傷や低体温症など雪山で想定される危険に対して正しい知識を学び、「どうすれば回避できるのか」という事前の予防策と、「もし遭遇（発症）してしまったらどうするか？」という事後の対応策を身につけておく。

それぞれのスキルを習得するうえで意識してほしいのは、その習熟度だ。単に「したことがある」「教えてもらった」というだけでは、いざというときに使いこなせない可能性が高い。「スキルの習得＝リスク回避」と考えるならば、どれだけ条件が悪くても（たとえば、猛烈な風雪にさらされている、ホワイトアウトして視界がまったくない、など）確実にできるレベルにまで習熟していることは重要だ。もし自分に足りない要素があると判断したら、登る山のレベルをむやみに上げず、まずは足りないスキルを補う経験を積んでいこう。

雪山には、転倒や滑落、凍傷や低体温症のリスクがある。そうしたリスクを回避するためにも確実なスキルを習得しておかなければならない

雪山登山の技術

ルートファインディング

雪山には、登山者を目的地に導いてくれる登山道はない。地図を読み、実際の地形を観察して、自分たちが進むべきルートを判断しなければならない。山中で確実な地図読みをするには、計画段階から地図をしっかり見ておくことも重要。【☞P90～】

雪上歩行

雪山登山をするうえで最も基本となる。ルートや積雪の状況を見ながら、フリクション、ステップキッキング、アイゼン歩行を使い分けたり、トレッキングポールやピッケルを使いこなす技術。大量の積雪がある場合はラッセル技術も必須となる。【☞P74～】

リスクの予防と対策

雪山には、雪崩、雪庇の踏み抜き、凍傷や低体温症などのリスクがある。それぞれの危険に関して正しい知識を学び、リスクを回避するための予防策と、もし遭遇（発症）してしまった場合の対応策を身につけておかなければならない。【☞P94～、P136～】

テント泊

テント設営自体は夏山と大差はないが、テントサイトの選定や整地、風よけブロックの設営など、雪山ならではの技術も多い。テント生活では、寒さや濡れに対して特に注意するほか、炊事のための水づくりの技術も必須となる。【☞P124～】

ロープワーク

転・滑落の危険がある箇所を通過するとき、自分や仲間の安全を守るには「ロープワーク」が不可欠となる。確保技術やロープ・スリングの結び方、器具の正しい使い方など覚えることは多く、確実に習得するには繰り返し練習するしかない。【☞P104～】

どのようにスキルを習得するか

経験豊富な指導者のもとで

ピッケルやアイゼンを用いた雪上歩行、ロープを使ったビレイ方法、天候判断や雪崩対策など、雪山の技術は書籍などで独学で学ぶのには限界がある。なぜなら、技術は現地で実践しなければ身につかないが、雪山に入って実践するにはそれなりの経験が求められ、リスクも伴うからだ。そのため、ステップアップをするには、雪山の経験が豊富な人と一緒に登り、その人から習うのが安全かつ確実な方法となる。

山岳会に入会する

雪山技術の習得の場として、かつては学校の山岳部や社会人山岳会が主流であった。

ひと昔前に比べれば数は減っているが、今でも活発に活動している山岳会はある。雪山に登っているメンバーが多く在籍する山岳会に入会し、会の先輩に技術を教わりながら、ほかの仲間たちと切磋琢磨して雪山に登れば、「技術の習得」と「パートナーの獲得」という2つのことが同時に実現できるのでメリットは大きい。また、後述するガイド登山や講習会はガイド料や受講料が必要だが、山岳会は有志の会であるため会費や実費以外の費用負担がないのも魅力ではある。

山岳ガイドや山岳団体の雪山講習会に参加する

山岳会などに所属しない場合は、ガイド登山で講習を受けるか、山岳団体や登山用品店、旅行会社が主催する雪山講習会に参加するのがおすすめだ。

ガイド登山の利点は、比較的少人数で、登山の流れに即したきめ細やかな指導が受けられること。レベルやテーマ別の公募講習のほか、マイペースで学びたい人は個人で講習を依頼することもできる。

山岳団体や登山用品店の講習会は、机上講習と実地講習がセットになっていることが多い。複数回にわたる講習の場合、スケジュールを合わせなければならないが、雪山の知識や技術を体系的に学ぶことができる。

着実なステップアップには、「誰に学ぶか」がとても重要だ。今どきの登山傾向を理解していて、新しい技術や装備にも精通している人、充分な登山経験があり、かつ単に技術を教えるだけではなく山に対する姿勢や考え方がしっかりしている人が、よい指導者の条件だといえる。

何事も最初の一歩が肝心。信頼のおける指導者のもとで、正しい技術をきっちりと学ぶようにしよう。

山岳ガイドによる講習

少人数制で、実地での技術講習と実践登山を行なう。ガイドによっては、事前の机上講習を実施したり、複数回の実地講習がセットになったコースもある。レベルやテーマ別の公募企画のほか、個人で講習を依頼することもできる。少人数制なので、密度の濃い講習が期待できる

山岳団体による講習会

各都道府県の山岳連盟や山岳センターなどが開催する。複数回の講習がコースになっていることが多く、なかには約半年の雪山シーズンを通じて毎月、机上と実地の講習を実施している団体もある。スケジュールを合わせるのは大変だが、雪山の知識や技術を体系的に学べることは大きい

登山用品店や旅行会社による講習会

「石井スポーツ登山学校」の雪山向け机上講習会の例

講習会名	内容
やっぱり行きたい! 冬山雪山の基本登山技術 入門編	雪山歩行技術、休憩のとり方、エネルギー補給の方法やタイミング、基本的な雪崩対策と知識など、冬山登山をはじめるために必要な基本的登山技術を学ぶ
スノーシュー、ワカンで深雪を歩く	厳冬期の醍醐味、ふわふわの新雪を歩くため、どんな装備とウェアを準備すればいいのかを学ぶ
どう着て、山に登る? 実践的レイヤリング講座【冬山編】	ベースレイヤーからアウターシェルまで、何をどう選んで、どう着て山に行けばいいのか? 冬の厳しい環境から身を守るレイヤリングとウェアを紹介する
冬でもテント泊! 初心者でも楽しめる雪山テント泊入門	必要な用具、生活の基本、設営場所の選定、快適に過ごすコツなど。雪山テント泊に興味はあるけど、はじめ方がわからないという人のための講習
冬山のアクシデントに備える! アクシデント対策講習	冬山ではたったひとつのミスが命取りに。万が一のとき「何をすればいいのか?」「何を持っていれば助かるのか?」を知り、アクシデントを防ぐ方法と対策を学ぶ

Mt.石井スポーツの「石井スポーツ登山学校」やアルパインツアーサービスなど、登山用品店や旅行会社が主催する講習会。雪山をはじめたい人、スキルアップをめざしたい人など、さまざまなニーズに応じて多彩な机上講習・実地講習の企画が組まれ、自分のレベルや興味に合わせて参加できる

自分に合った山の選び方

グレーディング表を活用しよう

雪山登山ルートグレード

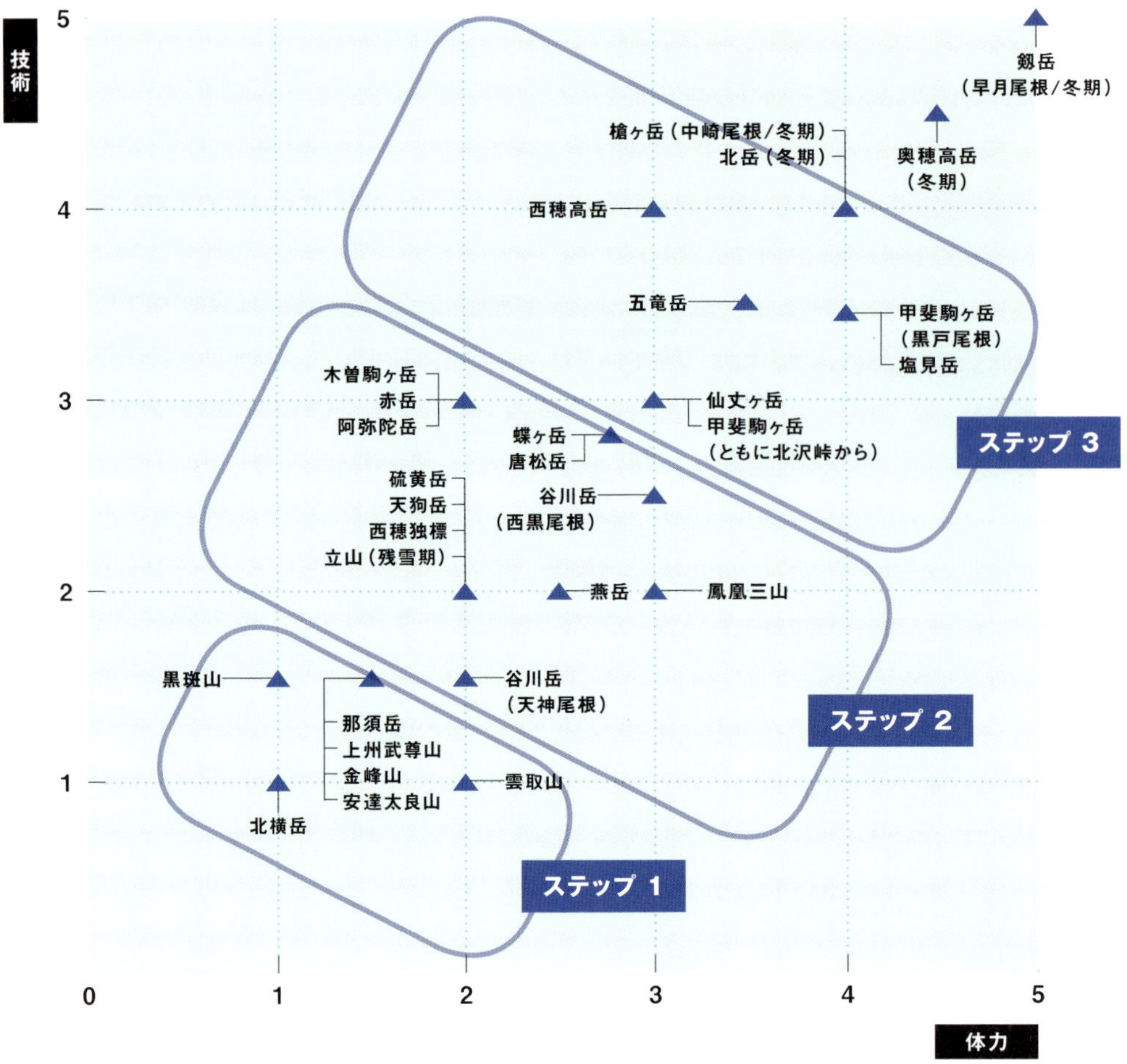

グレード		技術	体力
1	入門	アイゼン、ピッケルを使用しない	日帰りで5時間以内。ラッセルなし
2	初級	短い区間でアイゼン、ピッケルを使用する（1〜2時間程度）	最長の日が5時間超〜8時間以内。またはラッセル主体で5時間以内
3	中級	アイゼン、ピッケルを長時間（3時間以上）使用する	最長の日が8時間超〜10時間以内。またはラッセル主体で5〜8時間
4	中〜上級	2〜3カ所程度の危険箇所があり、初・中級者はロープ確保が必要	最長の日が10時間超。またはラッセル主体で8〜10時間
5	上級	多数の危険箇所があり、ロープワークの技術を駆使して登下降する	グレード4と同じ条件に加え、日程が2泊3日以上のロングルート

この表は、技術／体力レベルに地域性も加味して、山の難易度をグレーディングしています。ただし、雪山は、天候の変化、雪の状況、季節によって難易度が大きく変わるため、あくまでも目安と考えてください

経験を積み重ねる

雪山をめざす登山者が自分のレベルに合った山を選ぶ目安として、雪山登山のグレーディング表をまとめてみた。山の難易度を、体力（行動距離の長さ、ラッセルの可能性）と技術（登攀要素やロープを使った確保技術の必要度など）の面から5段階で評価。評価の基準は、下段の「グレードの目安」を参照してほしい。

さらに、それぞれの山をステップ1〜3に分類した。

【ステップ1（初級）】……日帰り〜営業小屋1泊で入山者の多い山

【ステップ2（中級）】……営業小屋または無人小屋に1〜2泊の山

【ステップ3（上級）】……無人小屋やテント泊で、入山者が少なく、ロープやアバランチギアを携行したほうがよい山

今の自分がどのステップに該当するかは、これまでに登った雪山の経験や、体力や技術のレベルを自己評価することで判断できるだろう。ま

た、グレーディング表には主要な山しか載せていないが、グレードの目安を参考にすることで、そのほかの山もこのグレーディング表に落とし込むことはできる。

　ステップアップしていくにあたって、最も大切なことは「経験を積み重ねていくこと」だ。登山経験の少ない人ほど、急激なステップアップを求めがちだが、雪山においてそれは非常に危険。雪山の難易度やリスクは、天候の変化や雪の状況、季節によって大きく変わる。充分な経験を積まないままに山のレベルを一気に上げたとき、天候や雪の状態がよければ難なく登れてしまうかもしれないが、ひとたび天候が悪化すれば対応できずに遭難してしまう可能性もある。

■ステップ1の例
八ヶ岳
北横《きたよこ》岳
コースは、坪庭〜北横岳（往復）。坪庭まではロープウェイで上がれる。地形はなだらかで危険箇所も少なく、雪山初心者でも登りやすい。山頂付近には北横岳ヒュッテがある

■ステップ2の例
南アルプス
鳳凰《ほうおう》三山
コースは、夜叉神峠〜鳳凰三山〜御座石鉱泉。南御室小屋と鳳凰小屋の冬期小屋を利用して縦走する。ルートは全体になだらかなため、滑落の危険は少ない。ただし、稜線行動が長く、強風による凍傷や低体温症に注意

■ステップ3の例
南アルプス
仙丈《せんじょう》ヶ岳
コースは、戸台〜北沢峠〜仙丈ヶ岳（往復）。北沢峠でのテント泊。入山者が少ないため、ラッセルを要する。森林限界以上での行動も長く、正確なルート取り、天候判断など雪山の総合力が求められる

同じレベルの山を何度も登る

　谷川岳の次は赤《あか》岳で、赤岳を登ったら西穂高《にしほたか》岳や槍《やり》ヶ岳……と階段を上り詰めるように次々と難易度の高い山に行っても、それはステップアップとはいえない。登山の経験は、同じようなことを何度も積み重ねることで得られる。

　たとえば、ステップ1の人は、まずはステップ1の山に何度も登る。はじめは誰かに連れていってもらい、慣れてきたら自分でイチから計画を立ててみよう。そうやって同じレベルの山を繰り返し登るなかで、天候や雪の状況がよいときもあれば、悪いときにも遭遇するはずだ。目標のピークに到達できなかったり、失敗をして反省したりすることもあるかもしれない。そうしたさまざまな経験の蓄積があってこそ、次のステップへの足がかりとなる。

　また、冬期（厳冬期）に比べて春期（残雪期）のほうが、気温が高く、雪の降る日も少ないため、比較的登りやすい。もし冬に登ってみたいと考えている山があれば、まずは条件のよい春の残雪シーズンに登って経験を積んでおくといいだろう。ただし、春期といっても、ひとたび天候が悪化すれば真冬のような寒さや風雪に見舞われることがあるので、特に森林限界以上の山に登るときは油断は禁物だ。

Column 1

僕はどうやって雪山をはじめたか?

雪山や岩登りに憧れ、それがカッコいいと思っていた僕は、山は大学に入ったら山岳部ではじめるものだと思い込んでいた。今のようにたくさんの山の雑誌やインターネットもない時代、山の本をせっせと読み、植村直己さんに憧れていたこともあり、明治大学入学と同時に体育会山岳部に入った。高校時代はそんなに運動をしていたわけではない。ついていけるのか、とても不安だったが、なんとかなった。入学して2週間後にはいきなり8日間の雪山訓練合宿が北アルプスの白馬《しろうま》岳周辺であった。当時は重量を教えてもらえなかったが、とても重く感じた33kgのキスリングを背負い、八方《はっぽう》の集落から道路を歩き、猿倉《さるくら》からは歩き方も教わっていないのに雪の上を登らされ、小日向《おびなた》山のコルまで登った。とにかくしんどかったが、間近で見る白馬三山の美しさに圧倒され、とてもうれしく充実していたことを覚えている。

翌日からは雪訓(雪上訓練のこと)、雪訓、また雪訓。雪訓は、歩行も滑落停止もロープワークも絶対量に比例する。つまりは、やればやるだけ、歩けば歩くだけ、身についていく。朝イチの硬い雪面でもアイゼンは履かせてもらえない。ステップキッキングでの歩行と、ピッケルの使い方をひたすら地味に繰り返して歩いた。6月の合宿は剱沢《つるぎさわ》で雪訓。8月、9月の合宿はさすがに雪はなかったが、11月の冬富士合宿では、行く前から毛手袋+2本指ミトンでのアイゼン着脱両足3分以内訓練からはじまり、ひたすら雪訓を繰り返した。1年生の約100日間の年間山行日数のなかで、70日は雪の上にいたと思う。

条件のよいときから、常に最悪の状況を想定して訓練しておく。それが明大山岳部のミッションだった。だから晴れていても手袋は外さない、のんびりと行動しない。「どんなときでも手は抜かない」「練習でできないことが、本番(雪山)でできるわけがない」「とっさのときでもできることが身についた技術」「繰り返し体で覚えて習慣化させる」。古臭い精神論に聞こえるが、これはほかのスポーツでも同じことだ。下手をすれば命に関わる登山において、なあなあにしてよいわけがない。

当時は理不尽にも思えた厳しさだった。だが、技術や装備は時代時代で変化していっても、山岳部時代に学んだ「危険や山に対する考え方」はその後の僕の登山人生においての礎になっている。

山岳部では半ば無理やり強制されて強くなっていったが、怖い先輩もおらず、組織にも属さない登山者は、自らを律してトレーニングをしていかなければならない。独学では危ないことを厳しく指摘してくれる人も少なく、大変だと思う。

この本が、そんな人たちの雪山への憧れの扉を開くきっかけや、何かに気づくきっかけとなれば、それ以上にうれしいことはない。

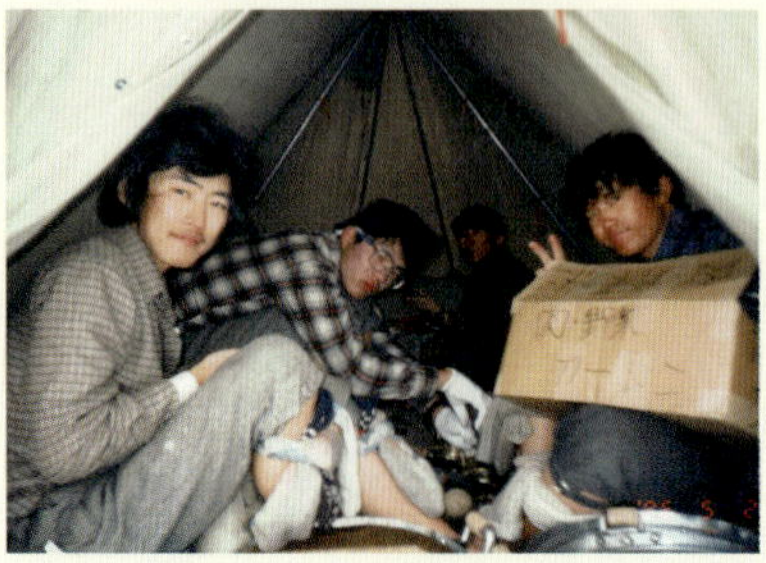

白馬岳周辺で実施された、僕にとっての初めての合宿。当時の明大山岳部は、キスリングを背負い(右)、残雪期のテントはビニロン製の家型テントだった(上)

Part 2

用具とウェア

雪山の装備は多い。少しでも軽く、コンパクトなものを選ぶことも大切だ

雪山の用具選び

登る季節や山域に適したものを選ぶ

装備は、自分や仲間の安全を守るためのもの

積雪や凍結した斜面、氷点下の寒さなど、雪山には夏山にはないハザード（危険の原因）がある。雪山用の用具やウェアは、そうしたハザードから自分や仲間を守るためのもの。それぞれの装備にはどんな機能が備わり、どんなシーンで使うのかをイメージしながら、じっくりと吟味する必要がある。

雪山の装備を選ぶとき、まず考えなければならないのは、自分が登ろうとしている山の特性やルートの状況だ。なだらかな尾根歩きが続くような雪山の低山ハイキングをするのであれば、ピッケルは必要ないし、アウターシェルもレインウェアで代用できる。冬期に森林限界を超える高い山をめざす場合には、アイゼンやピッケルは必携だし、登山靴やウェアも厳冬期対応のモデルを選ぶ必要がある。自分が登る山について調べて、「その時期、その場所（ルート）に合った装備」を選択することが、用具選びの肝なのだ。

とはいえ、山に合った適切な用具選びをするには、装備の特徴を見極める目と、それなりの雪山経験が必要となるのも事実。初心者のうちは「よくわからない」というのが正直なところだろう。そのため、実際に購入する際には信頼できるスタッフのいる登山用具専門店へ行き、アドバイスを受けながら、登る山に対して適正な機能を有し、かつ自分の体に合っているものを選んでいこう。フィッティングはとても大切で、どれだけ高価で優れた用具でも自分の体に合っていなければ、その機能が充分に発揮されないからだ。

正しい装着法や使い方も身につけておく

用具選びとともに重要なのが、その用具の正しい装着法や使い方を習得しておくこと。しっかり装着できていないと思わぬ事故を招くこともある。特にアイゼンは、行動中にズ

レたりすれば転・滑落につながりかねないし、外れて落としたりすれば行動不能に陥ってしまう。また、雪山では素手になれない状況を想定し、グローブをつけたままでも装備の着脱やテントなどの設営ができるように練習しておく。

入山前には、持っていく装備が使える状態か、確認しておくことも欠かせない。装備が壊れていることに気がつかないまま行動してしまい、致命的な事故に陥ることもある。アイゼン、ピッケル、ヘルメットなどのパーツは破損していないか、火器はちゃんと着火するか、時計やビーコンなどの電子機器の電池残量は足りるか、などを細かく点検し、ベストな状態で雪山に持っていこう。

季節・山域・山行形態に応じて、適切な用具を選ぶ

3000m前後の高山を登るときは…

冷たい風に吹かれながら稜線を長時間行動することもある3000mクラスの冬山では、フルスペックの雪山装備が必要となる。登山靴は保温材の入った厳冬期モデル。アイゼン、ピッケルは必携で、ウェアは厳しい寒さと強風のなかでもしっかりと体を守ってくれるレイヤリングを考えなければならない

森林限界を超えない低山を登るときは…

うっすらと雪の積もった低山へのハイキングならば、雪山装備一式をそろえなくても、夏山装備を流用できる。アウターシェルはソフトシェルやレインウェアでOK。ただし、寒さ対策として、ベースレイヤーには保温性の高いものを選び、ビーニーやグローブで冷えやすい体の末端部の防寒をしよう

転・滑落のリスクがあるルートを登るときは…

細い雪稜や急峻な斜面など転・滑落の危険があるルートを登るときは、ロープやハーネスなどの登攀用具も携行する。ただし、正しい使い方を身につけておかなければならない

テント泊をするときは…

テントのほか、スリーピングバッグ、マット、ストーブ、燃料、クッカーなどを用意する。スリーピングバッグは使用温度域の低いモデルを。燃料も寒冷地対応のものを選ぼう

専門店で購入する

今はインターネットでも登山用具を買うことができるが、自分たちの安全を守る雪山装備は、できれば経験豊富なスタッフがいる登山用具専門店で選びたい。その際に大切なのは、「どんな雪山を登りたいか」をしっかりと伝えること。スタッフと相談しながら、登りたい山に適していて、かつ体にフィットする装備を選んでいこう

登山靴

自分の足に合うことが最優先

スタンダードは「シングルブーツ」

雪山登山をはじめようと思ったら、まず手に入れるべきなのが雪山専用の登山靴だ。

雪山用登山靴の種類は大きく分けて、シングルブーツ、ダブルブーツ、ゲイターブーツ（シングル・ダブル）、プラスチックブーツ、ライトウィンターブーツがある。雪山入門から本格雪山まで幅広く使える、現在のスタンダードは「シングルブーツ」。足が冷えやすく、保温性を重視したい人には「ゲイターブーツ」や、シンセティック素材のシェルとインナーブーツを合わせた「ダブルブーツ」。残雪期や気温が高いときには「ライトウィンターブーツ」が適している。プラスチックのシェルにインナーブーツを合わせた「プラスチックブーツ」は、かつては厳冬期の山や高所登山で使われていたが、高性能なシングルブーツやゲイターブーツが増えている昨今、主流ではなくなっている。

雪山用登山靴の特徴は、アイゼンが装着できるようにつま先やかかとに「コバ」と呼ばれる出っ張りがあること。また、ソールが軟らかいと歩行中にアイゼンが外れやすくなるため、ソールは硬い。中綿と防水透湿フィルムを組み合わせた厚手のライニング（生地）が使われるなど、寒さから足を保護する保温性能も備わっている。

何よりも優先すべきは「自分の足に合うこと」

登山靴を買うとき、夏靴であればブランドや色、デザインなどから選ぶことが多いが、雪山用の場合はそれは正しいとはいえない。というのも、種類が必ずしも豊富ではないからだ。少ない選択肢からベターな一足を見つけ出すには、まず何よりも「自分の足に合うこと」を優先し、足に合うモデルのなかから「目的に合っているか（タイプや保温性など）」を考える。価格、ブランド、デザインは二の次、三の次なのである。

足が痛くなることを恐れて大きめのサイズを選ぶ人もいるが、雪山用の靴はソールが硬いのでサイズが大きいと足首を曲げたときにかかとが浮いてしまい、登るときの軽快感が損なわれる。適正サイズの靴を履いてこそ、登山靴は本来の性能を発揮するし、歩行も安定する。

フィッティングの注意点は夏靴と同じ。実際に雪山で使うソックス（夏よりも厚手のもの）を着用し、必ず両足とも履く。つま先を靴の先端部に寄せて、かかとに指が1本入るぐらいがちょうどいいサイズとなる。靴の内側に足の側面や甲部が当たらないか、つま先に足指を動かす程度のゆとりはあるかも確認する。

雪山用の靴は、夏靴と比べると高価な買い物となる。硬く丈夫に作られているので、足になじむまでに時間もかかる。失敗を避けるためにも、納得いくまで何度も試し履きをして選ぶようにしよう。

ウィンターブーツ選びの優先度

ブーツ選びのチェックポイント

履き口まわりのフィット感

靴ひもを上までしっかり締めて、履き口まわりが足にフィットするかを確認する。タンの重なり具合にも注意

足首の柔軟性

ブーツの硬さが歩行を妨げないよう、足首の動きやすさが考慮されているかを確認

保温性

寒さから足を守るための保温性を備えているか。中綿と防水透湿フィルムを組み合わせたライニング（生地）を採用したものが主流

ソール

雪山用登山靴はソールが硬い。歩行の際はもちろん、つま先で強く立ち込んでも、ソールが湾曲しないのが特徴

アッパー素材

レザー（本革）、シンセティック（合成皮革）、化学繊維などが使われている。レザーは耐久性や保温性が高いが、手入れ具合や気温によっては革が濡れることもある

コバ

クリップ・オン（ワンタッチ）やハイブリッド（セミワンタッチ）アイゼンを装着するためのコバがある。つま先側を前コバ、かかと側を後ろコバと呼ぶ

重量

靴自体の重さは軽いに越したことはないが、軽さを優先するあまり、保温性が極端に低いモデルを選ばないように注意する

雪山用登山靴の種類

ライトウィンターブーツ

保温材が入っておらず、3シーズン用とも呼ばれる。アイゼンが装着できるソールの硬さを備え、かかとにハイブリッドアイゼン対応のコバが付いているモデルが多い。残雪期など気温が高いときや雪が少ない山で使用可能。深雪や厳冬期の高山には対応していない

シングルブーツ

雪山用登山靴の現在のスタンダード。初心者向けの山から3000mクラスまでオールラウンドに対応するので、初めて購入するのであれば、このシングルブーツがおすすめ。堅牢性や保温性とともに、歩きやすさを考慮したモデルが増えてきている

■より優れた保温性、防水性を兼ね備えた「ダブルタイプ」

■アッパーとゲイターが一体になった「シングルタイプ」

ゲイターブーツ（シングル／ダブル）

シングルブーツのアッパーとゲイターが一体になった「シングルタイプ」、ゲイター一体型アウターと取り外し可能なインナーブーツを合わせた「ダブルタイプ」がある。どちらも優れた保温性と濡れへの強さをもつ。シングルは、国内での風に吹かれ続ける稜線歩きや長期縦走に適する。ダブルは、高所登山で使われることが多い

ピッケル

ベントタイプが主流に

ライトベントタイプが初心者におすすめ

ピッケル（アイスアックス）は雪山には欠かせないギアのひとつで、形状の違いによって縦走用とクライミング用に分けられる。縦走向けのモデルは、シャフトがまっすぐな「ストレートタイプ」と、わずかにカーブしている「ライトベントタイプ」。シャフトの曲がりが強く、長さも短い「テクニカルタイプ」は、クライミング用となる。これから雪山をはじめる人の最初の一本としては、ストレートタイプか、ライトベントタイプが適している。

各部の名称は下記のとおり。ヘッドの鋭く尖った部分は「ピック」と呼び、雪に突き刺すことで制動力を得る。滑落停止などで使用する。ピックの逆側のへら状の部分は「ブレード」で、雪や氷を削ってステップを切ったり、テント設営時に雪をかいたりする。シャフト先端の尖った部分は「スパイク（石突き）」で、ここからシャフトを雪に突き刺して確保の際などの支点とする。

ピッケルは杖としてはもちろん、滑落停止や耐風姿勢、確保のときの支点、斜面にステップをつくるときなど、雪山において多様な用途がある。以前は、杖としての用途を重視してまっすぐで長いタイプのものを選ぶ人が多かったが、近年はトレッキングポールとの併用が一般的になり、50〜60cmの長さのライトベントタイプが主流になっている。滑落の危険性がなくバランスをとるだけのところはトレッキングポール、滑落の危険性がある場所からはピッケルに替える、という使い方だ。また、ライトベントタイプは角度がある分、力が抜けにくく、深く刺さるというメリットがある。不意なスリップの際にすぐに体を保持できるので初心者向けだといえる。

最終的にはバランスとフィーリングを大切に

ピッケルを選ぶときには、長さや重量だけではなく、ヘッドの握りやすさや、シャフトを持って振ったときのバランスもポイントとなる。常に手に握っているものなので、使い勝手のよさや使用するときのフィーリングが重要なのだ。雪山で使っているグローブを店に持参して、実際にはめて持ち比べてみるといいだろう。各モデルの重量バランスは違うので、カタログでは重さに差がなくても、持ったときの感覚は違うはずだ。握りやすい、軽く感じるなど、自分の手にフィットするものを選ぶようにしよう。

ピッケルをよく見てみると、ヘッドやシャフトに「B」や「T」のマークが記されているものがある。これは強度を表わしたUIAA（国際山岳連盟）の規格で、「ベーシック」と「テクニカル」の略。ざっくりいうと、Bは一般的な雪山縦走用、Tは登攀などテクニカルな使用に耐えることを示しており、縦走用途であればB規格で充分だ。

各部の名称

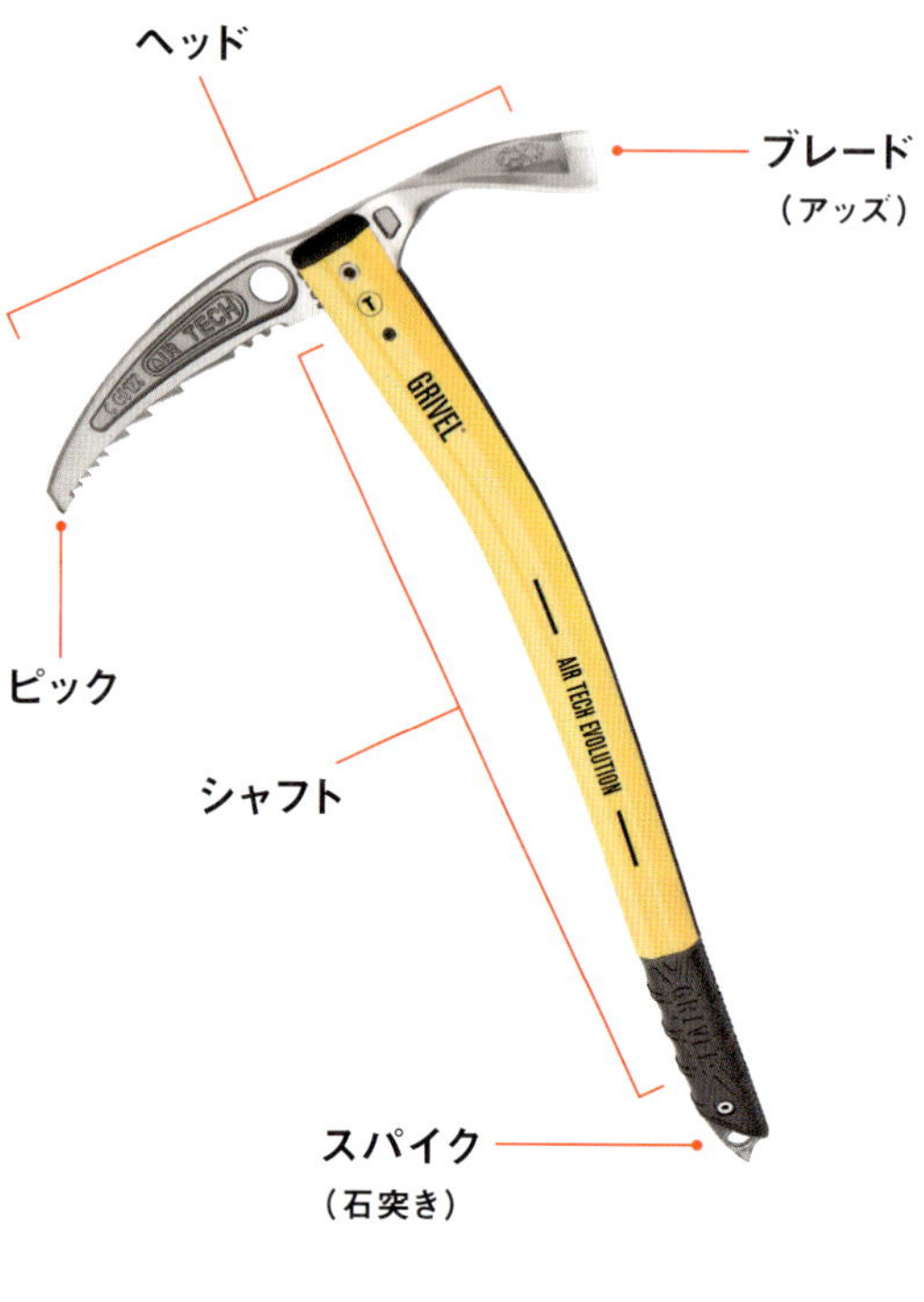

適切な長さ

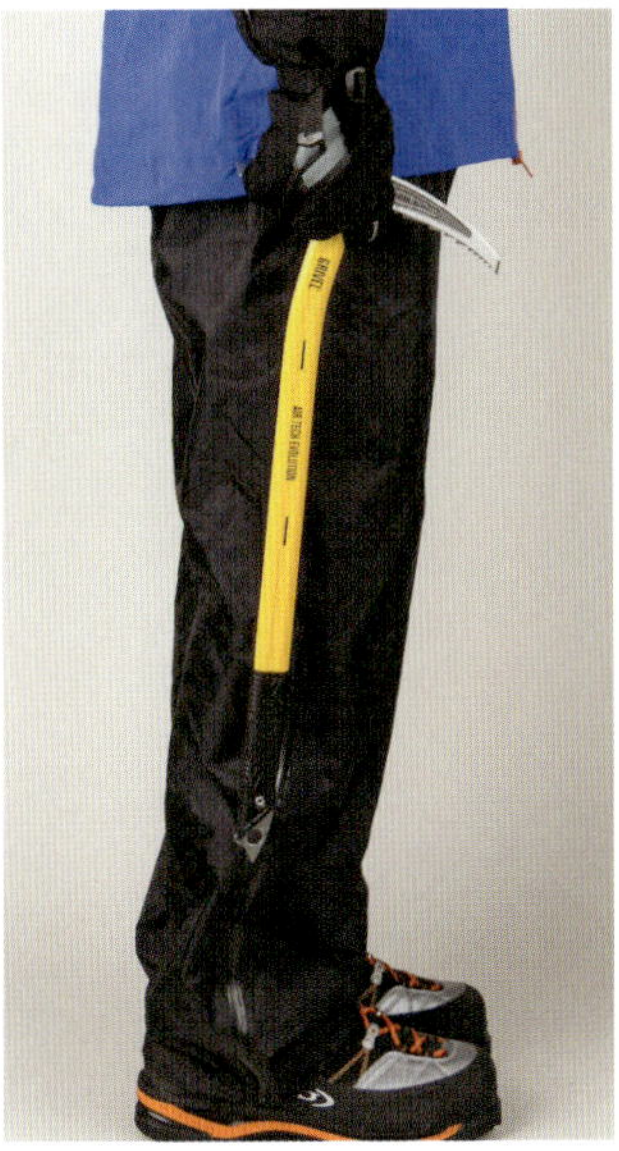

かつては、長さの目安は持ったときにくるぶしや足首くらいに先端がくる長さだといわれていた。しかし今は、平地や緩斜面ではトレッキングポール、傾斜が強くなってきたらピッケル、と使い分けることが一般的になってきたため、以前よりも短めを選ぶ傾向にある。目安は腕の長さ（手首から脇）くらい。だいたい50～60㎝くらいが使いやすい

ピッケルのタイプ

ストレートタイプ

シャフトがまっすぐなタイプ。スパイクを雪面に刺すとき、まっすぐな分、ベントタイプよりも力が逃げにくい利点があり、緩斜面では杖として使いやすい。比較的安価なモデルが多いので、スノートレッキングにおすすめ

ベントタイプ

シャフトがゆるやかにカーブしているモデル。ピッケルワークが不慣れな初心者でも、斜面にそのまま刺せば、ピックとスパイクの2点で支えられ、安定感を得られる。縦走登山から簡単なバリエーションルートまで対応

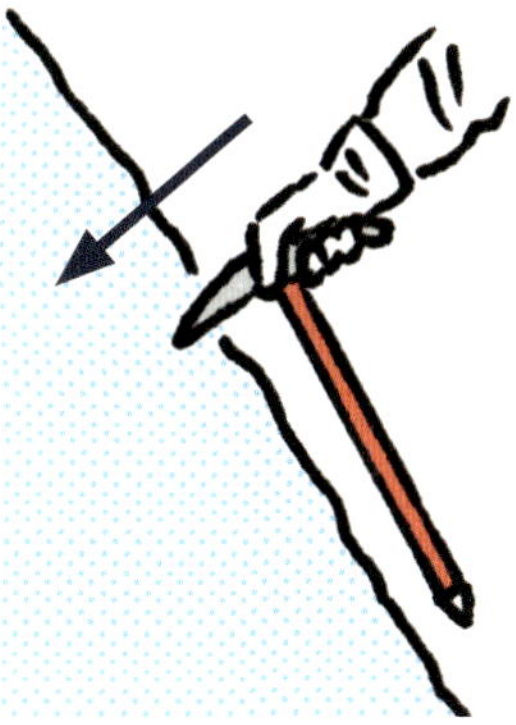

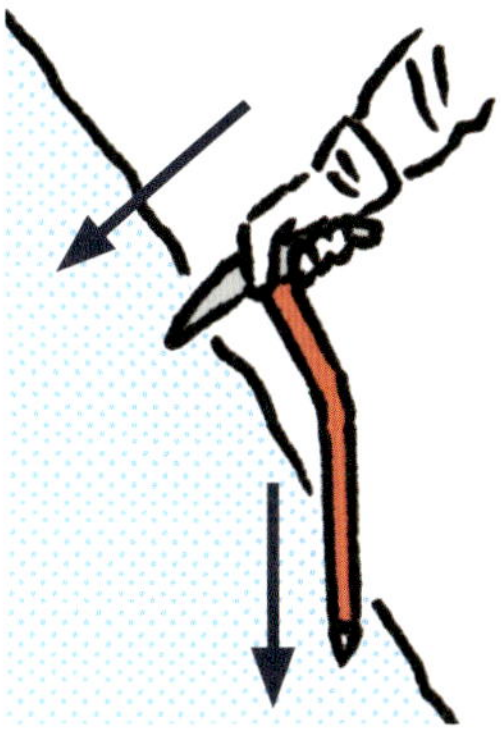

携行時はカバーを使用

山中ではピッケルはバックパックに外付けするが、街中での移動時には周囲に配慮して外付けはしない。ピック、ブレード、スパイクにはカバーをして、バックパックに収納できるならば入れてしまう

リーシュ

ハンドリーシュ

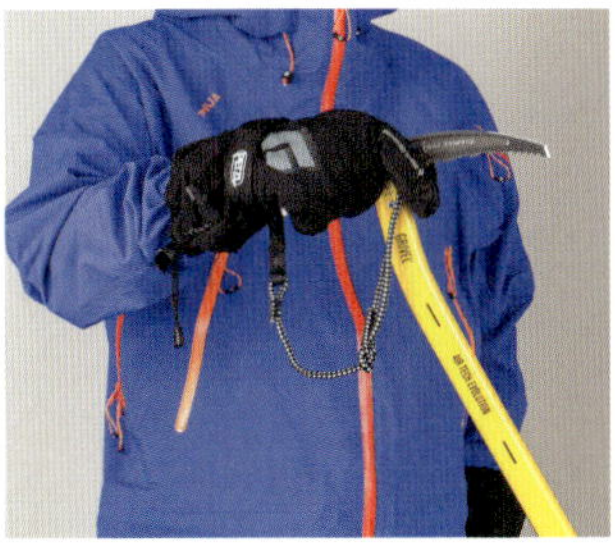

ショルダーリーシュ

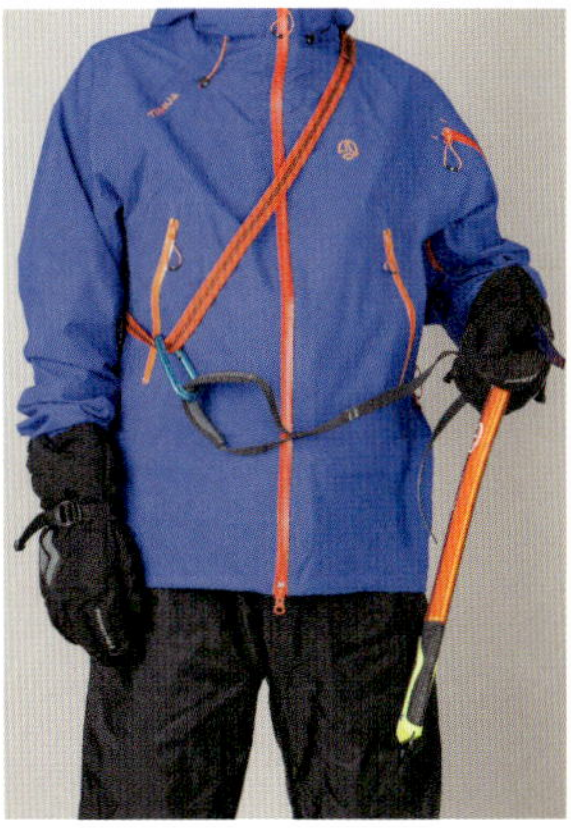

ピッケルを落とさないよう、基本的にはリーシュで体につないでおく。手首にかける「ハンドリーシュ」と、肩からかける「ショルダーリーシュ」がある。ハンドリーシュは扱いに慣れが必要。初心者には、ピッケルの持ち替えがしやすいショルダーリーシュがおすすめ

アイゼン

登山靴との相性が重要

本格的な雪山には12本爪か10本爪

新雪やざらめ状の雪で、傾斜が緩い場所ならば、フリクションやステップキッキングで歩けるが、硬く締まった雪面や凍結した斜面ではアイゼンが必須となる。アイゼンとはドイツ語で、フランス語や英語では「クランポン」と呼ぶ。

アイゼンを選ぶときには、次の4つのポイントに注意したい。

1／爪の数と形状
2／登山靴との相性
3／固定方法
4／素材

本格的な雪山では、前爪が2本飛び出した、12本または10本爪アイゼンを使用する。6本爪の軽アイゼンは、夏の雪渓や森林限界以下の雪の積もった緩斜面では有効だが、つま先やかかとに爪がないため、傾斜が急になると使えない。基本は靴に合う12本爪を選択し、靴のサイズが23cm以下なら10本爪も候補にする。12本爪は靴が小さいと相性が悪く、歩きにくかったり、歩行中に靴から外れる危険があるためだ。

前爪の形状は「縦爪」と「平爪」があり、一般的な雪山登山であれば前爪2本が平らになった縦走向きを選ぶとよい。縦爪タイプは登攀向きとなっている。また、同じ縦走向きでもモデルによって爪の形状が異なるため、前爪以外の爪の向きや長さにも注目してみるといいだろう。

固定方法は3タイプ

靴への固定方法は3つのタイプがある。「ストラップ・オン（バンド式）」は、つま先とかかとをバンドで固定するので、コバのない登山靴にも合わせやすい。「クリップ・オン（ワンタッチ式）」は、つま先とかかとの両方をビンディングで固定するため、登山靴の前後にコバを備えている必要があり、靴との相性も重要になる。「ハイブリッド（セミワンタッチ式）」は、かかとはビンディング、つま先はバンドで固定する。装着に慣れていないとクリップ・オンは歩行中につま先のビンディングが外れることがあり、初心者にはハイブリッドかストラップ・オンがおすすめだ。

素材は、鉄合金のクロムモリブデン（クロモリ）、サビに強いステンレス、軽量のアルミの3種類。硬く頑丈なクロモリが主流となっている。

登山靴との相性を確認するには、実際に装着してみるしか方法はない。すでに雪山用登山靴を持っていれば、店に持参してアイゼンと合わせてみる。または、アイゼンと登山靴を一緒に購入すれば間違いはない。

アイゼンは正しく装着できてはじめて機能する。購入の際は正しいバンドの締め方や末端処理、留め金を締める強さなどのことを、専門店のスタッフに教えてもらおう。

グローブをつけたままでも装着できるよう練習しておくことも大切

登山靴への固定方法

登山靴への固定方法は「クリップ・オン」「ハイブリッド」「ストラップ・オン」の3タイプがある。クリップ・オンは確実に装着するのに慣れが必要なので、初心者にはハイブリッドかストラップ・オンがおすすめだ。

ハイブリッド（セミワンタッチ）

かかと側にコバがあれば装着できる。つま先が外れにくいので初心者にも扱いやすい。残雪期のライトウィンターブーツなどは、ハイブリッド対応の靴が多い

ストラップ・オン（バンド）

つま先もかかともバンドで固定する。汎用性が高く、どんな靴にも合いやすい。ただし、正しい締め方に慣れておかないと遊びができやすいので注意

クリップ・オン（ワンタッチ）

装着には、靴の前後にコバが必要。設定が決まれば、常に同じ強度で装着できる。つま先の留め金を固定するセーフティストラップ（足首方向に延びる細板）が付いているモデルもある

素材

ステンレス

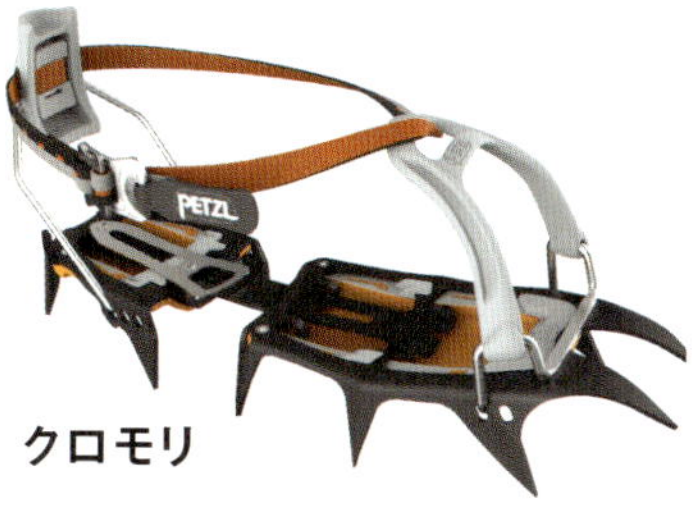

クロモリ

素材は「クロムモリブデン（クロモリ）」「ステンレス」「アルミ」の3種類。硬く頑丈なクロモリが主流だ。ステンレスは軽くサビない。アルミはさらに軽いが軟らかいので、軽量化重視の山行やバックカントリースキー、アイゼンの使用が限定されるルートに向く。

入山前にやっておくこと

長いバンドはカットする

バンドは長すぎることもあるので、余分な部分は切っておく。長さの目安は、靴にアイゼンを装着しバンドを締めて、（雪山で使用するグローブを着用して）握りこぶし2つ分ぐらい残しておく。切り口は火であぶって処理しておく

ビンディングの調整

クリップ・オンとハイブリッドのアイゼンは、かかとのビンディングも登山靴のコバに合わせて調整しておく（調整不可のモデルもある）。装着時に最大限の力でようやくレバーが上げられるぐらいの、かなりきつめに設定しておこう

長さの調整

アイゼンを正しく装着するには、長さの調整が不可欠。必ず登山靴と合わせて、ジャストサイズにしておく。一度、靴に合うようにしておけば変える必要はないので、購入時に店に登山靴を持参してスタッフに調整してもらってもいいだろう

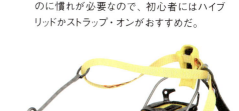

バックパック

雪山に適したモデルとは?

雪がつきにくい シンプルな構造のモデルを

荷物を運ぶという用途では、無雪期も積雪期もバックパックの機能に大きな違いはない。そのため、雪山用具をイチからそろえていくときには、ザックの優先順位は必ずしも高くはない。ただ、雪山での使用を考えたとき、押さえておきたいポイントがいくつかある。

ひとつは、「雪がつきにくく、落としやすい素材やデザイン」であること。夏山用のバックパックは背負ったときの快適性を向上させるため、背面がメッシュ構造になっているモデルが多い。しかし、雪山ではメッシュはかえってじゃまになる。メッシュの目や、メッシュ生地とバックパック本体の隙間に雪が詰まって落ちにくく、濡れや凍結の原因になるからだ。フロントやサイドのポケットも雪がたまって取り出しにくい。また、バックルなどのパーツ類にも注意したい。複雑な形状のバックルは雪が詰まりやすく、詰まった雪が凍結すると、留められなくなることもある。パーツ類は、雪抜けしやすいデザインで、寒さの影響を受けにくい工夫がされたものが安心だろう。

テントや山小屋に雪を持ち込まないためにも、できるだけシンプルな構造のバックパックが雪山用としては適している。「アルパインパック」と呼ばれるような、シンプルなデザインで、ハードな環境での使用を想定したモデルがおすすめだ。

もうひとつのポイントは「容量」。ピッケルやアイゼン、厚手のウェアやグローブなど、雪山では荷物の量が必然的に増えるため、無雪期に比べてバックパックの容量も大きくしたほうがいい。グローブをしたままでスムーズに荷物の出し入れをすることを考えると、容量に余裕があったほうが扱いやすい。目安としては、無雪期の容量に5~10ℓプラスぐらい。日帰りならば30ℓ、小屋泊まりで40ℓ、テント泊ならば50ℓ以上を基準に考えるといいだろう。

背面の構造などはシンプルさを重視

夏山用バックパックは通気性を高めるために、背面などにメッシュ素材を使っているものが多いが、雪山では不要。それよりも表面に雪がつきにくく、落としやすい、シンプルな素材やデザインであることを重視する

外付け装備は最小限にする

フロントやサイドのポケットも雪がたまって取り出しにくい。ウェアやギアはバックパックに入れるのが基本で、ピッケル、ワカンが外付けできれば充分。外付けの収納スペースがなく、シンプルなモデルが雪山では使いやすい

アバランチセーフティギア

雪山に必携の3点セット

3点がそろってはじめてレスキューが可能に

アバランチセーフティギアとは、雪山で雪崩に遭遇したときに必要なエマージェンシー用ギアで、「ビーコン」「プローブ」「ショベル」の3点のこと。バックカントリースキーでは携行が常識となっているが、登山者の携行率はまだ低いのが現状だ。だが、雪山登山でも雪崩のリスクが少しでもある山域やルートに入るならば、必ず携行すべき装備である。

ビーコンは、自分が雪崩に巻き込まれたときには発信機として、パーティの仲間が巻き込まれたときには電波をキャッチして捜索するための受信機として使用する。プローブは、ビーコンで捜索したあと、埋没者の位置を特定するために雪に突き刺す道具。ショベルは、埋没者を雪の中から掘り出すために使用する。3つがそろってはじめて雪崩埋没者のセルフレスキューができるので、セットで携行するようにしよう。

現在、販売されているビーコンは、ほとんどがデジタル3アンテナを備える。X軸、Y軸、Z軸に配置したアンテナで電波を受けることで、より精緻な捜索ができる。価格は3万円台から6万円台と幅がある。高価格なモデルは操作性がよく、複数人を同時に捜索できるなど機能が豊富だ。登山者は、プロ向けを持つ必要はないが、最低でも複数人を同時に捜索しやすいモデルを選びたい。

プローブの素材は、アルミ製とカーボン製がある。カーボン製は軽量だが、扱い方が悪いと折れやすいので、丈夫なアルミ製がおすすめ。

ショベルは、硬く締まったデブリ（なだれて堆積した雪）にも対応できるよう、樹脂製ではなく、金属ブレードのものを持参すること。

なお、どんな用具についてもいえることだが、アバランチセーフティギアも持っているだけでは何の役にも立たない。購入したあとは、講習会に参加して使い方をマスターしておこう。

ビーコン

多くのモデルは液晶画面を採用するが、晴天下でも見やすいLEDタイプのものもある。捜索時に別の雪崩に遭遇したときは自動的に発信モードに切り替わる機能など、モデルによって多彩な機能を備える。実際に操作して、見やすい、わかりやすいと感じたものを選ぼう

ショベル

雪崩埋没者の掘り出し以外にも、テント泊時には整地（P125）や風よけブロックの設営（P127）に使用する。ブレードは金属製のものが使いやすい。グリップは、扱いやすいのはD型グリップ、コンパクトさならT型となる。作業性か、携行性か、使用頻度に応じて選ぶといい

プローブ

素材は、軽さよりも丈夫さを重視してアルミ製がおすすめ。長さは、事後の捜索で使うなら3m以上のものが必要だが、埋没直後のセルフレスキューが主目的であれば2.5m程度で対応できる。組み立てのしやすさもチェックしよう

そのほかの行動用具

雪山での行動に欠かせない道具たち

このページでは、行動時に必要な、そのほかの用具を紹介する。

滑落の危険性がある急斜面ではピッケル、アプローチなどの緩斜面ではトレッキングポール、と使い分けることが一般的になっているため、「トレッキングポール」も雪山登山の必須装備だといえる。初心者のうちはほかの登山者のトレースがついたルートを歩くことが多いだろうが、経験を積んでトレースがない山、あるいは降雪直後の深雪のなかを歩くときには「ワカン」や「スノーシュー」が欠かせない。「サングラス」や「ゴーグル」は紫外線から目を守り、雪盲《せつもう》を防ぐためのギアだ。

いざというときのビバークに不可欠な「ツエルト」、温かい飲み物を飲むための「保温ボトル」、靴の中に雪が入るのを防ぐ「ゲイター」も携行しよう。強風や寒さにさらされ続ければ低体温症に、靴の中に雪が入って濡れれば凍傷になるリスクが高まるので、どれも雪山で自分や仲間たちの安全を守る装備である。

トレッキングポール

平坦地や滑落の危険がない緩斜面では、トレッキングポールのほうがバランス保持がしやすく、ラクに歩ける。2本ペアのモデルが多いが、山に持っていくのは1本だけでもいい。伸縮式と折りたたみ式があり、コンパクトになってバックパックに収納できる折りたたみ式がおすすめ。先端部はスノーバスケット（P85）に換えておく。

ワカン（わかんじき）・スノーシュー

ワカン（わかんじき）とスノーシューは深雪を歩くための道具。ワカンは、スノーシューよりも軽量で携行性に優れる。急斜面ではステップキッキングができるため、登り下りを繰り返す山に向いている。一方、スノーシューはワカンより浮力はあるが、かかとがデッキの面よりも下に行かないため、下りが苦手。フィールドによって上手に使い分けよう。

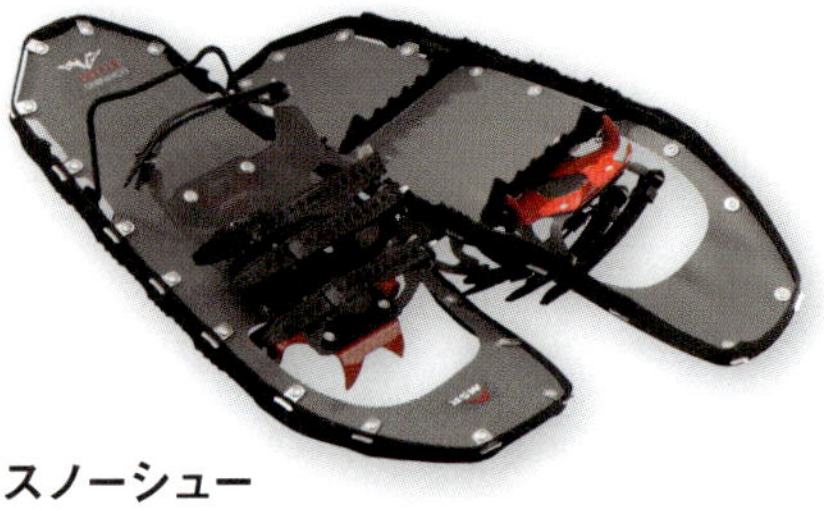

スノーシュー

フレームの内側がデッキで覆われて、深雪でもスムーズに歩ける。急な登り下りのない雪山ハイキングにおすすめ。かかとを持ち上げるヒールリフターを備えたモデルもある

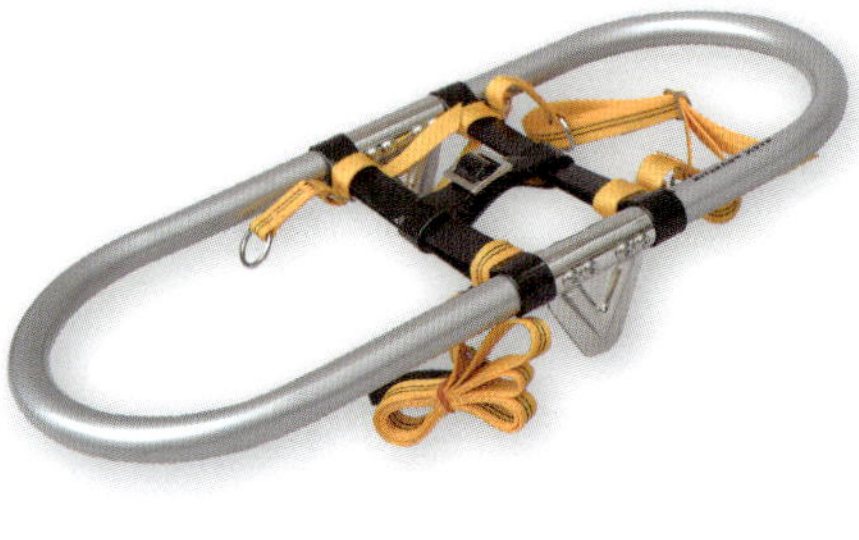

ワカン（わかんじき）

スノーシューに比べて軽くコンパクトなので持ち運びがしやすい。歩行時の取り回しもしやすい。登り下りを繰り返す登山ではワカンのほうが断然歩きやすい

アイウェア

雪山では、強烈な紫外線が雪面から照り返すため、紫外線から目を守るアイウェアが必須となる。アイウェアを装着しないと雪盲（目が炎症を起こすこと）になってしまい、行動不能に陥ってしまう。悪天候が予測されるときにはゴーグルも準備しよう。いずれも紫外線カット機能を備えているか、必ず確認すること。

サングラス

樹林帯や曇っているときでも紫外線は降り注いでいるので、紫外線カット機能は必須。フィット感がよく、明るめのレンズのモデルが、山では使いやすい

ゴーグル

強風や吹雪のときの視界確保にはゴーグルが活躍する。外気の影響を受けにくく、曇りにくいダブルレンズ構造のものがおすすめ。サングラス同様、顔へのフィット感も重要

ツエルト

突然の天候悪化やメンバーの体調不良で行動不能に陥り、ビバークするときに不可欠なアイテム。休憩時の風よけとしても使える。ツエルトの有無が生死を分けることもあるので、日帰りや小屋泊まりでも必ず携行しよう。

ゲイター

靴内に雪が入り込むのを防ぐ。インナーゲイター付きパンツやゲイタータイプの登山靴を使うときでも、深雪のラッセルをするときにはロングゲイターをプラスしたほうがいい。

保温ボトル

寒い雪山では、温かい飲み物を携行できるように保温ボトルを用意する。就寝前に熱湯を入れておけば、起きてすぐに温かいものが飲め、朝食準備の時短にもなる。

ハーネスなどの登攀用具を身につけて、急峻な尾根をリードする

登攀用具

ルートやパーティの状況に応じて

ハーネスはダイアパータイプを

ルート上に急峻な斜面や雪稜、岩稜があり、転・滑落のリスクがある場合や、ルートの難易度は高くはないが、雪上歩行に慣れていない初心者と同行する場合は、行動中に安全確保のためロープを使用する可能性があるので、登攀用具を用意する。

個人装備として持参するものは、ハーネス、ヘルメット、カラビナ、スリング、ビレイデバイスなど。ハーネスは、夏のクライミングで使うレッグループタイプでもよいが、ダイアパータイプ（レッグ部分をバックルで開閉できるタイプ。ダイアパーとは「おむつ」という意味）のほうが、アイゼンや登山靴を履いたままでの着脱がしやすく、雪山登山向きだ。ヘルメット、カラビナ、スリング、ビレイデバイスは、無雪期に使っているものを併用できる。カラビナやスリングの数は、ルートに応じて決める。ヘルメットはバラクラバの上からでもかぶれるようにサイズを調整しておこう。

クライミングロープやスノーアンカーは共同装備として持参する。ロープの長さは、ルート状況にもよるが、8㎜×30ｍなど夏のクライミングよりも短めのロープで軽量化を図ることもある。スノーアンカーは、雪上でビレイするときの支点などに用い、スノーピケット（スノーバー）やスノーフルーク（P114）といった種類がある。スノーアンカーを雪に打ち込むためのアイスハンマーも必要だ。

ロープワークは、危険な箇所で自分や仲間の安全を守ってくれ、雪山での活動範囲を広げてくれるメリットがある一方で、正しい方法で使用しないとかえってチーム全体を危険にさらすことになる（ロープワークの基本的な考え方はP104）。ロープなどの登攀用具が必要なルートに行くのであれば、道具を携行することはもちろん、使い方を確実に身につけておかなければならない。

ヘルメット

無雪期と同じものでよいが、バラクラバの上からかぶれるようにサイズ調整をしておく。ヘルメットを装着した状態で、アウターシェルのフードをかぶれるかも確認しておく

ハーネス

雪山登山には、登山靴やアイゼンを履いたままでもスムーズに着脱できるダイアパータイプがおすすめ。また、サイズの調整幅が広いタイプのほうが、レイヤリングに合わせて確実に装着できるので使いやすい

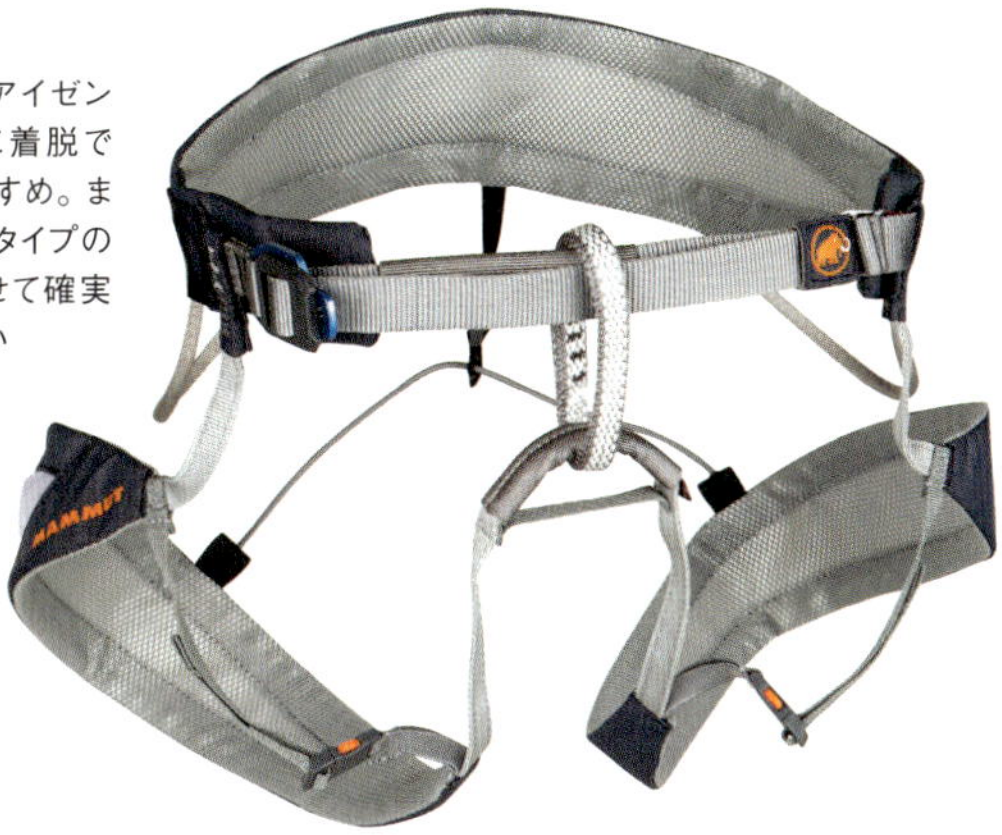

クライミングロープ

共同装備として携行する。長さはルートに応じて決めるが、補助ロープとして使う場合は8㎜×30mなど、通常のクライミングよりも短めにして軽量化を図ってもよい

カラビナ

通常のカラビナのほか、ロックカラビナ（ゲートが開閉しないように固定できるカラビナ）も持参する。使用目的に合った形状のものを選ぶ。グローブをつけたままで扱うので大きめのものが使いやすい

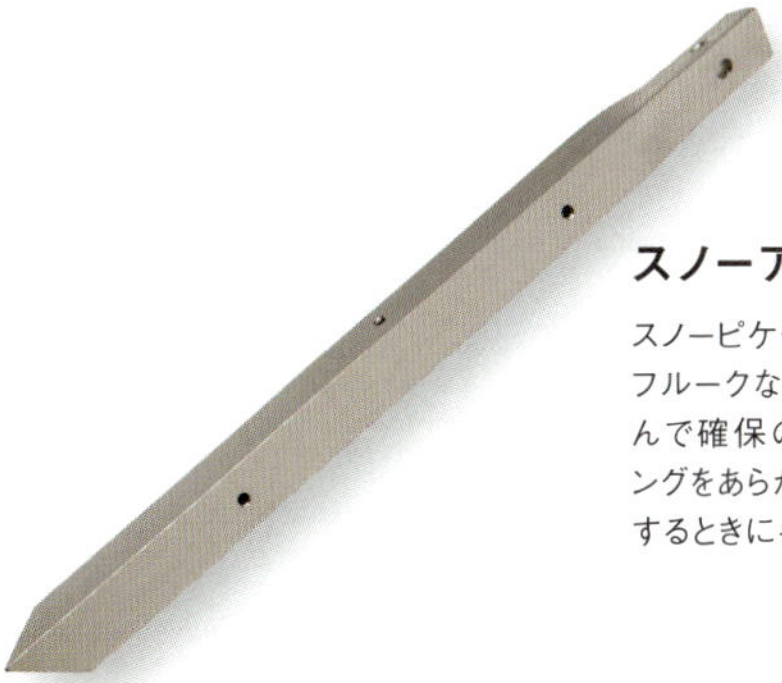

スノーアンカー

スノーピケット（スノーバー）やスノーフルークなど、雪に刺したり埋め込んで確保の際の支点にする。スリングをあらかじめつけておくと、使用するときに手間取らない

ビレイデバイス

パートナーを確保するときや、懸垂下降（P119）をするときに用いる器具。無雪期と同じものを併用できる。ロック付きのカラビナとセットで使用する

スリング

はじめから縫われた「ソウンスリング」（写真）、自分で必要な長さ・径のロープを買って自作する「ノットスリング」がある。ソウンスリングにはさまざまな長さがあるが、60・120・180㎝が汎用性が高く、使い勝手がいい

ウェア

機能的なレイヤリングが大切

日が高くなり、気温が上がってきたため、アウターシェルを脱いで体温調整をする

雪山でも、ウェアに関する考え方は無雪期と同じだ。効率的に体温調整ができるレイヤリングが基本となり、行動中にはベースレイヤー、ミドルレイヤー、アウターシェルの3層のウェアを重ね着して、保温、防水・防風、蒸れ対策を行なう。休憩時や、小屋泊まりやテント泊のときには、防寒のためインサレーションの保温着を着る。

各レイヤーのウェアは、残雪期や低山の雪山であれば夏のアイテムを一部併用できるが、冬期に高い山をめざすのであれば保温性や防寒・防風性に優れた冬山仕様のものが必要となる。夏と冬では優先される機能が異なり、夏用のウェアでは雪山登山に求められる充分な快適さや安全性を得られないからだ。

ベースレイヤーは保温性と吸汗速乾性が必要

ベースレイヤーの素材は、「ウール」「化繊」「ウールと化繊の混紡」の3種類に大別される。おすすめは、保温性に優れ、吸湿性や消臭効果もあり、年間を通して使えるウール素材。汗かきの人や行動量が多いとき、気温が高くなる残雪期は、汗処理の早い化繊素材や、ウールと化繊の両方の特性をもつハイブリッド素材のものを選んでもいい。

選択肢の幅が広いミドルレイヤー

季節や気温、山行スタイルに合わせて保温力を調整するのがミドルレイヤーの役割。定番の「フリース」をはじめ、「山シャツ」「薄手のインサレーション」など、素材、形、デザインが豊富で、選択の幅が広い。フリースは、厚手のものよりは、汗が素早く抜けて乾きやすい中厚手のものが使いやすい。インサレーションは、中綿の化繊素材の進化によって高い透湿性とストレッチ性を備えたアイテムが登場し、従来の「中綿ウェア＝熱気がこもる、動きづらい」というイメージは払拭されている。冷えやすい身頃部分だけに中綿

冬期のレイヤリング

冬期とはいえ、天気がよく、下部の樹林帯で重いバックパックを背負って登っていれば、体には汗がにじむ。そのため、ミドルレイヤーのフリースで行動する（上）。標高3000m近い稜線上では、アウターシェルまでしっかり着込み、保温と防風・防寒に努める（下）

春期（残雪期）のレイヤリング

残雪期、天気がよければ、下部ではかなり暑くなる。アンダーウェアの上に化繊の半袖シャツで、稜線をめざす（上）。気温の高い残雪期であれば、衣類内温度はミドルレイヤーで調整し、防風・防寒のためのアウターシェルはレインウェアで代用できる（下）

素材を使ったアイテム、フード付きのアイテムもある。

雪や風から身を守るアウターシェル

アウターシェルに求められる機能は、雪や風から身を守る防水・防風性と、熱や汗を放出する透湿性。着心地は硬いが防水・防風性に優れた「ハードシェル」と、ストレッチ性や透湿性が高くやわらかな着心地の「ソフトシェル」があるが、最初の一着として買うのであれば、ハードシェルを選ぼう。

アウターシェルはレイヤリングのいちばん外側に着るものなので、ポケットやファスナー、ドローコードなどの細かい部分が、グローブをしたままでもスムーズに扱えるかがポイントとなる。また、サイジングにも注意したい。シェルの内側に何を着るかで、ちょうどいいサイズ感は変わる。アウターシェルを買うときには、できるだけ実際の山行に近い服装で選ぶようにしたほうがいい。

インサレーションは厚すぎないものを

行動時の休憩中や、山小屋やテント泊のときの防寒に必要なインサレーション。厚手のものほど保温性に優れるが、中厚でシェルの下に着て少しモコモコするくらいのもののほうが、山中での使い勝手はいい。

中綿素材は「ダウン」か「化繊」。保温力と軽さ、コンパクトさのトータルのバランスではダウンが優位だが、濡れに弱いというデメリットも。ダウンに匹敵する保温力をもつ化繊綿、撥水加工や化繊とのブレンドによって濡れに強いダウンもある。

自分なりの理想の組み合わせを見つける

ウェアは次々に新素材が開発され、レイヤリングはどんどん複雑になっている。難しいのは、高価で最先端のアイテムが必ずしも最良ではなく、どれだけ優れた素材でも用途に合っていなければ快適さや安全性につながらないことだ。

大切なのは、それぞれのウェアの特性を理解し、自分の山行スタイルや目的に合ったものを選ぶこと。価格だけで選んだり、一点豪華主義にならないよう、バランスのよいアイテム選びが山での快適性や安全性の向上につながる。

ベースレイヤー

保温性はもちろん、汗を体から吸い上げ、外に出す役割を果たす。素材は、「ウール」「化繊」「ウールと化繊の混紡」の3種類。手首や足首に隙間ができたり、裾が短すぎて動いているうちにずり上がったりすると、寒さが一気に増す。逆に袖や裾が長すぎても、ジャケットやボトムスの中でもたついて動きにくくなる。体にフィットするサイズを選ぼう。

汗冷え対策には メッシュインナー

体との接触面積を小さくすることでかいた汗を体から離し、汗冷えを予防するメッシュインナーは、雪山の汗処理にも効果的。見た目がメッシュなので夏のイメージだが、実は冬に着ると温かい

ミドルレイヤー

気温や運動量に合わせて保温力を調整するレイヤー。汗や湿気を外に放出する役割もある。かつては「フリース」が定番だったが、透湿性とストレッチ性に優れて中間着に適した「薄手のインサレーション」も増えている。フード付きのものもおすすめ。ボトムスは、パンツ自体の動きやすさはもちろん、アウターやシューズとの相性もポイントとなる。

化繊のインサレーション

フリース
（前面に化繊綿を使用。フード付き）

ベストを着れば 動きやすさアップ

重ね着で肩まわりが動かしづらいときは、ミドルレイヤーをベストにする選択もあり。素材はフリースや化繊のインサレーションがある

アウターシェル

高い防風・防水性能を備え、丈夫でハードな使用にも耐える「ハードシェル」と、ストレッチ性のあるしなやかな素材で、透湿性にも優れた「ソフトシェル」がある。それぞれに特長があって一長一短だが、まず一着手に入れるならば、迷わずハードシェルを選ぼう。ヘルメットやハーネスとの相性も重要だ。

アウターシェル選びのポイント

フードは、ヘルメットの上からでもかぶれるかチェックしよう（上）。脇の下のファスナーを開けば、ウェア内の熱や湿気を放出できる（中）。ポケットはハーネスに干渉しない位置についているものがいい（下）

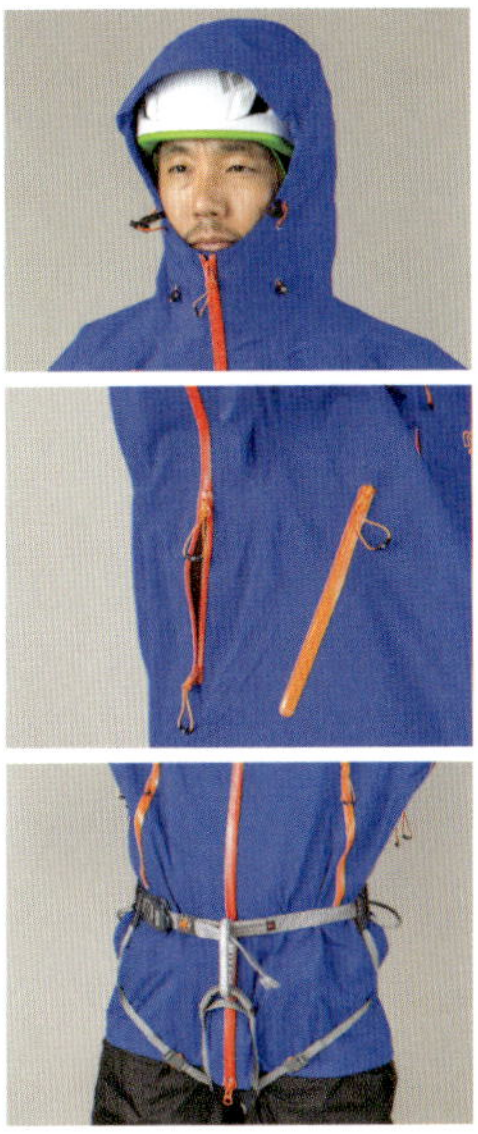

インサレーション

休憩時や山小屋泊、テント泊のときの防寒に欠かせないインサレーションは、保温性のほか、携行性（軽さやコンパクトさ）も重要な条件となる。中綿素材は「ダウン」か「化繊」。温かさと携行性であればダウンだが、濡れに対する強さであれば化繊綿が優位に。テント泊のときはパンツもあると下半身が温かく、快適に過ごせる。

化繊中綿なら行動着にも使える

化繊中綿は、濡れても保温性の低下が少なく、乾きも早い。表地が破れても中綿が出にくい。表地に撥水加工が施されていれば、寒いときの行動着として使うこともできる

そのほかのウェア・小物

小物でしっかり防寒対策を

凍傷（P144）は、手足の指先、鼻、耳、顔など体の末端部で起こりやすい。「グローブ」「ソックス」「バラクラバ」「ビーニー」は、体の末端を保護する役割があり、雪山用具のなかでの重要度は高い。

　グローブは種類が豊富で、どれを選べばいいのか、初心者にとっては悩ましい用具のひとつだろう。まず買うとしたら、アウターとインナーが一体になったタイプ（一体型）が使いやすいが、山行日数や山域の雪質によっては、ほかのグローブのほうが向いている場合もある。操作性の目安は、そのグローブをつけたままでアイゼンを装着できるか。革のグローブは、使っているうちにだんだんと使いやすくなっていく。山行前に練習をしておくことも必要だ。

　バラクラバ、ビーニー、ネックウォーマーは頭、顔、首を風や寒さから守るアイテムで、素材や厚みの違いでさまざまなタイプがある。ソックスは、厚手や中厚手で、保温性の高いウールのものがおすすめだ。

グローブ

重要なアイテムにもかかわらず、グローブ選びは難しい。保温性と操作性という相反する要素が求められ、靴と同じように自分の手とのフィット感も重要だからだ。グローブ選びに正解はなく、山行日数、登る山域の雪質、標高や気温に合わせ、その都度よりよい組み合わせを選ぶしかない。濡れや紛失に備え、必ず予備も持参しよう。

オーバーミトン

インナーグローブ

一体型

1泊程度の山行なら、アウターとインナーが一体になったタイプがシンプルで使いやすい。さらに保温力を上げたいならオーバーミトン、肌あたりをよくするには薄手のインナーグローブを加えるといい

濡れに強い厚手ウール＋オーバーグローブ

ウールは、濡れても保温性が落ちにくい性質をもっている。厚手のウールグローブとオーバーグローブの組み合わせは、軽量で保温性が高く、濡れても乾かしやすい。湿雪の山域や長期の山行に向いている

保温性重視ならミトンや3本指

5本指のグローブより、3本指のトリガータイプやミトンタイプのほうが保温性は高い。ただし、指の本数が少なくなれば、おのずと操作性は落ちる。どのグローブを使うかは保温性と操作性のバランスで選ぼう

バラクラバ・ビーニー・ネックウォーマー

無防備になりがちな顔まわりを守るアイテム。ビーニーとネックウォーマーを組み合わせれば頭から首のほとんどを覆えるので、はじめはそれで充分。稜線上で長時間行動するときには、頭部をすっぽりと覆い、ズレ落ちたりする心配のないバラクラバがいい。バラクラバは息や鼻水で濡れるので、乾きやすい薄手のものが使いやすい。

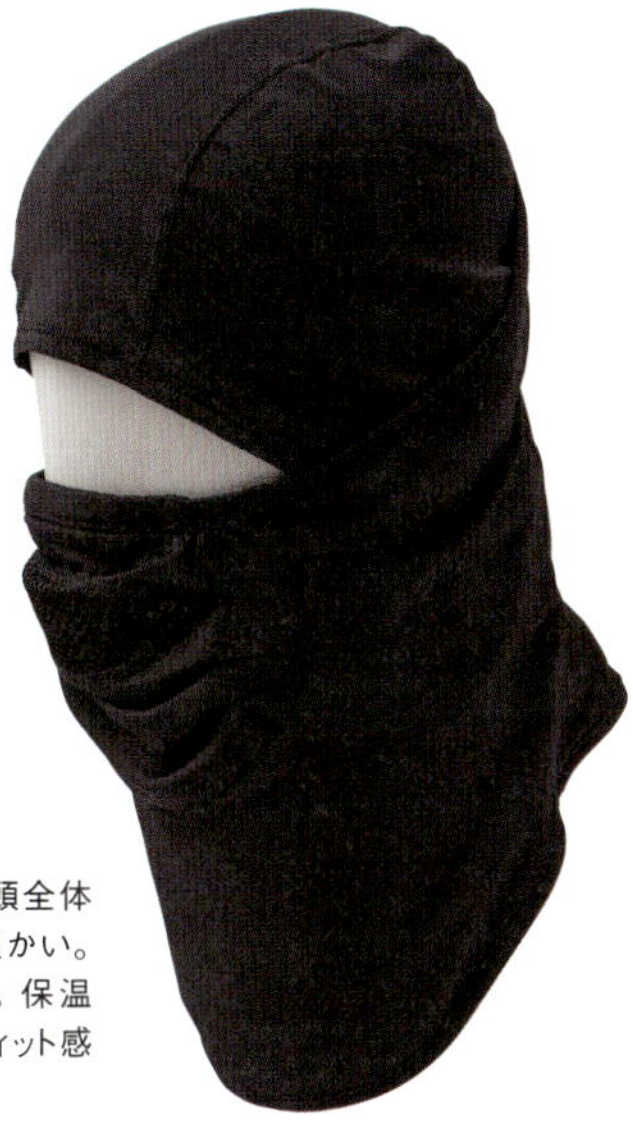

バラクラバ

風が強い稜線上では頭全体を覆うバラクラバが温かい。素材はウールか化繊。保温力ならウールだが、フィット感重視なら化繊がいい

ビーニー

頭は意外と熱がたまりやすく、暑くなるので、ビーニーは薄手のものがちょうどいい。薄手なら上からヘルメットもかぶりやすい

ネックウォーマー

太い血管が通る首を保温すれば、体を冷えから守ることもできる。薄手でロング丈のタイプが使い勝手がいい

ソックス

以前はソックスを2枚ばきすることもあったが、登山靴の保温性が高くなり、1枚で充分に。2枚ばきだと靴内でズレる心配もある

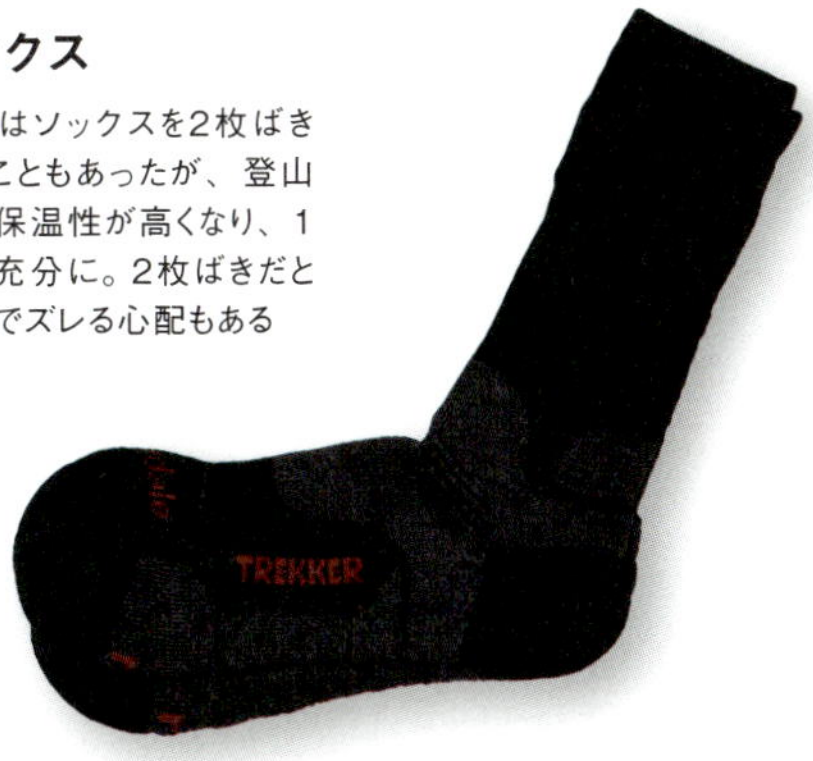

ソックス

冷える足先を温めたり、ブーツのこすれや痛みを軽減したり、疲労を和らげたりと、地味な存在ながら重要な役割を担うソックス。素材は、質のいいウールのものが一番。5本指を好む人もいるが、保温力は普通のタイプのほうが高い。使っているうちにクッション性や保温性は劣化するので、毎年買い替えるのがおすすめだ。

インナーグローブでの作業はNG!

一体型グローブやオーバーグローブをつけたままだと指先がうまく使えないため、アイゼンの着脱などのときにインナーグローブになる人をよく見かけるが、雪の上では避けたほうがよい。必ず指先に雪がつくし、その雪が解けてグローブを濡らし、保温力の低下、最悪の場合は凍傷のリスクを招くからだ。

雪山では、屋外の作業はグローブを外さずに行なえるようになっておくべきである。できなければ、山行前に練習して、できるようにしておこう。

アイゼンの着脱は、グローブをつけたままで行なう

雪山に朝日が昇る。夜に降った雪で、山側のテント側面は3分の1ほどが雪に覆われていた

テント

オプションパーツで雪山仕様に

扱いやすさはシングル 暖かさならダブル

日本の雪山は、湿雪で降雪量も多い。森林限界を超えれば、強風にさらされることにもなる。テントを選ぶときには、まずはそうした日本の雪山の特徴を理解する必要がある。

雪山で使用できるテントは3シーズン用か4シーズン用で、夏と同じく「シングルウォール」か「ダブルウォール」かの選択肢がある。シングルウォールは設営が素早くできるのが強み。一方、ダブルウォールはフライシートがあり、設営に時間はかかるが、シングルよりも暖かい。扱いやすさならシングル、暖かさを求めるならダブルがおすすめだ。

雪山は夏よりも圧倒的に風が強いので、テントを設営するときには風向きや設営場所に配慮する必要があるが、テント自体が優れた耐久性を備えていることも重要。また、テント内は積雪や結露などによって、テント内は密閉された状態になってしまうので、換気しやすい構造になっているかもしっかりとチェックしておきたい。

テントによっては、低温や積雪に対応するオプションパーツを追加できる。雪山特有のテントパーツには「外張」と「内張」がある。どちらも装着することで保温性がアップして、テント内の暖かさが増す。

外張はテント全体を外側から覆うもので、ダブルウォールテントではフライシートの代わりに外張をつける。森林限界以上でテントを張る場合は風や寒さへの対策上、外張をつけたほうが安心。フライシートでは強風にまくり上げられて破損したり、降雪でフライシートの裾が埋まるとテント内の通気性が悪くなってしまうからだ。内張は、テントの内側に蚊帳のように張って使用する。

テントは雪山の厳しい環境から自分たちを守ってくれる〝家〟である。天候が悪ければ、強風や降雪のなか、設営しなければならない。扱いやすさや快適さ、オプションパーツの豊富さを考慮して選ぼう。

テントのタイプ

シングルウォールテント

防水透湿性素材を使用した一枚壁のテント。設営は素早く簡単にできるが、テント内外の寒暖差があり、テント内で結露が発生しやすい。シングルでの使用は寒いので、外張を併用するのがおすすめ

ダブルウォールテント

本体とフライシートの二重構造で空気層ができ、内部は暖かい。また、テント内と本体外側（本体とフライシートの間）の温度差が生じにくく、結露もしにくい特徴がある。凍結の心配がない装備は前室に置き、テント内のスペースを広く使うこともできる

雪山用のオプション

内張

テント内に蚊帳のように張りめぐらせて使用する。テント内のスペースは少し狭くはなるものの、暖かさは格段にアップする。山に行く前に装着しておけば、設営時に手間がかからない。撤収時もつけたままでよい

外張

テント全体を外側から覆い、保温性を高めるために使用する。生地が厚く、耐風性に優れている。ただし、フライシートとは異なり、防水性はない。「吹き流し」と呼ばれる出入り口は、降雪時の出入りの際にもテント内に雪が入りにくく、凍結に強いのが特長

入山前にしておくこと

雪上でテントを設営するとき、ペグは雪に穴を掘って埋めて、張り綱を固定する（P126）。テント購入時はたいてい、張り綱のループや自在は地面側につけられているが、それだと雪山では使いづらい。ペグを雪に埋めても張り綱の長さの調整がしやすいよう、自在はテント側につけ替えておく。

ペグは、無雪期に使うような金属製だと雪が付着し、凍って回収不能になってしまうことがある。雪山では竹ペグが使いやすいので、自作して持参しよう。

スリーピングバッグ&マット

山での寝心地を左右する

ダウン量の目安は 700~900g

スリーピングバッグを選ぶとき、まず考えるのは中綿素材。ダウンは軽く、温かいが、濡れると保温力が落ちる。一方、化繊綿は濡れには強いが、重く、かさばる。どちらも一長一短だが、1~2泊程度の短期の山行であれば、やはり軽さと温かさに優れるダウンに軍配が上がる。表生地やダウンに撥水加工を施し、濡れに対する耐性を備えたダウンバッグも一般的になってきている。

2つ目のポイントは、どの程度の保温性が必要か、ということ。寝袋の使用可能温度域はブランドによって基準が異なるため、ダウンの質と量で選ぶとわかりやすい。寒さの感じ方は人それぞれなので一概には言えないが、厳冬期のアルプスならダウン量700~900gが目安となる。この量のダウンバッグが想定する使用温度はマイナス20~25℃程度。気温が高くなる春期や、標高の低いところでテント泊をする場合は、もっと少ないダウン量でいい。

快適な寝心地にはマット選びも重要

心地よく眠るためには、地面への熱伝導を遮断する必要があり、スリーピングバッグ以上にマット選びが重要となる。快適なマットを使えば、寝袋が多少薄くてもよく眠れる。

マットのタイプは大きく分けて3つ。「クローズドセル」は、形成された発泡ウレタンなどででき、広げればすぐ使える手軽さと壊れにくさが特長。「エアマット」は空気を注入して膨らませるマットで、収納時の軽さとコンパクトさが魅力だが、穴があくと使い物にならなくなる。4シーズン用のエアマットには、中にダウンが封入されるなど、寒冷な環境でも温かさを維持する工夫が施されている。「自動膨張式」は、空気を注入するのはエアマットと同じ。中にスポンジが入っているので、ある程度までは自動で膨らみ、穴があいても最低限のクッション性は得られる。寝心地と携行性ならエアマットがおすすめだが、山行日数が長いときはクローズドセルのほうが安心だ。

充分な睡眠がとれないと雪山を楽しめないし、行動中の注意力を欠いて事故のリスクも高まる。しっかりと休むことはリスク回避にもつながるので、スリーピングバッグ&マット選びも入念に行ないたい。

バックパックを敷けば マットは半身用でもOK

荷物を軽くしたいときには、マットを半身用にして、足元にバックパックを敷いてマット代わりにする方法もあり。荷物が多くなる雪山登山では、こうしたちょっとした軽量化の積み重ねが大切なのだ

スリーピングバッグ

中綿素材は「ダウン」か「化繊綿」。化繊素材が進化している昨今でも、軽さとコンパクトさで選ぶなら、やはり天然素材のダウンがおすすめ。保温力の目安は、厳冬期のアルプスであればダウン量700～900gぐらい（想定使用温度は−20～−25℃）で、あとは重さをどこまで許容できるか。

収納時の大きさの比較

ダウン　化繊

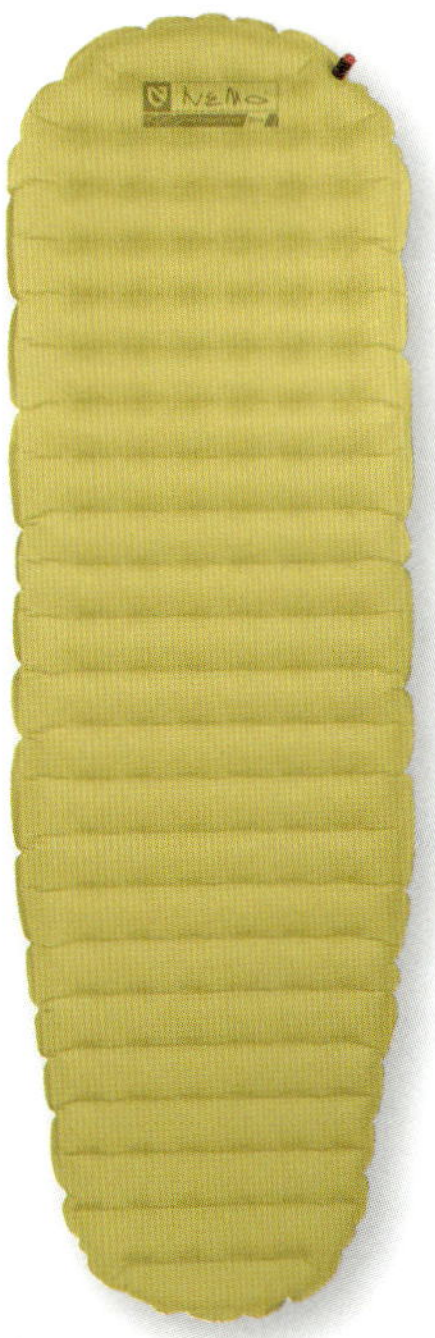

エアマット

自動膨張式

クローズドセル

スリーピングマット

エアマットは、穴があくと使い物にならなくなるデメリットはあるが、横になったときの快適さ、携行時の軽さとコンパクトさでは一番。特に4シーズン用のエアマットは、中にダウンが入っていたりして、雪山なのに温かい寝心地を提供してくれる。長期の山行ならば、穴があく心配のないクローズドセルがいい。荷物は増えるが、エアマットとクローズドセルのダブルマットはかなり快適。

シュラフカバー

シングルウォールのテントを使ったり、テント内で調理したりすると結露しやすくなる。ダウンのスリーピングバッグは濡らしたくないため、山行が長期に及ぶ場合、防水透湿素材のシュラフカバーを併用して濡れを防ぐという手もある。カバーをかけると温かいので一石二鳥だ。

そのほかの生活用具

寒さや濡れへの対策を

雪山テント泊のための生活用具を考える際、最も重視すべきは、やはり寒さや濡れへの対策だろう。

「ストーブ」は、寒冷環境でも確実に使えるモデルを。ガスストーブを選ぶなら、カートリッジは寒冷地対応のものを用意する。普通のカートリッジだと寒さの影響を受けて、火がつかなかったり、火力が強くならなかったりするので要注意だ。

「テントマット」は無雪期でも使っている人は多いが、雪山では必須。「ダウンシューズ」はあるとないとでは、テント内での快適さ、温かさが断然違う。テントに入る前に体や装備に付着した雪を払い落とす「たわし」や、結露などをすぐに拭き取れる「吸水・速乾タオル」も、あるととても便利。「ウォーターボトル」は、水をためておくのに使うので、注ぎ入れやすい広口のものを用意しておくといい。

なお、予備のウェア類など濡らしたくないものは、テント内では必ず防水バッグに入れておこう。

ストーブ

ひと昔前は、雪山には気温の影響を受けにくいガソリンストーブが向いているといわれていたが、ガスストーブの性能も向上しており、雪山での使用に問題はない。ただし、カートリッジは必ず寒冷地対応のものを用意しよう。雪を溶かして水をつくる必要があるため、冬は夏よりも使用する燃料を多く見積もる必要がある。テント床面の冷たさの影響を和らげて、安定性を高めるため、下に板などを敷くといい。

クッカー一体型

分離型

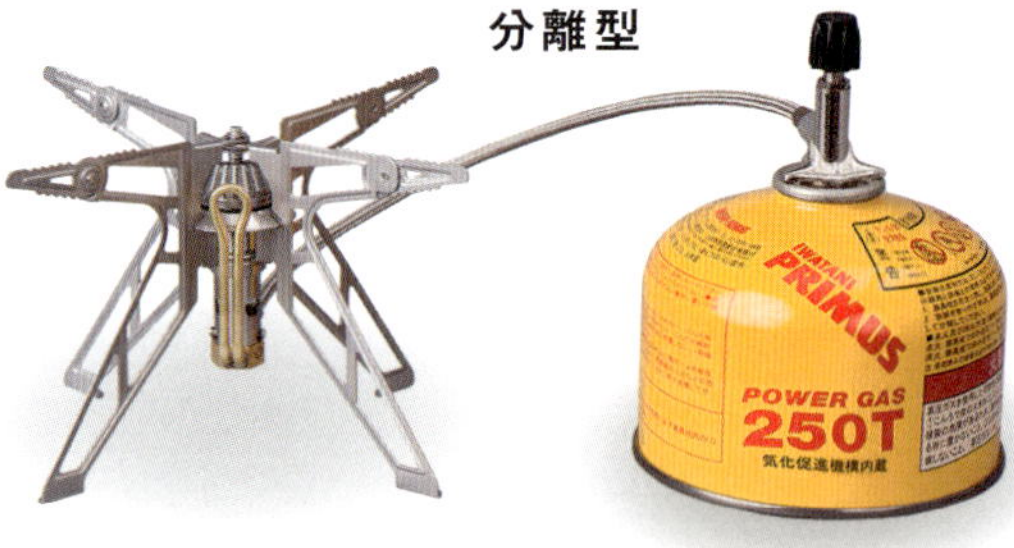

ガスストーブ

分離型、一体型、クッカー一体型の選択は、人数や調理スタイルを考慮して好みで選べばいい。気温の影響を受けやすいが、ガスカートリッジを正しく選べば、雪山でも使える。手軽で扱いやすいが、カートリッジを使い終わってもかさが減らないのがデメリット

一体型

ガソリンストーブ

気温の影響を受けにくく、雪山でも安定して強い火力を得られる。ガスストーブに比べて使い方に慣れやコツが必要だが、使用済みのカートリッジを持ち運ばなくていいので長期山行には便利

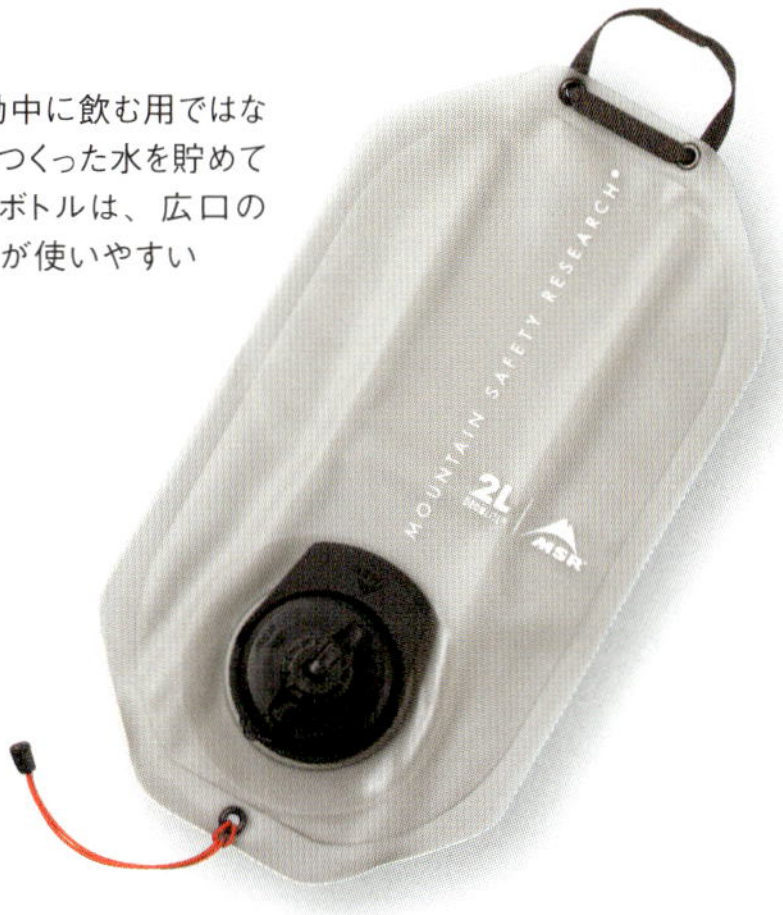

行動中に飲む用ではなく、つくった水を貯めておくボトルは、広口のものが使いやすい

ウォーターボトル

雪山は空気が乾燥しているため、夏山以上に意識的に水分を摂る必要がある。雪を溶かして水をつくったら、ウォーターボトルに移し替えておく。ボトルは、使わないときはコンパクトにできるよう、ある程度の耐久性を備えたソフトタイプを。口の形状は広口のほうが水を注ぎ入れやすい。

山に持っていく前に、自分のテントや使用したいサイズに合わせて、マットをカットしておこう

テントマット

個人用マットのほかに、テント内の床面全体に「テントマット（銀マット）」を敷くと、テント下の雪面からの冷気が遮断されて快適に過ごせる。銀色のアルミ蒸着フィルムの面を上にするか下にするかは、人によって意見が分かれる。経験上、雪山では銀面を上にしたほうが体から出る熱を反射してくれ、温かさを感じる。

膝下まで覆うタイプであれば、足全体を保温してくれる。靴底部分は、滑り止めが付いていたり、厚い生地で補強されていたりする

ダウンシューズ（テントシューズ）

寒さは足元からやってくる。山小屋やテント内で暖かく過ごすには、冷えやすい末端をガードしておくことが大切で、そのために有効なのが中綿入りの「ダウンシューズ（テントシューズ）」。「ゾウ足」とも呼ばれる。ダウンシューズを履いていれば足元は常に温かく、テント泊のトイレのときには履いたままで外へ出られるので便利（ただし、滑落などの危険がない場所に限る）。

雪・濡れ対策

テント内に雪を持ち込めば、すぐに解けて水となり、ウェアや道具を濡らしてしまう。雪山のテント生活において、「テントに入る前に雪をしっかり払い落とすこと」と、「もし濡れてしまったら、すぐに拭き取ったり、乾かすこと」は大切だ。そのための小物として「たわし」や「吸水・速乾タオル」はとても役に立つ。

吸水・速乾タオル

洗車用雑巾や水泳用タオルは吸水・速乾性が抜群。絞ればすぐに乾くので、結露などもどんどん吸い取れる

たわし

靴やバックパックに付着した雪を払い落とすのに有効。隙間に入り込んだ雪もかき出すことができる

Column 2

山でのステップアップの仕方

〜登山の幅をより広げたいみなさんへ〜

登山をはじめるきっかけは人それぞれだし、山に求めるものもそれぞれ違うだろう。ただ山にハマり、気づけば、生活も、仕事も、人生も山に近づいていく。彼氏（彼女）よりも山が優先（笑）。……と、のめり込んでいった人を何人も知っている。

慎重な性格でなかなか山の範囲や標高、季節などを広げられない人もいれば、大胆なのか何も考えていないのか、どんどん突き進んでケガや痛い目を見る人もいる。山岳ガイドとして、登山学校を主宰する者として、慎重すぎる人にはきっかけや、背中をちょっと押してあげる手助けを、無鉄砲な人には自制を促すことも役割なのではと思っている。

初心者のころは明確なビジョンがなかなか持てなくても、続けていくうちに次第と志向や好きなスタイル、山域などが見えてくると思う。「自分はこうなりたい」「こういう登山をしたい」といった具体的な目標があると計画も立てやすいので、まずは目標をイメージしてみよう。もし具体的に思い浮かばなければ、ひとまず「雪山に行ってみたい」とか、「強い登山者になりたい！」とかでもいい。

下に紹介する5項目のサイクルは、誰もがきっと頭の中では行なっているが、それを書き出すことで、よりわかりやすくする方法だ。ベースは「PDCAサイクル」と呼ばれる継続的な改善手法で、そこに「Analyze（分析）」を加えている（下図参照）。

例を挙げてみよう。

P：1月の槍ヶ岳に登りたい。できれば3年後くらいに。

A：3泊4日なら体力的には大丈夫かも？　でも、雪山は冬の赤岳に登頂したくらいのレベルなので、雪山テント泊の知識・経験、ロープを使うスキルと信頼できるパートナーが足りないと思う。雪崩のこともわかっていないので学習したい。

D：では、この冬はテント泊の山行を多くしよう。ロープワークもまだわからないので、まずは夏のバリエーションルートを近い目標にして慣れていこう。登山者向けの雪崩講習会にも参加してみたい。

C：自分がスキルアップできているか、山行のつど振り返る。

A：足りなかったこと、新たに出てきた課題があれば改善。

これを繰り返していけば、少しずつでも目標の実現に近づいていくはず。人によって進むスピードは異なる。大事なのは焦らないこと。山は繰り返すことがとても重要だ。ステップアップを急ぎすぎてはいけない。成長には費やした時間（量）が不可欠で、そのうえで効率のよい方法（質）も追求していくといい。遠回りに感じるかもしれないが、それが実はいちばんの近道だったりするので、まずは一歩一歩着実に進んでいこう。

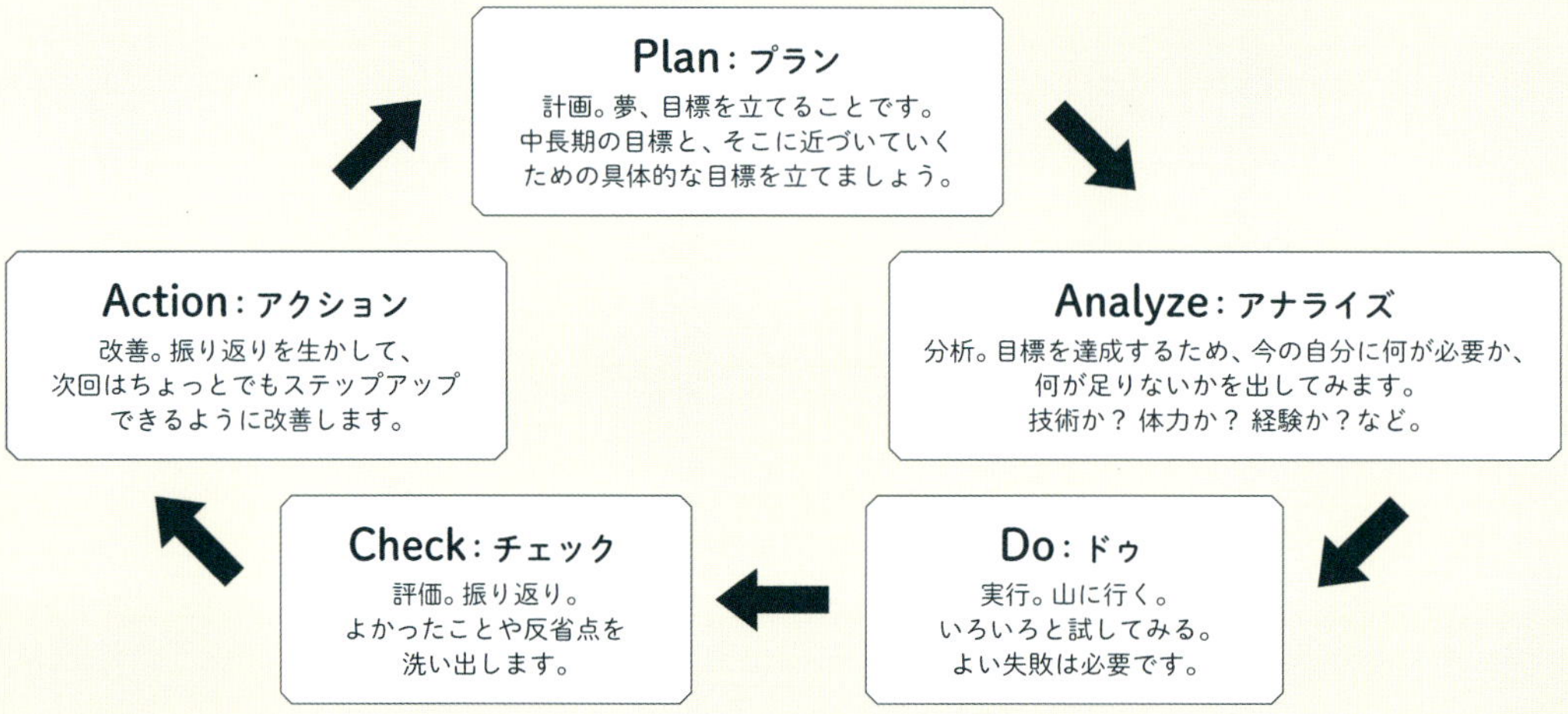

Plan：プラン
計画。夢、目標を立てることです。
中長期の目標と、そこに近づいていくための具体的な目標を立てましょう。
Analyze：アナライズ
分析。目標を達成するため、今の自分に何が必要か、何が足りないかを出してみます。
技術か？ 体力か？ 経験か？など。
Do：ドゥ
実行。山に行く。
いろいろと試してみる。
よい失敗は必要です。
Check：チェック
評価。振り返り。
よかったことや反省点を洗い出します。
Action：アクション
改善。振り返りを生かして、次回はちょっとでもステップアップできるように改善します。

Part 3

プランニングと準備

プランニング①

まずは地形図を広げよう

雪山登山は、夏の登山に比べて、困難さや危険性は格段に高くなる。目的地へ導いてくれる登山道や道標は雪に覆われているし、多くの山小屋は冬期休業中のため現地での情報収集ができず、いざというときに逃げ込むこともできない。山の中で適切な判断を行ない、安全に登って下りてくるには、事前の入念なプランニングが欠かせない。

登りたい山が決まったら、はじめにその山に関する情報を収集する。収集先として、まず見てほしいのは、地形図だ。地形図を広く眺めて、目的の山に到達するには、どんなルートがあるのかを考えてみる。再三述べているように、雪山には決まった登山道はない（雪が少なく、登山道をたどれるところもあるが）。地形図を見て、どのルートをどのように歩くか、自分で考えて決めることができる。その自由さが、雪山登山の魅力であり、難しさでもあるのだ。

ルート情報の収集

ルートを検討するうえで、いくつかの条件がある。ひとつは、雪崩のリスクが高い沢沿いを避けて、できるだけ尾根通しに行くこと。残雪期や、積雪の少ない低山、下部のアプローチなどでは、谷沿い（あるいは、谷沿いの登山道）を歩くことがあるが、冬期に森林限界以上の山に登るときは尾根のラインに沿って登っていく。また、途中に岩壁や急峻な斜面などの難所があるルートは、経験の少ないうちは避けるべきだ。

地形図からルートを見つけ出すのが雪山登山の魅力とはいえ、初心者は地形図だけを見ていても、どこを登っていいのか見当をつけることが難しいだろう。そこで役に立つのが、市販の雪山ガイドブックや登山雑誌のルート案内記事である。ガイドブックや雑誌にはオーソドックスな雪山ルートがたくさん載っているし、それぞれのルートの注意点もまとめられている。そうした資料を読み込み、地形図と照らし合わせてみると、より具体的に登るルートをイメージできるようになるはずだ。

そのほかの情報の入手先として、地元の山岳会や警察、冬期営業している山小屋に電話して聞いてみるという方法も。直近の積雪や天候の情報をホームページやSNSで発信している山小屋もある。

インターネットの登山記録投稿サイト（「ヤマケイオンライン」「ヤマップ」など）の情報も使える。ただし、ネット上の記録は、投稿者の主観で書かれており、その人の登山経験や雪山に対する考え方などはわからないため、あくまでも参考程度にとどめ、すべてを鵜呑みにしないように注意しよう。

雪山登山の計画は、地形図を広げることからはじまる

雪山は、登る時期（1月か、3月か）やその年の天候・降雪量などの諸条件によって、ルートの状況や困難さは大きく変わる。ひとつの資料や情報にあたっただけでは、そのルートについて必要な情報を収集したとは言い難い。大事なことは、まずはできるだけ多くの資料や情報にあたってみること。そして、その情報のなかから、自分にとって必要なものを精査することだ。

ルート情報の集め方

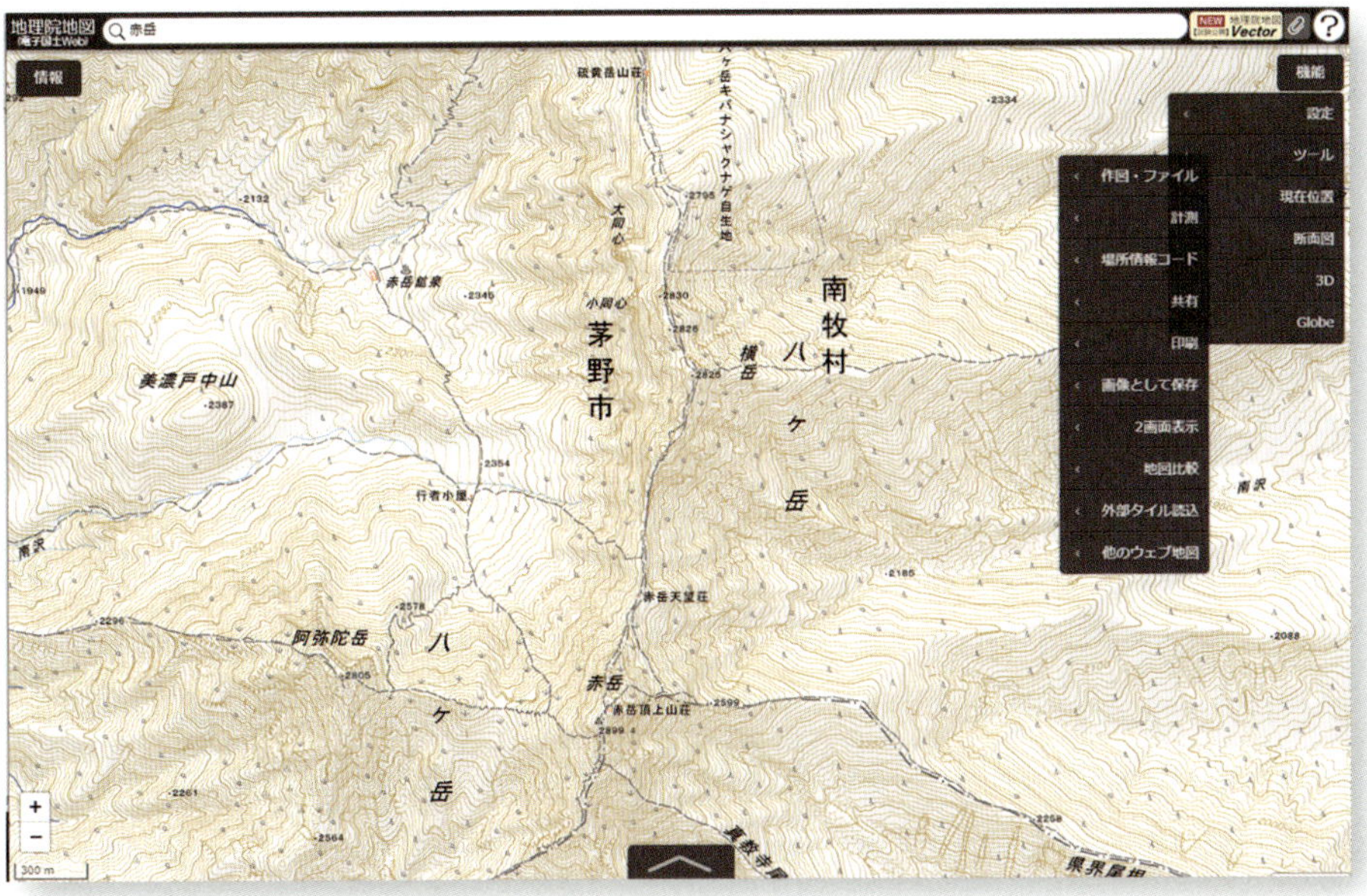

地形図

地形図は、書店や登山用品店で購入できる「2万5000分ノ1地形図」(P54下)でもいいし、インターネットの「地理院地図」のサイト(左)で閲覧してもいい。登りたい山に到達するには、どんなルートが考えられるか、地形図を眺めながらイメージしてみる。基本は尾根のラインに沿って山頂をめざす

雑誌やガイド本

登山雑誌の雪山特集や、雪山のガイドブックには、雪山ルートがたくさん紹介されている。たいていはレベル分けがされ、登山適期、必要装備、注意点などの情報も記載されている。初心者はまず「入門コース」「初級コース」と書かれており、夏も登ったことのある山を選ぶといい

『アルペンガイドNEXT 雪の近郊低山案内 関東版』

『雪山放浪記』

『厳選 雪山登山ルート集』

『ヤマケイ入門&ガイド 雪山登山』

インターネット上のほかの登山者の山行記録

「ヤマケイオンライン」「ヤマップ」などインターネットの登山記録投稿サイトに出ている雪山登山の記録も参考にできる。ただし、投稿者の登山経験や技術レベルがわからず、その記述も主観で書かれているため、すべてを鵜呑みにしないように注意しよう

現地の山小屋(営業小屋)のホームページやSNS

右の写真は、冬期も営業している八ヶ岳の赤岳鉱泉のFacebookのページ。直近の積雪や天候の状況を定期的に発信している。山小屋からの情報は、現地の様子を正確に把握できるのでありがたい。電話でじかに問い合わせてみてもいい

プランニング②

行動計画を立てる

注意箇所などを地形図から読み取る

山の情報を集め、登るルートを決めたら、具体的な行動計画に落とし込んでいく。「行けばなんとかなるだろう」「現場で考えればいい」という発想は、山登り、特に雪山登山においては非常に危険である。ルート状況（地形の特徴、注意箇所）や、発生しうるリスクとその対処法を頭の中で具体的にイメージできるようになるまで、時間をかけて計画を組み立てていこう。

まずは、地形図の等高線を細かく見て、「登るルートには、どんな地形的な特徴があるのか」を詳細につかんでいく。

等高線からは次のような情報を読み取ることができる。

□地形の特徴……尾根は広いか細いか、斜面は急か緩やかか、登る尾根はどの方向に延びているか、など

□テントが張れそうな場所……尾根が平らになっており、雪崩の危険がないところ

□迷いやすそうな場所……別の顕著な尾根が派生しているところ。広く平坦なところ

□雪崩の危険がある場所……谷状の地形に入り込んだり、横切ったりするところ。雪壁状の急斜面

上の地形図は、雪山初級コースの「爺《じい》ヶ岳東尾根」で、等高線から読み取った「注意箇所」と「テントが張れそうな場所」をまとめてみた。

なお、これまでの登山で地形図を使ったことがなく、等高線から地形をイメージできない人は、地図読みスキルの習得が必須である。地形図から地形を読み取れなければ、登山中にルート維持や現在地把握ができず、自分の力で雪山を登ることができないからだ（本書では、読図技術については解説していないので、必要な人は専門書を読んだり、講習会に参加して勉強してほしい）。

まずは地形図を読む

「概念図」「行程表」「高度距離グラフ」を作る

登る山やルートへの理解を深めるには、ルートやその周辺の「概念図」を描いたり、「行程表」や「高度距離グラフ」を作ることも有効だ。初めてのルートを登るときには、ぜひ作成しよう。

概念図とは、ピーク、尾根、沢などの地形を際立たせたもので、地形のラフなイメージや、主要なピーク・尾根・沢の位置関係を把握しやすい。登る山やルート、山域の概念を頭に入れておくことは、山行中のルートファインディングに役立つ。

行程表は、登るルートをいくつかのブロックに分けて、それぞれの標高差、水平距離、進行方位、所要時間目安を一覧にしたもの。行程表を作ることで、実際に登る（下る）ときの目線でルートをイメージできるようになる。高度距離グラフはルートの断面イメージで、登り下りの状況を視覚的に把握できる。

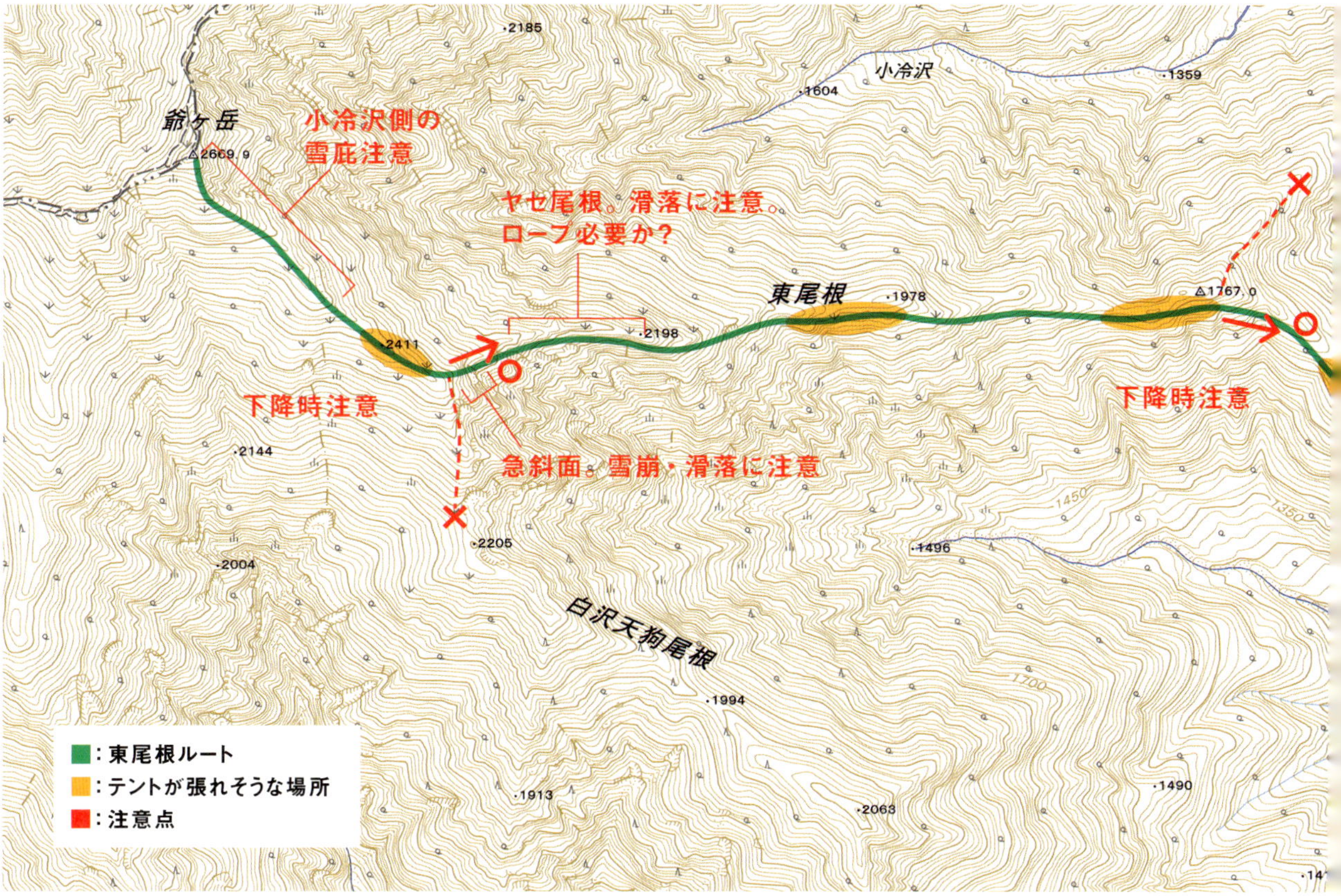

地形図や資料から読み取った情報を整理する

予測される注意箇所

- 2198m手前のヤセ尾根
- 2198mから先のヤセ尾根。矢沢側に雪庇発達
- 2220m付近のギャップはナイフエッジ、小冷沢側に雪庇発達のため要注意
- 2411mへの急斜面の登り。降雪後など雪が不安定なときは雪崩注意
- 2411mから先、小冷沢側の雪庇注意
- 下降時、2411mから白沢天狗尾根に下らないよう、悪天時ルートファインディング注意
- 下降時、1767mから北東方面の尾根に下らないよう、悪天時ルートファインディング注意
- 下降時、1331mで進路は北東方面に屈曲。そのまままっすぐ下っていかないように注意

テントが張れそうな場所

- 1331m標高点
- 1430m付近
- 1476m標高点と1500m付近
- 1630m付近
- 1767m標高点とその先
- 1978m標高点とその先
- 2411m標高点付近

ひと昔前は、地形図から主要なポイント間の標高差や水平距離を読み取って行程表を作り、行程表をもとに高度距離グラフを作るという手間のかかる作業をしていた。だが、今はパソコンなどで地図ソフト（アプリ）を使えば、簡単に高度距離グラフを作ることができる。P58の爺ヶ岳東尾根の高度距離グラフも登山用地図ソフト「カシミール3D」を使って作成し、行程表はそのデータを整理して一覧化したものだ。

コースタイムの考え方

行程表の「標高差」「水平距離」「方位」は地図ソフト（アプリ）を使えば簡単に埋めていくことができるが、悩ましいのが「所要時間目安」、つまり行動時間の予測である。

無雪期の登山であれば、登山道から外れるバリエーションルートを除いて、登山地図やガイドブックに詳細なコースタイムが載っているので、それを参考にできる。では、雪山登山では何を参考にすればいいのか。

最もわかりやすいのは、雪山のガイドブックや雑誌の記事に載っているコースタイムだろう。インターネットの投稿サイトにアップされて

高度距離グラフ

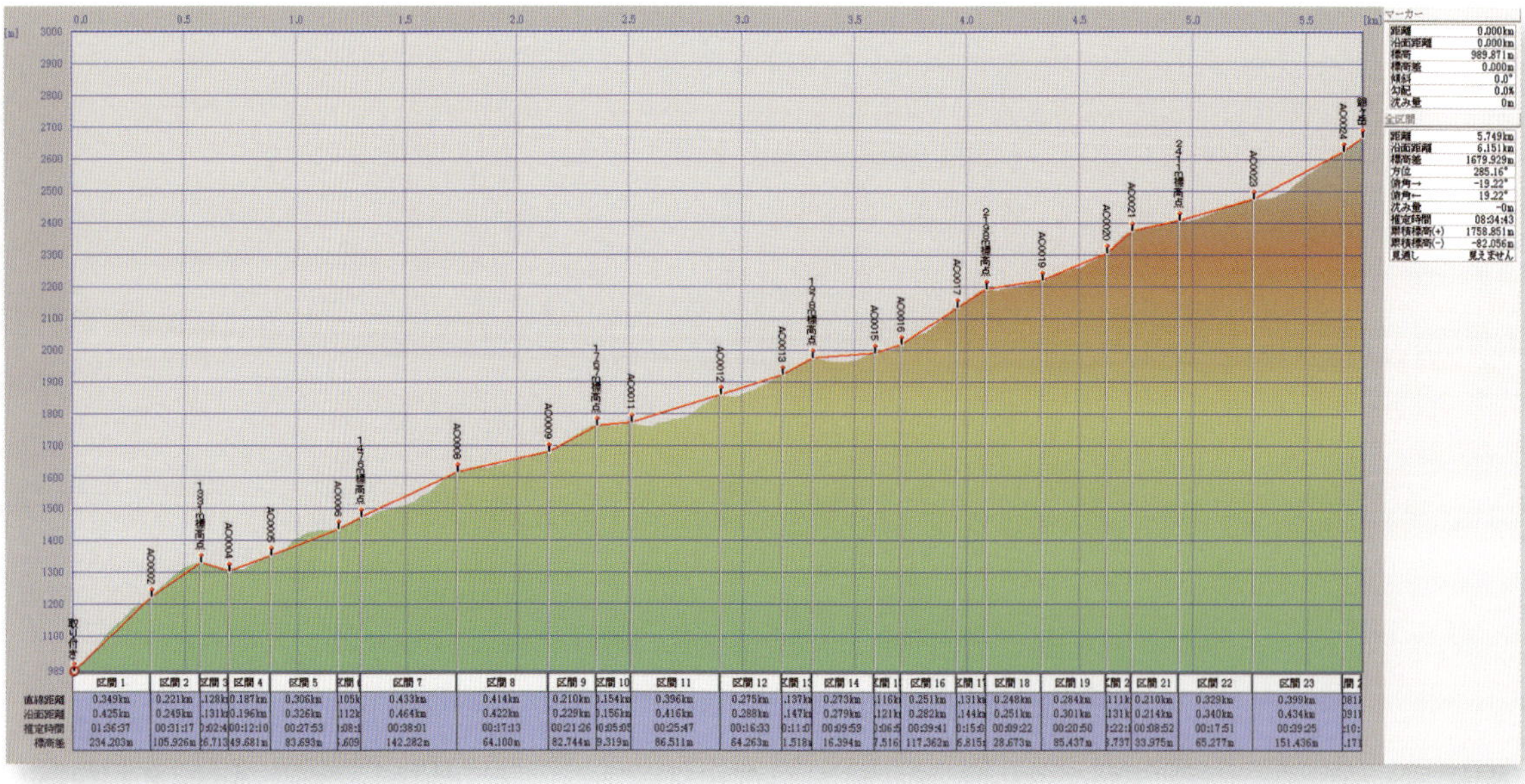

「カシミール3D」で作成した、爺ヶ岳東尾根の高度距離グラフ。断面図としてルートを見ることで、登り下りの状況を視覚的に把握することができる。傾斜が緩やかなところや平らになっているところは、尾根の広さにもよるが、テント適地となる可能性が高い

概念図

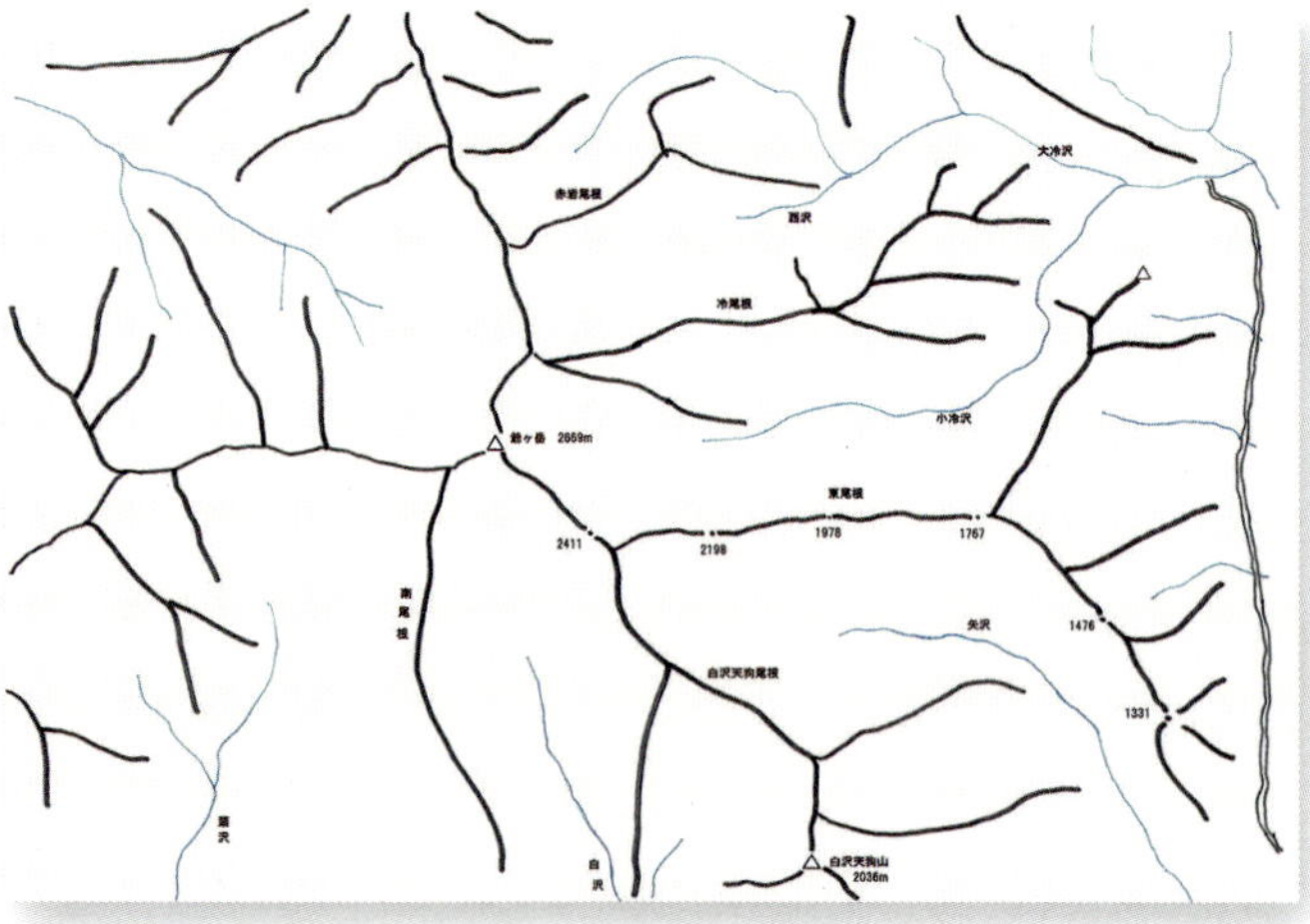

爺ヶ岳周辺の概念図。東尾根は2411m付近や1767m付近で屈曲していること、爺ヶ岳南東には「白沢天狗尾根」、南には「南尾根」が派生していること、東尾根の北方には「小冷沢」をはさんで「冷尾根」が延びていることなど、主要なピーク・尾根・沢などの位置関係を把握できる

登り

ポイント	標高差	水平距離	方位	所要時間目安
取り付き（990m）				
	341m	約0.6km	南西/232°	2時間
1331m標高点				
	145m	約0.7km	北西/323°	50分
1476m標高点				
	291m	約1.1km	北西/310°	1時間15分
1767m標高点				
	211m	約1.0km	西/269°	1時間
1978m標高点				
	220m	約0.8km	西/262°	1時間10分
2198m標高点				
	213m	約0.9km	西/268°	1時間
2411m標高点				
	258m	約0.8km	北西/314°	1時間10分
爺ヶ岳（2669m）				

■累計高度（＋）：1759m　■累計高度（－）：－82m
■水平距離：約5.9km　■所要時間目安：約8時間25分

下り

ポイント	方位	所要時間目安
爺ヶ岳（2669m）		
	南東/135°	30分
2411m標高点		
	東/88°	30分
2198m標高点		
	東/82°	30分
1978m標高点		
	東/89°	30分
1767m標高点		
	南東/130°	30分
1476m標高点		
	南東/143°	30分
1331m標高点		
	北東/52°	40分
取り付き（990m）		

■所要時間目安：約3時間40分

行程表

主要なポイント間の標高差、水平距離、進行方位、所要時間目安をまとめたもの。所要時間は、「カシミール3D」が自動計算した推定時間や、雪山ガイドブックのコースタイムなどを参考に、登りは約8時間25分、下りは約3時間40分と算出している

いる登山記録の行動時間も参考にはできる。ただ、雪山の場合、登る時期、当日の天候や積雪量、登山者の雪山経験や技術レベルによって、同じルートでもかかる時間は大幅に変わる。そのため、本や雑誌、インターネットのコースタイムが「いつ、どんな天候・積雪量で、どんなパーティで登ったときのものか（あるいは、想定しているか）」を確認し、自分たちが登る時期やパーティのレベルに合わせて調整する必要がある。

　無雪期と同じルートを歩くのであれば、無雪期のコースタイムも参考にできる。場所によっては無雪期よりもスムーズに歩けることもあるが、たいていは積雪の影響で夏よりもコースタイムがかかると思ったほうがいい。どのぐらい余計にかかるかは、やはり時期や積雪量によって異なるが、トレースが期待できる人気のルートであれば夏の1・5倍ぐらい、そうでなければひとまず2〜3倍ぐらいを目安に考えておこう。

　参考になる資料や情報がないルートを登るときは、自分の過去の雪山経験を振り返り、「時間あたり、どのぐらいの標高差を登れるか（下れるか）」「水平距離でどのぐらいの距離を歩けるか」から予測を立てるしかない。地図ソフト「カシミール3D」では、登り下りの勾配を補正しながら所要時間を予測してくれる機能が備わっている。やはり自分の過去の雪山経験を踏まえて、予測計算の基準値を上手に設定できれば、コースタイムの予測に役立つ。

引き返しの判断基準も計画段階で決める

テントが張れそうな場所、注意すべき危険箇所、コースタイムの目安などを把握できたら、具体的な日程を組んでいく。山行日数や自分たちの体力・技術を考慮し、無理のない計画に落とし込んでいくことが大切。もし「日数的（または体力的・技術的）に厳しいかも」と感じるようならば、「なんとかなるだろう」と安易に考えず、ルート変更や日数の延長を検討する。

　装備はアイゼンやピッケルなどの基本装備のほか、テント泊をするならばテント泊用具一式、ルート上に雪崩注意箇所があればビーコンやプローブ、転・滑落のリスクがあったり、初心者を連れていくならばロープやハーネス、と計画内容やルート状況に合わせて必要なものを用意する。装備は正しく使えることが大前提であり、もし使い方に不安があるならば、その装備を必要とするルートに行ってはいけない。

　悪天候や予想外の積雪で予定どおりに進めなかった場合の下山の方法と判断基準も、計画段階で決めておく。途中下山は、同じルートを引き返すか、エスケープルート（不測の事態のとき、一刻も早く下山するためのルート。予定ルートから分岐する尾根などが使われる）を下る。判断基準は、たとえば「△日までに山頂あるいはルート上の特定の地点に到達できなかったら引き返す（エスケープルートを使う）」と、下山判断を下すタイミングやポイントを明確にしておくことで山中でのスムーズな意思決定につながる。エスケープルートを設定する場合は、エスケープルートの地図読みも行ない、注意箇所などを把握しておこう。

雪山で登山地図は使える？

夏山では多くの人が利用している登山地図。本文内でも述べたように、雪山でも無雪期と同じルートを歩くのであれば、積雪の影響を考慮しなければならないが、登山地図に載っているコースタイムを参考にはできる。ただし、登山地図は等高線が見づらく、地形の情報を読み取るのには適していない。雪山登山にはやはり地形図が必須なのだ。

昭文社『山と高原地図アプリ』36 鹿島槍・五竜岳 より

計画書の作成と提出／山岳保険

入山前に必ず行なおう！

同居する家族にも計画書を渡しておく

行動計画や持参する装備が決まったら、登山計画書を作成する。計画書に記載すべき内容は、メンバーの氏名・住所・緊急連絡先、山行期間と行動予定、食料や装備など。左ページに計画書のサンプルをまとめたので参考にしてほしい。

作成した計画書は、メンバー全員で共有するとともに、地元の自治体や警察署、登山口の登山届ポストなどに提出する（提出方法については左ページ下のコラム参照）。自分やメンバーが山中で不測の事態に陥ったとき、警察や消防などの救助組織にスムーズな捜索・救助活動を行なってもらうために計画書は欠かせないものなので、必ず提出しよう。

また、同居する家族にも計画書を渡しておくのを忘れないようにする。警察などの公的機関は、すべての登山者の入下山を逐一確認しているわけではない。つまり、自分やメンバーがケガや病気で行動不能に陥ったり、道に迷って下山できないとき、「最終下山日を過ぎても帰ってこない」と通報してくれる人（家族）がいて、はじめて警察は動いてくれる。

同居する家族がいない場合、友人や職場の人に渡してもいい。ただし、警察は原則、家族からの捜索願がなければ動くことができない。最終下山日を過ぎたとき、友人や職場の人でも通報はできるが、通報を受けた警察は登山者の家族に連絡して確認を取ることになる。遭難救助の場合、一刻を争うこともあるので、できれば家族が直接通報できるようにしておいたほうがいいだろう。

登山者本人が事前に計画書を提出していても、家族や友人が警察に通報した場合、「計画書を送ってほしい」と依頼されることもあるという。理由は、大量の計画書から該当のものを探すより、送ってもらったほうがその後の活動がスムーズに行なえるから。その点からも計画書は身近な人の手元に置いておくべきなのだ。

雪山登山が対象の山岳保険に加入する

遭難やケガをしたときの備えとして、山岳保険にも加入しておく。登山向けの保険にはさまざまなタイプがあるが、雪山登山をする場合、必ずピッケル・アイゼン・ロープなどの用具を使用する山岳登攀を対象とする保険に入ろう。

保険を選ぶときは、「ケガへの補償（傷害死亡、後遺障害、入院、通院）」と「遭難時の補償（遭難捜索費用、救援者費用）」に分けて考え

会員制捜索ヘリサービス「ココヘリ」もおすすめ

「ココヘリ」は、ヘリによる遭難者の捜索を行なう会員制サービス。会員になると発信機が貸与。捜索要請を受けるとヘリが出動し、発信機の電波を補足して短時間で位置情報を特定してくれる。いざというときの備えに

山岳保険の例

■タイプ1／年間契約・傷害補償タイプ

	年間保険料	1万2190円
補償内容	遭難捜索費用	150万円
	遭難捜索追加費用	30万円
	救援者費用等	500万円
	死亡・後遺障害	200万円
	個人賠償責任	1億円

■タイプ2／短期契約・傷害補償タイプ

	保険料	1000円
補償期間		1泊2日
補償内容	遭難捜索費用	50万円
	救援者費用等	300万円
	死亡・後遺障害	200万円
	個人賠償責任	1億円

■タイプ3／年間契約・遭難捜索救助特化タイプ

	年間保険料	4000円
補償内容	捜索・救助費用	300万円を限度に支払い
	死亡・後遺障害	――
	個人賠償責任	――

登山計画書（届）を作成する

❶山岳保険
山岳保険への加入の有無、加入している保険の名称

❷携帯電話
山中での連絡手段として、携帯電話も携行したほうがいい

❸山行期間
山行期間は予備日も含めて記入。最終日を過ぎても下山しない場合、計画書を渡された家族・友人は警察などに連絡し、捜索を依頼する

❹エスケープルート
悪天候や予想以上の積雪、メンバーの体調不良で予定ルートを進めなかった場合の、エスケープや引き返し方法、判断基準を決めておく

❺装備内容
装備は項目別に記入するとわかりやすい。別紙に装備リストとしてまとめてもよい。共同装備は、誰が持ってくるか、担当者名を入れておくと装備忘れを防げる

❻関係連絡先
地元警察、山小屋、タクシー会社など、必要な連絡先をまとめておく

❼そのほか重要情報
ココヘリID、無線機のコールサインなど、そのほかの重要事項を記入

❽所属組織
山岳会や同人組織に所属している人、救援体制がある人は記入する

登山計画書（届）

提出日：2019 年 12月 20日　　提出者：山本太郎

山域／山名	北アルプス／鹿島槍ヶ岳東尾根	登山形態	テント泊、山頂往復

担当 氏名	生年月日 ❶山岳保険	性別 血液	❷住所 電話・携帯電話（登山時携帯している場合）	緊急連絡先（間柄） 電話
リーダー 山本　太郎	1979・2・12 ○○山岳保険	男 O	東京都千代田区神田神保町0-00-00 090-0000-0000	山本　明子（妻） 090-0000-0000
サブリーダー 佐藤　望	1977・2・1 △△山岳保険	女 AB	東京都調布市小島町0-00-00 090-0000-0000	佐藤　次郎（夫） 090-0000-0000
鈴木　三郎	1982・7・11 □□山行保険	男 B	埼玉県さいたま市浦和区常盤0-00-00 090-0000-0000	高橋　梓（友人） 090-0000-0000

❸山行期間　2019年12月28日～12月31日　　行動日　3　日間　（ほかに予備日　1　日）

行動予定		
	12 月 27 日	前夜、東京発
	12 月 28 日	鹿島～鹿島槍ヶ岳東尾根～1978m付近
	12 月 29 日	1978m付近テントサイト～鹿島槍ヶ岳（往復）
	12 月 30 日	1978m付近テントサイト～鹿島下山
	12 月 31 日	※予備日

❹備考（緊急時のエスケープルート、引き返し時間目安など）
・悪天候時、緊急時は、同ルートを引き返す。　・頂上往復の行動時、13時30分までに山頂未着時は引き返す。
・予備日を使用して頂上往復する（31日に頂上往復）場合は、11時山頂未着時は引き返す。

日の出　6 時　50 分／日の入 16 時 53 分　（ 12 月 30 日）

基本食料　朝・夕食［各　2　食分］／　行動食［　4　食分］	予備食　朝夕1 食分	非常食　各自適量

❺装備内容		
	ウェア	アウターウェア上下、ミドルウェア上下、アンダーウェア上下、バラクラバ、ビーニー・ネックウォーマー、ソックス（予備1set）、グローブ（予備1set）、オーバー手袋、保温ジャケット・パンツ、テントシューズ
	行動用具	雪山登山靴、ゲイター、トレッキングポール、ピッケル、アイゼン、ワカン、バックパック、サングラス、ゴーグル、保温ボトル、ヘッドライト（含む予備電池）、コンパス、ホイッスル、筆記用具、腕時計、ナイフ、ビーコン、ショベル、プローブ
	登攀用具	ハーネス、ロックカラビナ、カラビナ、スリング、ヘルメット、ビレイデバイス
	宿泊用具	スリーピングバッグ、個人用マット、食器、箸・スプーン、ライター（マッチ）、ロールペーパー、タオル
	緊急対策用具	ファーストエイドキット、常備薬、健康保険証、計画書控え、非常食、身分証明書、携帯電話（充電器）、財布（現金）
	そのほか	
	共同装備	ロープ、スノーピケット、テント（3人用。外張・ポール含む）、テントマット、ランタン、食事用雑具、ストーブ、ガスカートリッジ、ストーブ板、コッヘルセット、ツエルト、ラジオ、雪落としブラシ、雪袋

❻関係連絡先／

❼そのほか

ヒトココ・ココヘリID：　　無線機のコールサイン：

❽※所属（山岳会など）がある場合は以下に記入

所属	有 or ㊀無
団体名	
代表者名	
住所	
連絡先	

※救援体制がある場合は以下に記入

救援体制	有 or ㊀無
緊急連絡先名	
住所	
連絡先（昼）	
同（夜）	

登山計画書（届）の提出方法

提出方法は「地元の自治体や警察署の管轄部署に郵送・FAX・電子メールで送付」「専用WEBサイトで電子申請」「登山口の専用ポストへの投函」などさまざまで、県によって対応している方法は多少異なる。また、県にもよるが、日本山岳ガイド協会が運営する「コンパス」から提出することも可能だ。

登山口のポストに投函する

「コンパス」のトップページ

るとわかりやすい。山岳保険の多くは両者がセットになっており、保険料と補償内容のバランスを見て、個々が感じる必要性に応じて自分に合った保険を選べばいい。

日常生活用としてすでに傷害保険に加入している人は、「運動危険等補償特約」で補償の範囲を広げることで雪山でのケガにも対応できる。そのため、追加で遭難時の補償に特化した保険に入れば、ケガと遭難の両方に対応できる。

契約期間は「年間契約」と「短期契約」があり、1年を通じてコンスタントに山に入るならば年間契約、年に数回ならば日帰りや数泊の登山に対応した短期保険がおすすめ。

登山条例（規則）も確認しておく

登山計画書の作成と提出について、もうひとつ注意しておきたいのが、各県の登山条例（規則）だ。

以前は雪山登山に関する登山条例は、谷川岳《たにがわ》周辺の『群馬県谷川岳遭難防止条例』（1967年施行）と、剱岳《つるぎ》周辺の『富山県登山届出条例』（1966年）だけだったが、登山者やスキーヤーの遭難事故が増え続けている昨今の状況を受けて、2010年代以降に各県で相次いで登山条例（規則）が制定・施行されている。

雪山登山に関連する規定が含まれるものとしては、左記がある。

□立山室堂《たてやまむろどう》地区の『富山県立山室堂地区山岳スキー等安全指導要綱』
□岐阜県北アルプス地区の『岐阜県北アルプス地区における山岳遭難の防止に関する条例』
□南アルプス／富士山《ふじさん》／八《やつ》ヶ岳安全登山推進重点区域（山梨県）の『山梨県登山の安全の確保に関する条例』

また、長野県の『長野県登山安全条例』では、雪山シーズンに限らず通年で、指定登山道を通行する場合には登山計画書の提出を求めている（罰則規定はない）。御嶽山《おんたけさん》、白山《はくさん》、焼岳《やけ》、乗鞍岳《のりくら》などの活火山地区では、火山災害予防の観点から登山計画書の提出を義務付けている。

届け出が必要な項目、規制される期間、罰則の内容（有無）などは各県で異なるため、登山条例（規則）が指定するエリアで登山を行なう場合は、条例の詳細を確認し、必要事項に漏れがないように計画書を作成し、提出しよう。

2010年代以降に制定・施行された雪山登山に関する主な登山条例

立山室堂地区

■規制される時期：4月1日～5月31日、11月1日～30日のうち、毎年度知事が定めて公表する日。

■入山届：様式をダウンロードしてあらかじめ記入して持参するか、窓口に備え付けの用紙に記入する。記入事項は以下の項目。①グループ名と代表者の住所・氏名・性別・年齢・携帯電話番号・緊急時連絡先　②入山の目的　③入山期間と行程　④日程および行動概要　⑤行動予定場所の図示（概念図中に記入）　⑥メンバー全員について、住所・氏名・性別・年齢・携帯電話番号・緊急時連絡先　⑦同じく、雪崩ビーコン・ショベル・プローブ・ツエルトそれぞれの携帯・不携帯　⑧同じく、山岳保険への加入・未加入

■提出先：室堂ターミナル内の入山安全相談窓口

■問合せ先：富山県生活環境文化部自然保護課　Tel／076-444-3398

届出用紙入手先：立山室堂山岳スキー情報（富山県山岳遭難対策協議会）のホームページからダウンロードできる。
http://toyamaken-sotaikyo.jp/

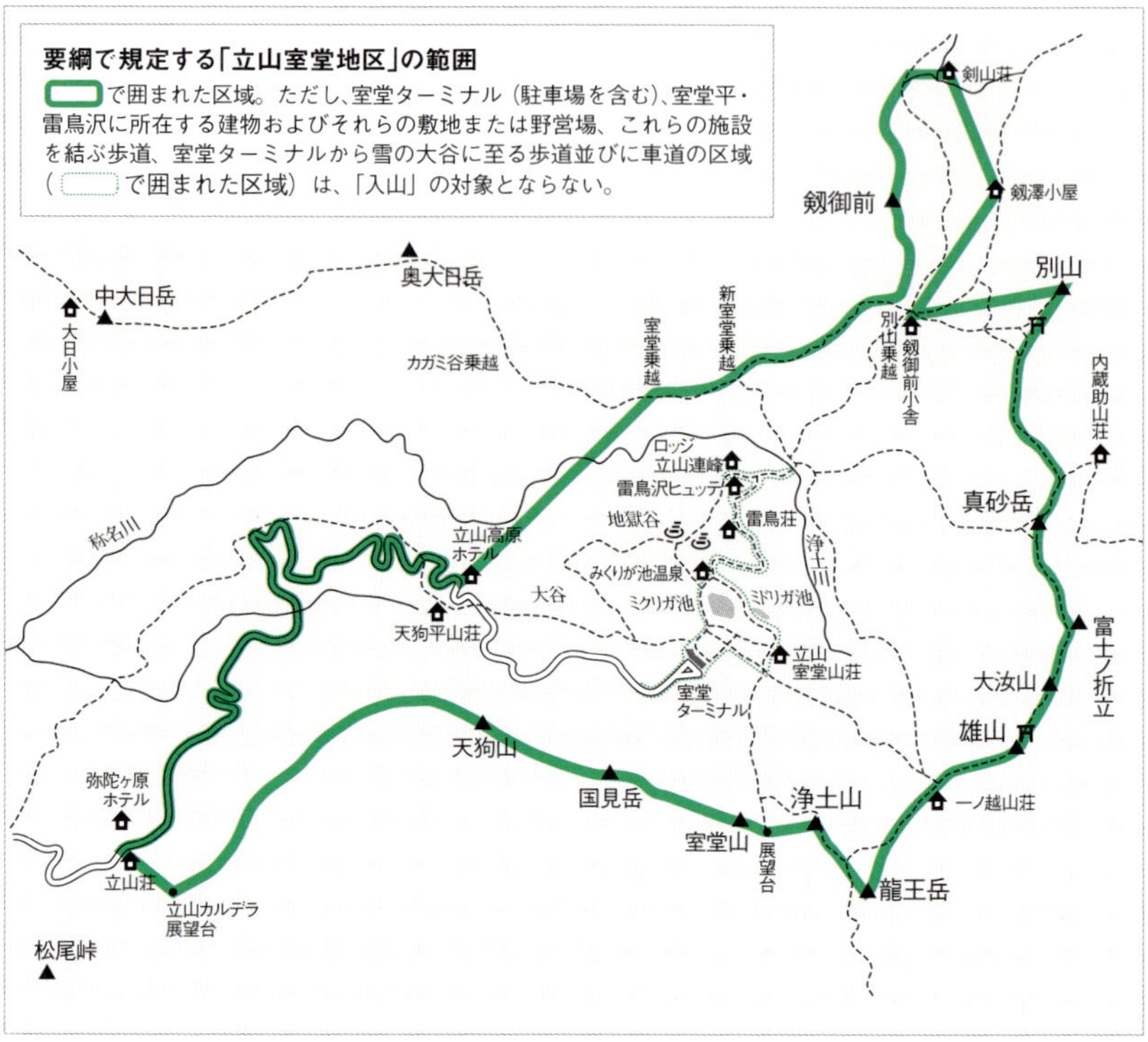

岐阜県北アルプス地区

■**規制される時期**：届出は通年。ただし、罰則規定が適用される期間は対象地域によって異なる(後記)。

■**入山届**：登山計画書または入山届などにより(様式自由)、次の必要事項を岐阜県知事に届け出る。①住所・氏名・性別・年齢 ②登山の期間・行程 ③装備品・飲料水・食糧の内容 ④緊急時の連絡先 ⑤通信手段の所持状況 ⑥団体加入の有無、加入団体の名称 ⑦保険加入の有無、加入保険の名称 ⑧その他規則で定める事項

■**罰則規定**：以下の者は5万円以下の過料に処する。①12月1日～翌4月15日の間に、無届または虚偽の届出をして北アルプス地区に登山した者 ②4月16日～11月30日の間に、無届または虚偽の届出をして北アルプス「危険地区」に登山した者

■**提出先**：岐阜県防災課、岐阜県警察本部地域課、各山域を管轄する警察署(または管内の交番、駐在所)、岐阜県北アルプス山岳遭難対策協議会(新穂高センター内)、日本山岳ガイド協会「コンパス」。登山口の各登山届ポストへの投函も可。以下はオンライン届出も可。岐阜県北アルプス山岳遭難対策協議会(https://www.kitaalpsgifu.jp/)、日本山岳ガイド協会「コンパス」(https://www.mt-compass.com/)。

■**問合せ先**：岐阜県危機管理部危機管理政策課
Tel ／ 058-272-1121

南アルプス／富士山／八ヶ岳安全登山推進重点区域（山梨県）

■**規制される時期**：12月1日～翌3月31日の間に安全登山推進重点区域に入山する場合、登山届を提出しなければならない。
※南アルプスと八ヶ岳は緑の線内が安全登山推進重点区域

■**入山届**：次の事項を山梨県知事に届け出る。①氏名・性別・年齢・住所・電話番号 ②登山期間・行程 ③装備品・飲料水・食糧の内容 ④緊急時の連絡先 ⑤通信手段の所持状況 ⑥その他

■**罰則規定**：なし

■**提出先**：日本山岳ガイド協会「コンパス」(https://www.mt-compass.com/)、山梨県観光資源課メールアドレス(tozanpost@pref.yamanashi.lg.jp)、FAX(山域により番号が異なる)、登山ポスト

■**問合せ先**：山梨県観光資源課
Tel ／ 055-223-1576

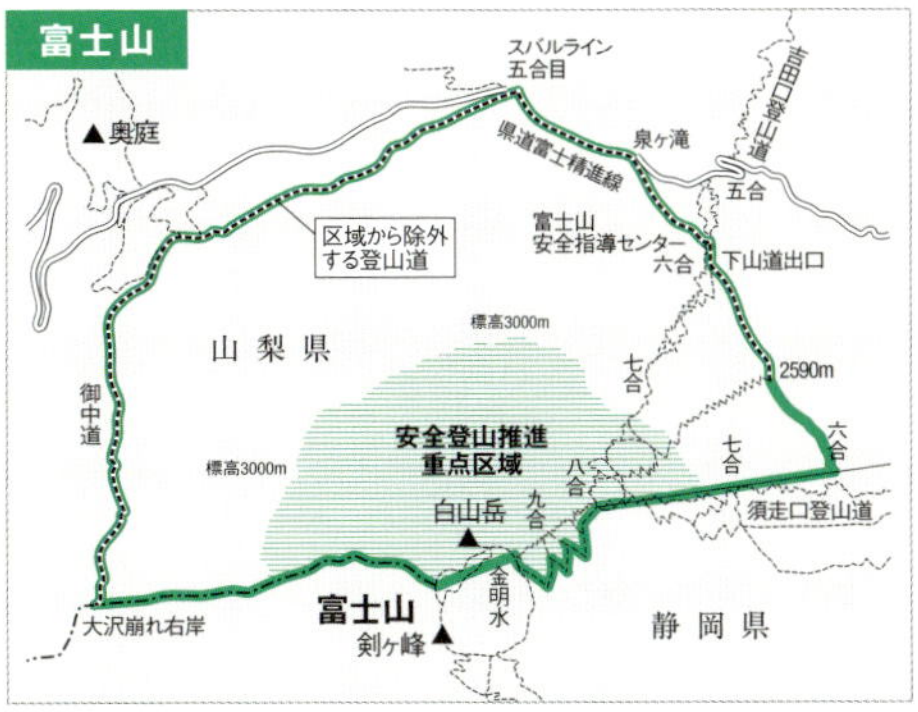

《注》
ここに掲載した登山条例・登山規則は、2019年10月現在の内容です。条例改正などによって内容が変更になることもあるので、入山前には各県・各団体のホームページなどで最新情報を確認してください。

雪山の食事

バランスのいいメニューを考える

雪山登山に必要なエネルギー量は？

食事は、人間の活動のエネルギー源となり、山中では必要な量をしっかり食べなければならない。エネルギー不足に陥れば、低血糖で動けなくなったり、体内で産熱ができず低体温症にもつながってしまう。

では、雪山ではどれぐらいのエネルギー量が必要なのか。行動中のエネルギー消費量は「体重（kg）×行動時間（h）×メッツ」という式で推定できる。メッツとは運動強度を表わす単位で、一般的な雪山登山は「8メッツ」とされる（メッツの詳細は、P66の「トレーニング」の項目を参照）。また、人間の体は、体温などの恒常性を維持する基礎代謝にもエネルギーを使い、生活中のエネルギー消費量は「体重（kg）×生活時間（h）×1」で推定する。

たとえば、1泊2日の雪山登山で、1日の行動時間が6時間、行動以外の山中での滞在時間は15時間、体重が60kgだとすると、

【1日の行動での消費量】
60kg×6h×8＝2880kcal
【生活中の消費量】
60kg×15h×1＝900kcal

となり、2日間合計で山中でのエネルギー消費量は6660kcal（1日当たり3330kcal）となる。

もちろんこのすべてを山の中で補う必要はなく、入山前の食事による体内への蓄積分、下山後の食事による補給分もある。また、計算式は雪山の一般的な条件を想定しており、行動時に悪天候や大量の積雪に見舞われたときなどはエネルギー消費量は増える。そのため、あくまでも目安としての推定値だが、山での食料計画を立てるとき、まずは必要なエネルギー量の目安を把握しておくことは大切だ。

1

2

1.営業小屋では食事が提供されるため、朝夕しっかりと食べることができる　2.避難小屋やテント泊でも、肉や野菜などの生鮮食品を持っていき、バランスのとれた食事を心がけたい

エネルギー消費量の計算式

行動中のエネルギー消費量（kcal）＝体重（kg）×行動時間（h）×8

生活中のエネルギー消費量（kcal）＝体重（kg）×生活時間（h）×1

行動中と生活中のエネルギー消費量は、右の計算式で推定できる。また、kcalをmlに置き換えれば、脱水量の推定も可能となる【参考文献：『登山の運動生理学とトレーニング学』（山本正嘉・著／東京新聞）】

サプリメントや栄養機能食品を活用する

最近はサプリメントや栄養機能食品のレパートリーも多い。上手に食料計画に組み込むことで、ミネラルなど山で不足しがちな栄養素の補給や、効率的なエネルギー補給ができて、パフォーマンス向上やスムーズな回復に効果がある

食事ごとのメニューのポイント

朝食	・行動するエネルギー源となる「糖質（炭水化物）」を中心に。 ・ゆっくりと体に吸収され、腹持ちがいいもの。 ・「タンパク質」「ビタミン」「ミネラル」もあわせて摂取する。
昼食	・「糖質」のなかでも、吸収が早い単糖類（はちみちや果物に含まれる）や二糖類（砂糖を使った食品など）を中心に摂取する。 ・凍らないもの（おにぎりは水分が多いので雪山では凍ってしまう）。 ・グローブをつけたままでも食べやすいもの。
夕食	・行動後、なるべく早めに食べる。2時間以上あいてしまう場合は行動食の残りを食べておく。 ・「タンパク質」（肉や魚、大豆など）をしっかり摂取する。 ・体の回復に必要な「糖質（炭水化物）」と、その代謝を助ける「ビタミンB_1」を補給。

朝昼夕それぞれの食事の目的を意識する

活動の主たるエネルギー源となるのは、糖質（炭水化物）である。とはいえ、山でしっかりと動くには「多くの糖質を摂ればいい」という単純なものではない。栄養のバランスや食べるタイミングも考慮しなければならない。

朝食は、1日に消費するエネルギーの一部を先取りして補給する食事なので、糖質（炭水化物）をしっかりと摂る。糖質には単糖類、二糖類、少糖類、多糖類があり、単糖類は吸収が早く、多糖類はゆっくり吸収される。ご飯や麺類など多糖類の食品が朝食に適しているといわれる理由も、ゆっくりと吸収されて徐々にエネルギーになるためである。また、糖質の代謝を助けるビタミンB_1や、体を温めるタンパク質もあわせて摂るといい。タンパク質を一緒に食べることは糖質の消化・吸収がゆるやかになり、腹持ちがよくなる効果もある。

昼食（行動食）は、吸収の早い単糖類や二糖類を中心にする。ただし、おにぎりやゼリーのような水分が多いものは、雪山では凍る可能性があるので避けたほうがいい。行動中のエネルギー切れを防ぐため、行動食は最低でも2時間おきぐらいに食べる。グローブをつけたままでも食べやすく、少量をこまめに食べられるよう、パッケージの仕方に工夫をしておこう。

夕食は、運動によって失われた体内の糖質の補填と壊れた筋の修復を行ない、翌日に向けて体を回復させることが目的。そのため、糖質とともにタンパク質もしっかり摂る。効率的に回復させるには、行動後、なるべく早く食べることもポイント。タンパク質は消化・吸収にエネルギーが必要となるが、体を温める効果もあるので、雪山に泊まる場合は積極的に摂りたい栄養素である。

食事を充実させようとすると、反面「重さ」の問題が出てくる。ただ、登山においては多少重くても必要なエネルギーや栄養素を補給し続けたほうがトータルでのパフォーマンスは落ちない。食事にこだわることで、結果的に疲れにくく、安定して行動することができる。ひいては注意力も切れず、事故やケガの予防もできて、安全登山につながるのだ。

トレーニング

強度を意識した運動が効果的

雪山には、夏山以上のトレーニングが必須

雪山に登るには、夏山以上の体力や筋力が必要となる。理由は単純で、ひとつには「荷物が重くなる」から。ウェアは夏以上に厚手になるし、ピッケル、アイゼンといった雪山用具も増える。保温材入りの冬用登山靴は片足約1kgで、そこに約500gアイゼンが装着されれば、夏靴の倍ほどの重さとなる。

「雪山特有の動作や外的環境」も体への負荷を大きくする。雪上ではステップキッキングやアイゼン歩行など夏山にはない動きをするため、その動きに適した筋力をつけなければならない。寒冷環境で体温などを維持するには防衛体力も不可欠だ。

下の表は、日常生活やスポーツの活動がどれぐらいの強度なのかを「メッツ」という単位で区分けしたものだ。メッツとは、ある運動をしているときに使うエネルギーが安静時の何倍かを示した値。夏山（ハイキングや縦走）の強度は6〜7メッツだが、雪山登山は8メッツと一段階高くなっている。つまり、雪山に登るには、ウォーキングやジョギングでは強度が足りず、「雪山を想定した体づくり」「雪山と同じ運動強度のトレーニング」が必須となる。

では、どんなトレーニングが有効なのか。本書ではさまざまな方法を網羅的に紹介することはできないが、押さえるべきポイントは3つ。

1／強度を意識すること

2／雪山登山で使う筋肉や動作を意識すること

3／持久力、筋力、バランス力、柔軟性をバランスよく鍛えること

雪山ではミドルカット以上の靴で足首が固定されるため、登りでは主に大腿四頭筋《だいたいしとうきん》、ハムストリングス、腸腰筋《ちょうようきん》、臀筋群《でんきんぐん》を使う。特に臀筋群は重要で、お尻の筋肉がうまく使えるとひざがまっすぐ出る（内側、外側にぶれない）ので安定した歩行ができる。雪の斜面をスムーズに登るには、右記の部位の筋トレおよびストレッチを行なうといい。

雪山特有の動きには、アイゼン歩行がある。アイゼン歩行はフラットフッティングが基本となり、雪面の傾斜によっては、つま先を開いてがに股歩きをしたりと、夏山にはない脚の動かし方をする。アイゼン歩行を上達させるには、そうした〝不自然な動き〟に対応できる筋力、バランス力を身につけたい。

バランスを司るのは「視覚」「体性感覚」「足裏感覚」で、人は視覚に頼ってバランスを保つことが多いので、残りの2つを鍛えることがバランス力向上に効果的。アイゼンで登る際には常にふくらはぎが伸びた状態で力がかかるため、ふくらはぎのトレーニングも欠かせない。

また、いきなり寒い冬山に行くのではなく、秋山、初冬の山に行って山の冷たい空気に体を慣らしたり、日頃から薄着で生活しておくと、寒さに対するトレーニングになる。そうした寒冷順化（体を寒さに慣らすこと）は、低体温症予防にもなる。

登山の運動強度の位置づけ　『登山の運動生理学とトレーニング学』（山本正嘉・著／東京新聞）を参考に作成

運動の強さ	スポーツ・運動・生活活動の種類	登山の種類
1メッツ台	寝る、座る、立つ、食事、入浴、デスクワーク、車に乗る	
2メッツ台	ゆっくり歩く、立ち仕事、ストレッチング、ヨガ、キャッチボール	
3メッツ台	普通に歩く〜やや速く歩く、階段を下りる、掃除、軽い筋力トレーニング、ボウリング、バレーボール、室内で行なう軽い体操	
4メッツ台	速歩き、水中運動、バドミントン、ゴルフ、バレエ、庭仕事	
5メッツ台	かなり速く歩く、野球、ソフトボール、子どもと遊ぶ	
6メッツ台	ジョギングと歩行の組み合わせ、バスケットボール、水泳（ゆっくり）、エアロビクス	ハイキング
7メッツ台	ジョギング、サッカー、テニス、スケート、スキー	無雪期の縦走
8メッツ台	ランニング（分速130m）、サイクリング（時速20km）、水泳（中くらいの速さ）、階段を上がる	雪山・岩山
9メッツ台	荷物を上の階に運ぶ	
10メッツ台	ランニング（分速160m）、柔道、空手、ラグビー	
11メッツ以上	速く泳ぐ、階段を駆け上がる	ロッククライミング

「メッツ」とは安静時の何倍のエネルギーを使うかを示す数値。雪山登山は8メッツで、ランニング並みの運動であることがわかる

雪山に向けたトレーニング例

■閉眼片脚立ち

バランス力

片脚立ちは、重心をとらえて、バランス力を鍛える最も身近な方法。目を閉じることで視覚に頼れなくなり、体性感覚や足裏感覚を向上させる。方法は、まっすぐに立った状態から、片脚を地面から離して、その姿勢をキープする。足裏感覚を使えるよう、裸足で行なう。バックパックを背負うと効果が高まる

■ひざ上げ（腸腰筋のトレーニング）

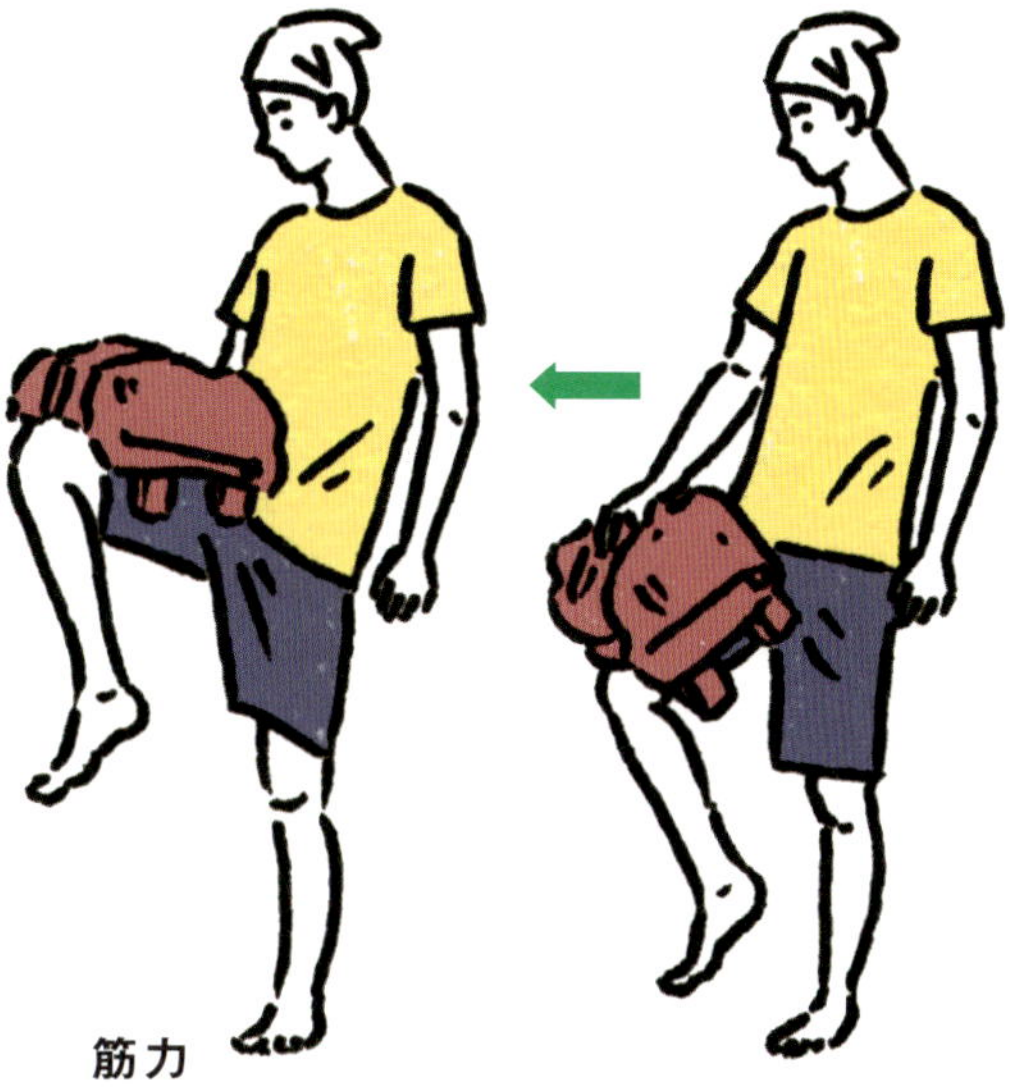

筋力

ひざ上げは、脚を上げる際に重要な働きをする腸腰筋を鍛えるトレーニング。立った状態で、片脚を腰の位置までゆっくり上げて、ゆっくり下ろす、という動作を繰り返す。イラストのように太ももの上に荷物を載せることで、負荷を強めることができる

■階段や坂道の昇降

持久力

平坦な道のジョギングだけでは運動強度が足りないため、階段や坂道の昇降（「階段を上がる」は8メッツ）を加えて強度を上げる。自分の体を重力に逆らって持ち上げるという、実際の登山に近い動きとなるため、脚部の筋力やバランス力向上のトレーニングにもなる

■臀筋群・ハムストリングスのストレッチ

柔軟性

臀筋群やハムストリングスは、前脚に重心を乗せながら歩く際に必要な筋肉。柔軟性を高めることで、脚の負担を軽減できる。ストレッチの方法は、ひざを曲げて腕で両脚を抱え込む。その後、ゆっくり前に力を入れていき、痛みを感じる手前で止めて、その姿勢を保つ

日々の体調管理も重要

山でのパフォーマンスを上げるには、トレーニングとともに日々の体調管理、すなわち「コンディショニング」が重要。食事や睡眠など生活習慣が乱れていると、どれだけトレーニングを頑張っても、山でバテたり、体調不良になったりと、その効果を充分に発揮できない。

たとえば、山では朝早くからの行動が基本となるため、日頃から朝型の生活を送ることは登山にとってもプラスとなる。逆に、夜型生活で睡眠が不規則・不充分だったりすると、山での注意力不足や体調不良にもつながってしまう。

食事は、栄養バランスのとれたメニューで、朝昼晩の三食をきちっと食べる。適切なトレーニングをして、しっかりと食べることで、はじめて雪山登山向きの体をつくっていくことができるのだ。疲労やストレスをため込むこともよくないので、上手に発散しながら日々を過ごすようにしよう。

雪山の気象

天気のサイクルをつかむ

悪天候時は無理をせず、早めに引き返しの判断をすることで、リスクを回避できる

寒気の流入に注意する

雪山に限らず、山の天気を知るには、「季節ごとの気圧配置のサイクル」と、「その気圧配置になったとき、自分が登る山域ではどんな天候になるのか」を正しく理解しておくことがポイントとなる。

12〜2月の冬期は、「冬型→移動性高気圧→温帯低気圧の通過→冬型」というサイクルを繰り返す。

冬期に最もよく現われる気圧配置は、西高東低の冬型である。11月中旬ごろになると冬型の気圧配置が出現することが多くなり、12月下旬から2月下旬にかけては冬型が続く。冬型になると、日本海側の山では雪、太平洋側は乾燥した晴天となる。ただし、強い寒気が日本上空に流入して冬型が強まると、太平洋側や内陸部でも風雪となる。日本海側の山では暴風雪となり、一晩で1m以上のドカ雪に見舞われることもあるので注意が必要だ。

冬型がゆるむと、大陸から高気圧が移動性となってやってくる。移動性高気圧に覆われると好天に恵まれるが、高気圧はやがて東に抜け、その後温帯低気圧が通過して、再び冬型となる。温帯低気圧は、通過するルートによって「日本海低気圧」「南岸低気圧」「二つ玉低気圧」と呼ばれ、天候が悪化する山域や悪化の仕方が異なるため、それぞれの特徴を把握しておこう。

冬期に日本海側の山域で好天を得られるのは移動性高気圧に覆われているときだけで、それもせいぜい半日から1日程度。入山前から日々の天気図を確認し、移動性高気圧が到来するタイミングを確実にとらえられるかが、登頂の成功やリスク回避の鍵となる。

3〜5月の春期は、さまざまな気圧配置が出現するが、代表的なサイクルとして「移動性高気圧→温帯低気圧（日本海・南岸・二つ玉）→一時的な冬型→移動性高気圧」と「帯状高気圧」が挙げられる。

春期の特徴は、西高東低の冬型が

注意すべき気圧配置

日本海低気圧

日本海上を発達しながら通過する低気圧。冬の嵐や春一番をもたらす低気圧として知られる。強い南寄りの風をもたらし、気温が上がるため、日本海側の山で雨が降ることも。通過後は寒気が入って気温が急激に下がり、山では猛吹雪となる

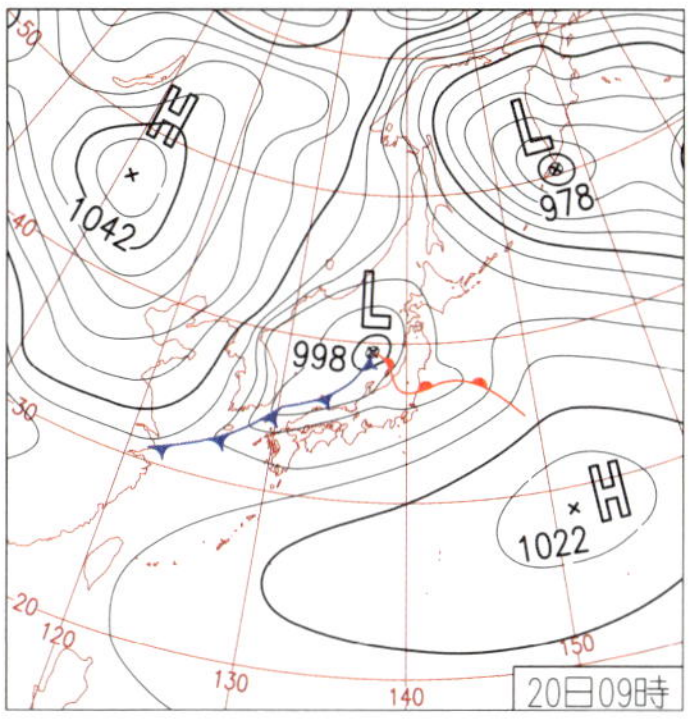

西高東低の冬型の気圧配置

西側に高気圧（H）が張り出し、東側に低気圧（L）がある、冬の典型的な気圧配置。気温が下がり、日本海側は荒天となる。太平洋側では乾燥した晴天となるが、高山の稜線上は地吹雪となり、登山に適さないこともある

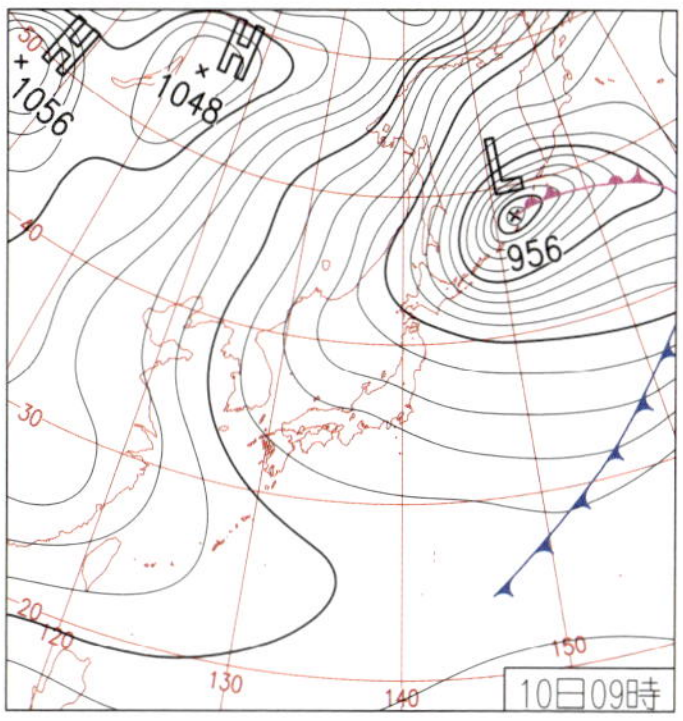

二つ玉低気圧

日本海低気圧と南岸低気圧が日本列島をはさむように通過する気圧配置。両者の低気圧の特徴を併せ持ち、全国的に大荒れとなる。過去には何度も二つ玉低気圧による気象遭難が起きており、特に警戒しなければならない気圧配置とされる

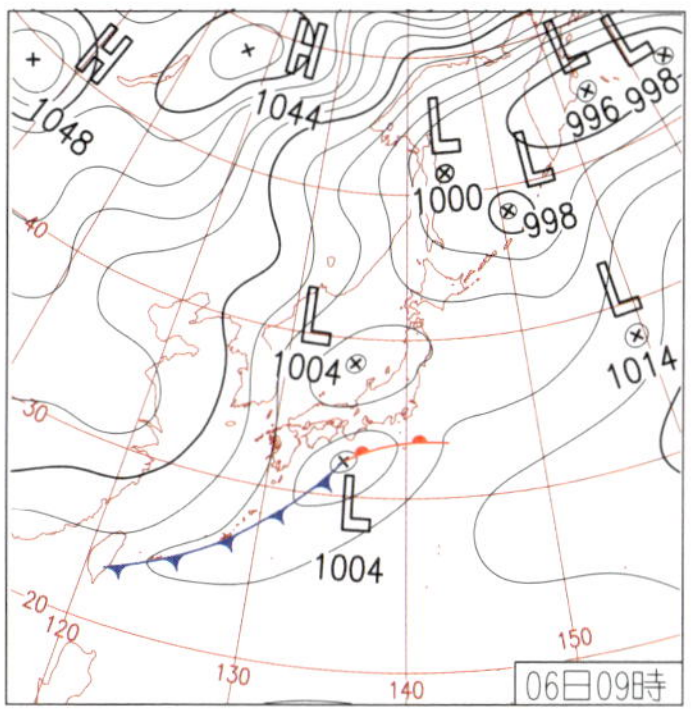

南岸低気圧

本州の南海上または日本列島の南岸に沿って発達しながら通過する低気圧。北寄りの風が吹き、地上付近の気温は低くなる。冬の終わりから春にかけて多く発生し、コースと発達具合によっては、太平洋側の山に大雪をもたらすことがある

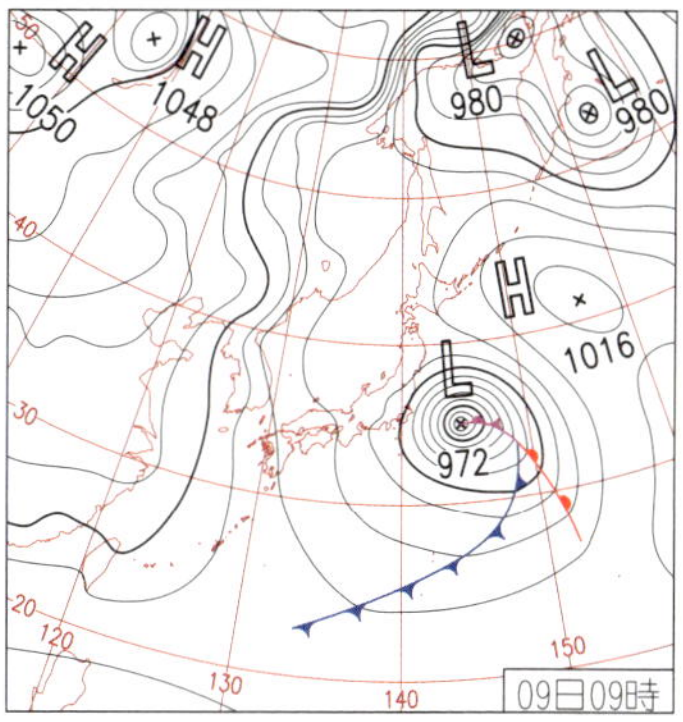

好天が期待できる気圧配置

移動性高気圧に覆われ、快晴の空の下、雪の尾根を登る

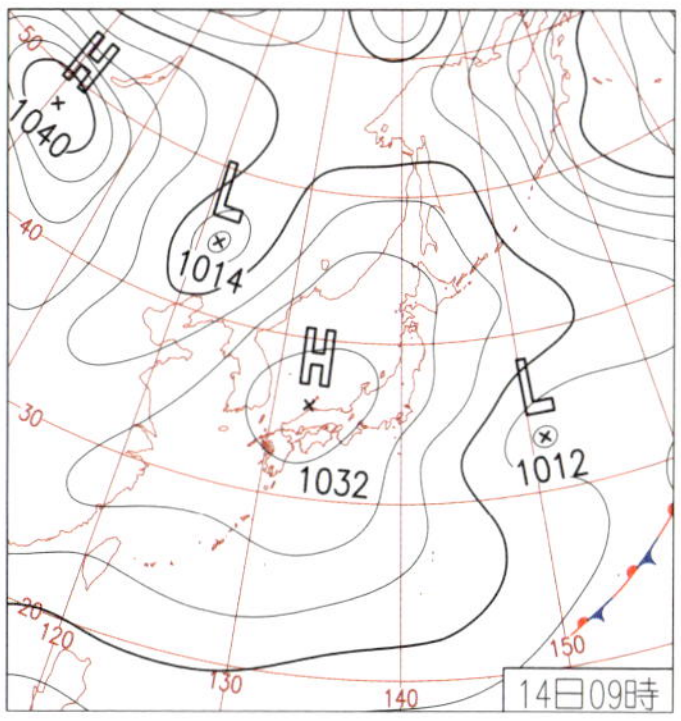

移動性高気圧

移動性となって大陸からやってくる高気圧。高気圧の周辺では比較的風が弱く、好天に恵まれる。ただし、高気圧の進行前面（東側）では日本海側の山、進行後面（西側）では太平洋側の山で天気が崩れることがある

※天気図の出典は気象庁ホームページ

長く続かず、移動性高気圧や温帯低気圧が交互に通過し、天候が周期的に変化することである。ゴールデンウィークごろには複数の高気圧が東西に長く連なった帯状高気圧が現われて、好天が長続きすることもある。春は気温が上がり、冬期に比べて登りやすい季節となるが、強い寒気が南下すると低気圧が猛烈に発達し、通過後には一時的に強い冬型となって大荒れの天気となるため、油断は禁物である。

複数のサイトを見て判断を下す

実際の登山では、山行1週間ぐらい前から天気予報サイトで、登る山域の天候の推移（どんなサイクルで変化しているのか、雪はどのぐらい降っているか、など）や山行当日の予報をチェックして、山行の実施・延期・中止を決める。

その際、ひとつのサイトだけではなく、複数のサイトを見比べて判断することがポイント。各サイトの天気予報は、気象庁が発表した観測データや数値予報をベースに、民間の気象予報会社が独自に再加工して情報を提供している。そのため、各社の気象予報士の熟練度などによって予報が若干異なることがあるからだ。自分が最も信頼する基準サイトと、そのほかの参考サイトを、あらかじめ決めておくといいだろう。

また、山行実施の可否とともに、「気温が下がりそうなので、防寒着を厚手のものにする」など携行する装備を再検討したり、「入山前までに大量の降雪があったようなので、雪崩地形を避けて行動する」「強い寒気が入ってくるようなので、森林限界以上に進むかどうかは慎重に検討する」など、山中での判断・行動のイメージも固めておく。

山に入ってからも、1日1回は天気予報サイトを確認して、最新の気象情報を入手したうえで、「明日の午後から天候が崩れそうなので、森林限界以上に行くのはやめよう」「今日は風雪だが、明日は晴れる可能性があるので、今日は小屋で待機して、明日山頂に向かおう」など、翌日以降の行動の判断材料とする。

なお、電波状況によっては山中でサイトが見られない可能性もあるので、入山前に山行期間中の予想天気図や週間予報などを確認しておくことも忘れないようにしよう。

入山前や入山中にチェックしたい気象情報サイト

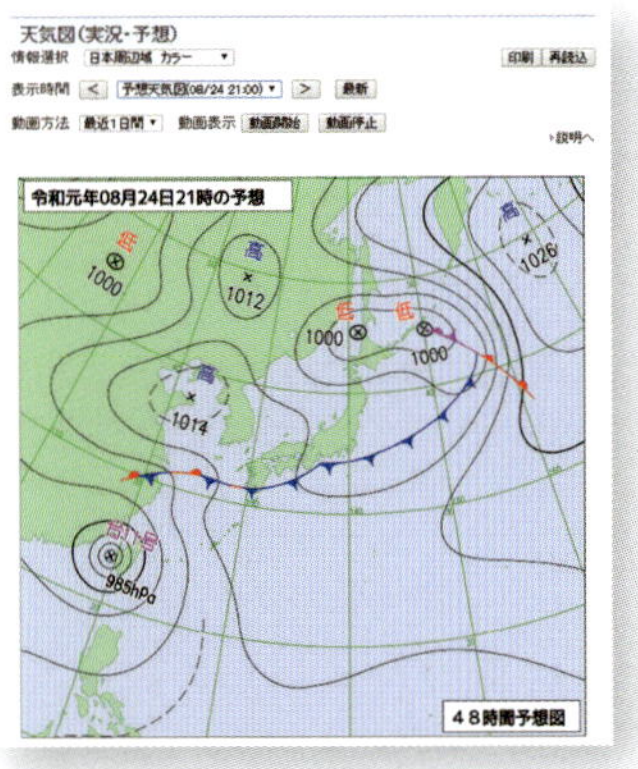

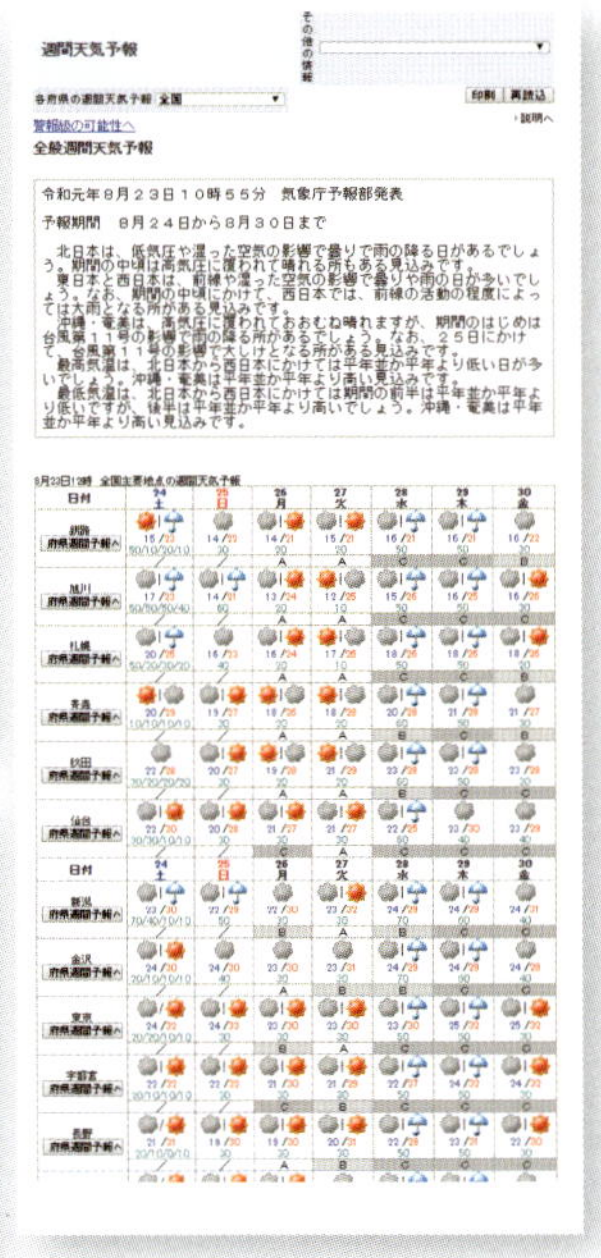

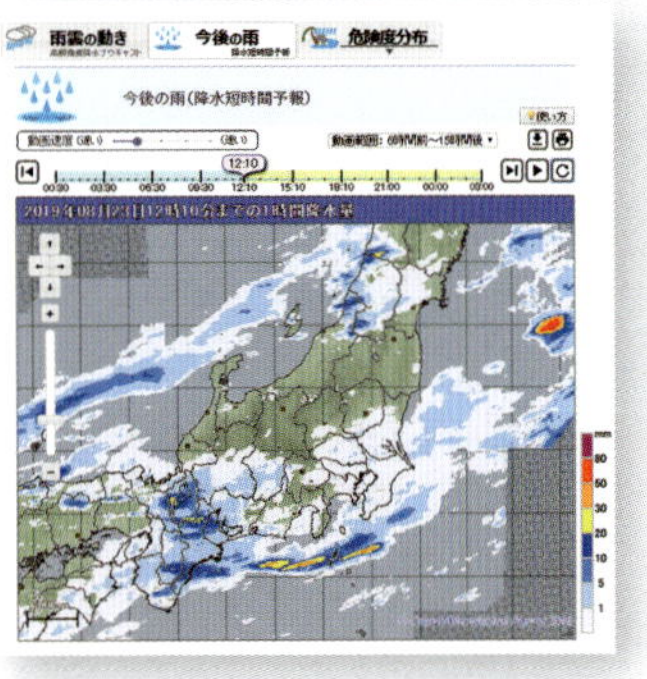

気象庁ホームページ

気象庁には日本国内の気象に関するあらゆるデータが集まり、コンピューターのシミュレーションによって、さまざまな気象予報がつくられている。全国の天気予報（5時、11時、17時の1日3回更新）をはじめ、週間天気予報、天気図（実況・予想）、雨雲の動きなど、入山前や山の中で確認したい情報はたいてい見られる

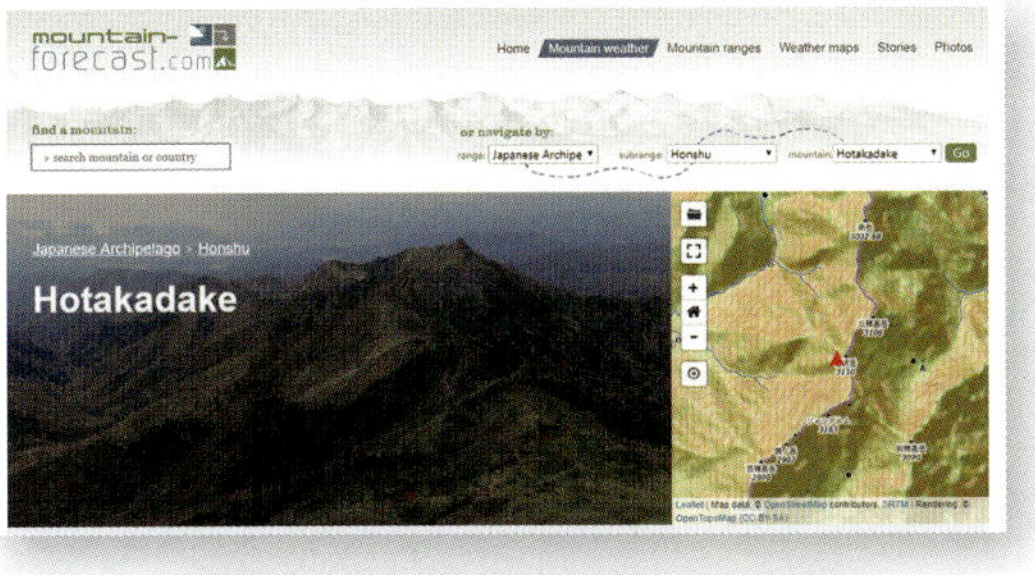

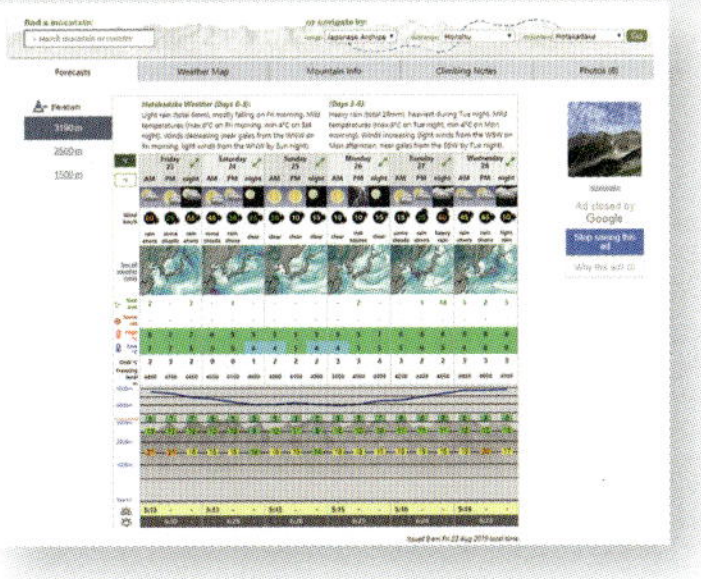

Mountain Weather Forecast

世界中の山の天気を予報するサイト。英語サイトだが、日本の主な山も網羅。目的の山を選択すれば、6日間の天気、風速・風向、気温、フリージングレベル（標高何メートル以上が雪か）を見ることができる。ただし、日本の気象業務法の適用外のため、閲覧と利用は自己責任のもとで行なうこと

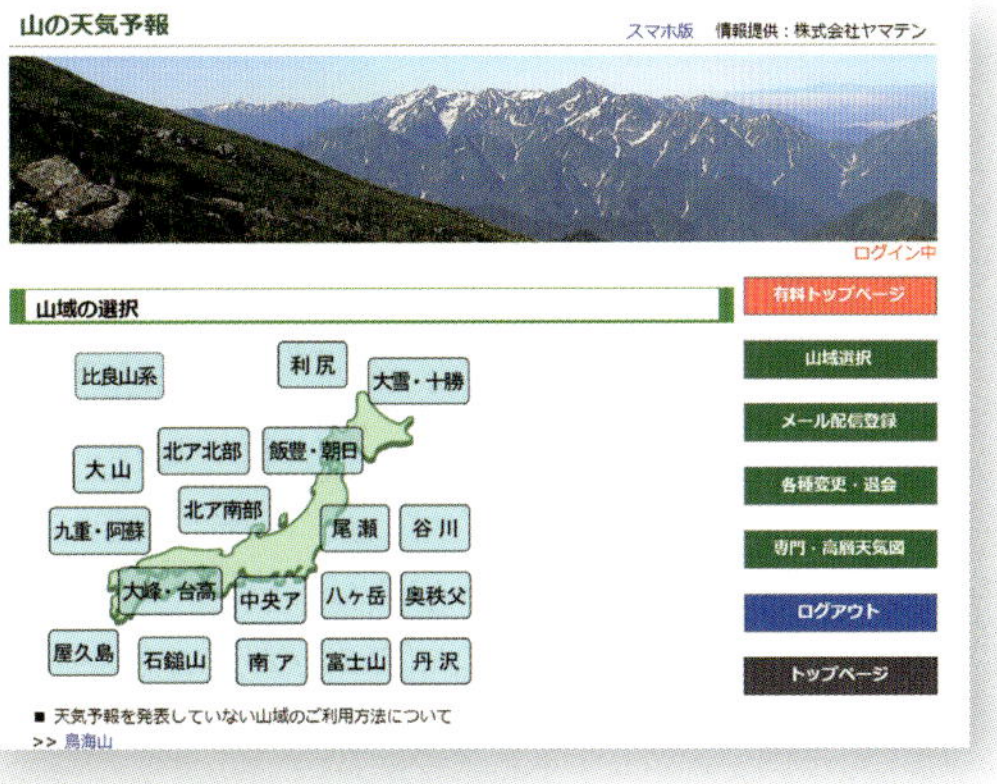

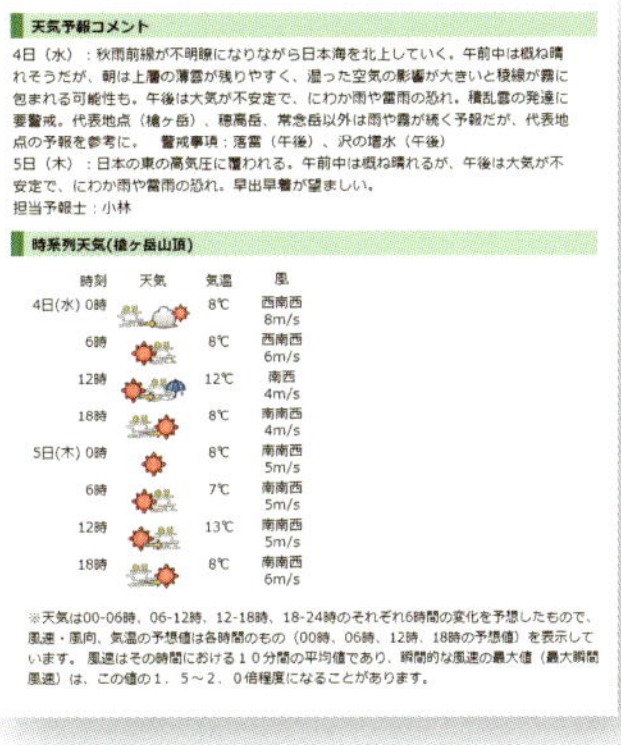

ヤマテン「山の天気予報」

ヤマテンが運営する山岳気象に特化した予報サイト。月額330円で、全国の18山域・59山の天気予報の閲覧やメール受信、専門天気図（降水予想、高層気温など）の閲覧ができる。具体的な気象リスクの解説や、広範囲で荒天が予想される際の大荒れ情報など、登山に即した情報はとても役立つ

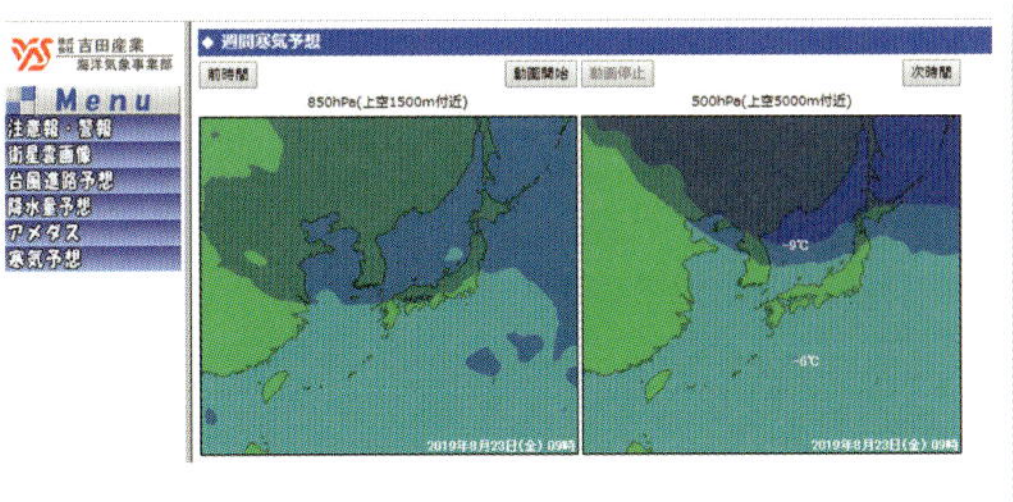

週間寒気予想

冬型の気圧配置の強弱や山での降雪に大きな影響がある、寒気の流入を把握するのに便利なサイト。吉田産業海洋気象事業部のサイト内にあり、上空1500m付近（850hPa）と5000m付近（500hPa）の12時間ごとの寒気の動向を動画で確認することができる

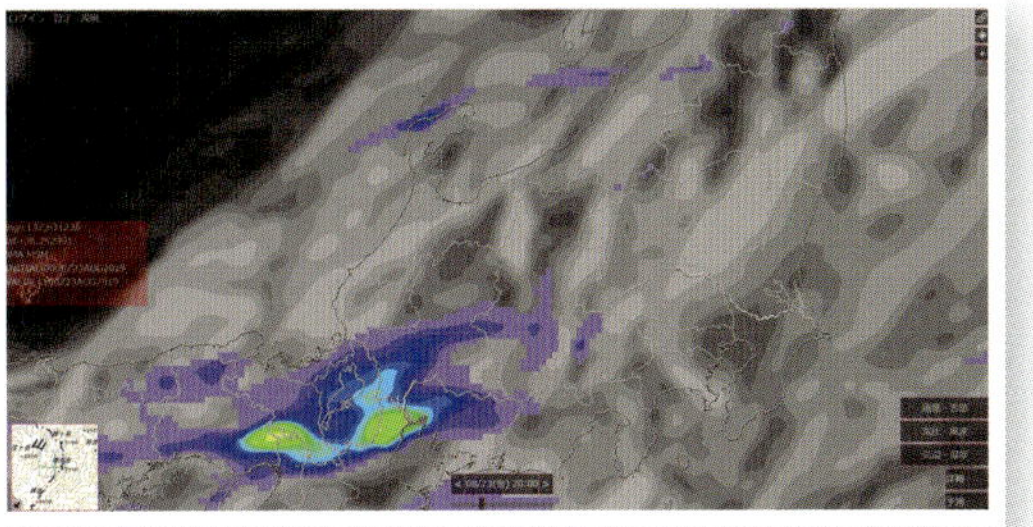

SCW

雨量・雲量、気圧・風速、気温・湿度を視覚的に確認できるサイト。目的の山を地図上で判別する必要はあるが、一般的な山の天気予報では載らないようなマイナーな山でも利用できるメリットはある。以前のモデルに比べて、メッシュが細かくなり、予報の精度が高まっている

より専門的な天気図を見たければ

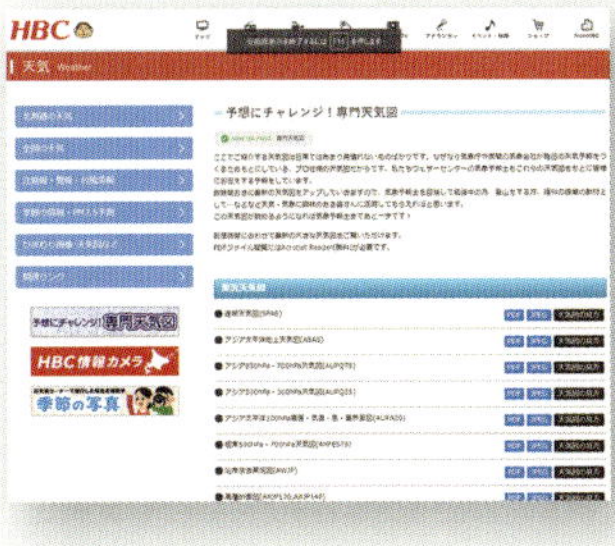

「HBC天気」は北海道放送の天気情報サイトで、全国の天気予報のほか、雨雲・雪雲レーダー、地上天気図（実況・予想）、寒気予想など、山の天気を予測するために必要な情報を入手できる。

さらに、このサイトの特徴は、広域の地上天気図（アジア太平洋地上天気図など）や、各種高層天気図（アジア500hPa・300hPa天気図など）といった専門天気図が充実していること。専門天気図は、気象予報士が予報をする際に参考にするプロ仕様の天気図だが、より詳しく山の天気や天気図のことを知りたいという人にはおすすめだ。

Column 3

トレースは誰のものか? ラッセルと雪山のマナー

踏み跡のない、まっさらな雪面に最初に足を踏み入れていく瞬間——。積雪がしっかりした場所ならどこを歩くのも自由。この、雪山ならではの醍醐味には誰もがワクワクするのではないだろうか。

雪の深さが太もものあたりを超えると、進むのにだいぶ時間と労力がかかるようになる。それでも下界での煩わしさは頭から消え、目の前の雪をかき進むことに集中できるラッセルは大好きだ。

ただ、楽しいラッセルも、度を越えると次第にうんざりしてくる。ときには100m進むのに1時間以上かかることも。分速にして1.6m。

ラッセルに必要なのは、まずは体力、そしてコツだ。コツは、簡単にいうと体重の分散を意識することとバランス。深雪のラッセルでじわじわと立ち込んでいくバランス感覚は、意外なことにフリークライミングの動きと近いものがある。

遅々として進まない深いラッセルの場合には、先行パーティに追いつくこともよくある。追いついたなら、山ヤの仁義としてお礼を言い、そこからは交代してラッセルするのがマナーとされてきたが……。

年末年始の鹿島槍《かしまやり》ヶ岳でのこと。こちらがラッセルをやめて休憩に入ったら、追いついてきた後続パーティも微妙な距離をあけて休憩。そのあとようやく追いついてきて、交代してくれるのかと思ったら、「ここで休憩します」と言う。

最近ではSNSやインターネットで山の情報を入手することは、多くの人が当たり前のようにやっているだろう。そのとき、最新の山行記録で山の様子を確認してから入山するぐらいはいいとして、なかにはトレースの有無をチェックしてから登る山を検討する人もいるらしい。さらには、山岳ガイドのホームページの募集日程を見て、同じ日に同じルートに来る登山者もいるとか……。「ラッセル泥棒」という言葉はもはや死語なのだろうか?

体力やスキルがなくて、なかなか進まなくても、交代して一生懸命に頑張ろうという気持ちが伝わってくれば、それだけでよいのだが(人のためにラッセルするわけではないので)、はじめからトレースや他人を当てにしている、ワカンも持ってこないパラサイト登山者は、自立した登山者とは到底いえない。

かつて山岳部の先輩にこんな話を聞いた。春の北アルプスのあるルートに、時を同じくして2つの大学山岳部が入山した。彼らは、交代しながら効率よくラッセルして進むことをせず、ライバル同士(?)意識し合いながらそれぞれがラッセルをして、尾根上には並行する2本のトレースが延びていったそうだ。尾根が細い部分は仕方なくことわりを入れて、その箇所だけ先に進んだパーティのトレースを使わせてもらったとか。

このエピソードに、山に対する美学というか、アルピニズムの本質を感じるのは、きっと僕だけではないはずだ。

まっさらな雪の斜面に自分の力でルートを開くラッセルは雪山登山の醍醐味。日本海側の豪雪地帯の山では、胸や頭ほどの雪をかき分け進んでいくこともある

Part 4

雪山を登る技術

雪上歩行の基本

状況に応じた使い分けがポイント

登山において「歩くこと」は基本中の基本。それは夏山も雪山も同じだ。ただし、雪山の場合、雪や氷の上を歩くため、ステップキッキングやアイゼン歩行、ピッケルワークなどの〝技術〟が求められる。そうした技術を習得していることが、雪山登山を行なうための大前提となる。

技術を使い分ける判断力

また、技術習得と同じぐらい大切なのが、「技術をどんな場面で使うのか」の判断力。たとえば、「雪上を歩くときは常にアイゼン」という登山者を見かけることがあるが、その判断は正しいとはいえない。傾斜のない林道や、雪が軟らかくステップキッキングで歩けるところでは、アイゼンは必要なく、むしろ足に余計な重しをつけていることで脚力の疲労やケガなどのデメリットがある。

技術と判断力――この2つがセットになってはじめて〝実践的〟な雪上歩行が身につき、雪山を安全に登ることができるのだ。

「手元」と「足元」の基本技術

基礎的な雪上歩行を分解すると、「手元の技術×2」と「足元の技術×3」の組み合わせだと考えることができる。手元は「トレッキングポール」と「ピッケル」の使い方。足元は「フリクション」「ステップキッキング」「アイゼン歩行」の3つの歩行テクニックだ。まずはそれぞれの特徴を把握しておこう。

手元

ピッケル

体のバランス保持、滑落停止、耐風姿勢の支点、バケツ掘りなど雪山において多様な用途がある

トレッキングポール

登下降時のバランス保持に有効。雪面に刺して滑落を止めたりできないので、急斜面での使用には不適

足元

アイゼン

雪面が凍結し、フリクションが効かず、ステップキッキングもできない場所はアイゼンを着用する

ステップキッキング

靴を雪面に蹴り込み、ステップ(足場)を刻みながら歩く。傾斜はきついが、雪が軟らかい斜面で使う

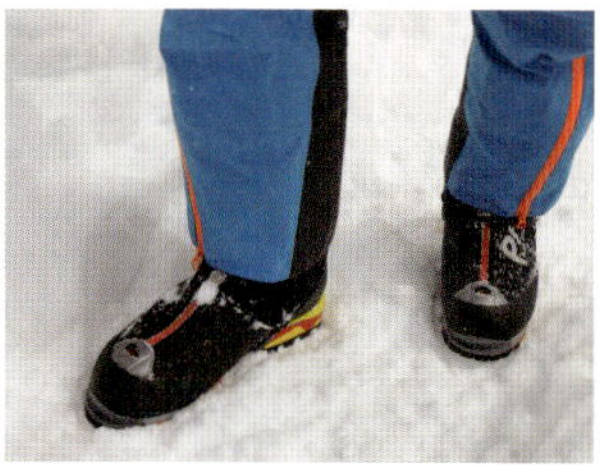

フリクション

靴底を雪面に対してフラットに置き、摩擦力を利用して歩く。傾斜のない緩やかな斜面で使う

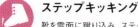

使い分けの判断ポイント

雪山では、雪面の傾斜や状態によって最適な技術を選んで使い分けることが重要となる。判断基準は、そのときのルート状態や、自身の雪上歩行の習熟度などによって変化するため、場数を踏んで慣れていくしか方法はない。ここではオーソドックスな雪山登山のコースを例に判断のポイントをまとめたので、参考にしてほしい。

樹林帯の緩傾斜地帯は…

雪の積もった林道や下部の樹林帯では、傾斜は緩やかで滑落のリスクもなく、雪面の凍結もしていないため、歩きやすさを重視して「フリクション」と「トレッキングポール」で

山小屋からの早朝の出発時は…

早朝出発する際、低い気温で雪面が硬く締まっていたため「アイゼン」を装着。手元は「トレッキングポール」でも大丈夫だが、念のため早めに「ピッケル」に替えておいてもいい

傾斜が急になってきたら…

傾斜が急になり、滑落のリスクがあるため、「ピッケル」を使用。足元は、雪質が軟らかければ「ステップキッキング」、硬く締まっていたり、凍結したりしていれば「アイゼン」で登る

稜線上の氷化した斜面を登るときは…

森林限界以上の急峻な稜線上は滑落のリスクが高まるため、「ピッケル」は必須。雪面は氷化して、フリクションやステップキッキングでは歩けないため、必ず「アイゼン」を装着する

氷化した急斜面を下るときは…

氷化した急斜面を下降する際も「ピッケル」と「アイゼン」で。下りは特に滑落の危険が高いので、一歩一歩しっかりとピッケルを突き、アイゼンを雪面に食い込ませて、慎重に歩く

雪上の歩き方①

フリクションとステップキッキング

雪上の歩き方を身につけるには、手元・足元の各技術の前に、歩く姿勢を意識することが大切。姿勢が悪いと体のバランスが崩れて、スリップや疲労の原因になるからだ。姿勢のポイントは「体幹」と「重心」。体を伸ばして斜面にまっすぐに立ち、登山靴と雪面が接している面（フリクションやアイゼン歩行では靴底全体、ステップキッキングでは蹴り込んだ部分）に体重が乗るような姿勢を心がければ、重心は安定して、スリップや転倒をしづらくなる。

平坦な場所や、傾斜のない緩やかな斜面で、雪面が凍結していない場合は「フリクション」で歩く。フリクションは「摩擦」という意味で、靴底全体を雪面に押しつけるようにフラットに置き、靴底と雪面の間の摩擦力を効かせて歩くことを指す。

雪面の傾斜がきつくなり、フリクションでは歩きにくくなったら、登山靴を雪面に蹴り込み、自らステップ（足場）を刻む「ステップキッキング」で登下降を行なっていく。

基本姿勢

背筋を伸ばしてまっすぐに立ち、目線を上げる。腰を引くのはNG。登山靴と雪面が接している面にしっかり体重が乗るように意識することで、フラフラせず、体のバランスが安定する。歩幅にも注意し、大股にならないようにする。

大股歩きをすると、姿勢が前傾になりがちで、体のバランスが悪くなり、足元も不安定になる（左）。下りで怖がって腰を引いてしまうと、重心が後方にずれてしまい、尻もちやスリップを起こしやすくなる（右）

下り

下りでは、腰を引かないように注意する。トレッキングポールは前方（自分より低い位置）に突き、進行方向または数歩先を見ながら、背筋を伸ばす

登り

登りは、目線を上げ、背筋を伸ばして、足は雪面にフラットに置く。トレッキングポールは体の横に突き、バランスを安定させるために使う

フリクション

ポイントは、靴底を雪面にフラットに置くこと。これは「フラットフッティング」とも呼ばれる技術だ。フラットに置くことで、靴底と雪面の摩擦力が最大化して、雪の上でも足が滑りにくくなる。傾斜が増してフラットフッティングでは歩きにくくなったら、登りではつま先に、下りではかかとに体重を乗せるように意識すると歩きやすくなる。

ステップキッキング（キックステップ）

雪面に自らステップ（足場）を刻んで登下降を行なう。ポイントは登山靴の重さを利用し、ひざを支点に足を振って蹴り込むこと。蹴り込む力が弱いと、安定した足場を刻むことができず、スリップや転倒の原因に。また、靴のエッジを利用するため、つま先が摩耗して丸くなっている靴や、反りあがっている３シーズン用の靴では、力が逃げてしまい、硬い雪には蹴り込みにくい。

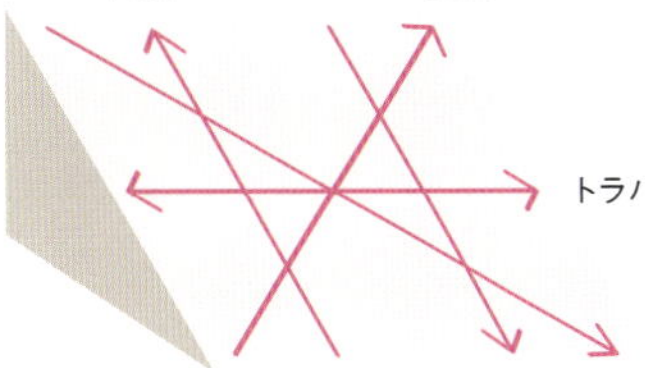

基本的な動きは「直登」「直降」「トラバース」「斜登」「斜降」の5つ。それぞれ登山靴の蹴り込む位置が異なる

直降

下りでは、つま先を水平より少し上げて、かかとを鉛直方向に踏み下ろすようにして歩く。下りは着地する斜面が遠いため、つい怖くなって腰を引いてしまいがちだが、まっすぐな姿勢を維持する。ピッケルはやや後ろに突く

直登

登りで使うのはつま先。ひざを支点に、雪面に対してまっすぐに蹴り込む。ステップが刻めたら、かかとを落とさないようにして、蹴り込んだ前足に体重を移動して、次の足を出す。ピッケルはやや前に突いてバランスをとる

トラバース

山側の足先を進行方向に向けて、靴の外側のエッジを蹴り込む。谷側の足はつま先をやや開き気味にして、靴の内側からかかとのエッジを使う。がに股になるぐらいが、体は安定する

斜降

山側の足先を進行方向に向け、外側後方のエッジを蹴り込む。谷側の足先は開き、かかとを蹴り込む。山側の足を出すとき、低い位置に下ろしすぎるとバランスを崩すので、谷側の足と同じぐらいの高さに下ろす

斜登

山側の足先を進行方向に向け、前方外側のエッジを蹴り込む。谷側の足先はやや開き、靴の内側を蹴り込む。谷側の足を踏み出すとき、高い位置に上げすぎるとバランスが悪くなるので山側の足とそろえる

雪上の歩き方②

アイゼン歩行

基本はフラットフッティング

硬い雪面や凍った斜面など「滑りそうな斜面」が出てきたら、アイゼンを装着する。アイゼン歩行の基本はフラットフッティング。足を雪面にフラットに置くことで、アイゼンのすべての爪が雪面に食い込み、安定した保持力を得られるようになる。

さまざまな傾斜・形状の斜面で常にフラットフッティングを維持するには習熟が必要だ。アイゼン歩行に慣れていないと、雪面に刺さっている爪の本数が少なかったり、姿勢が悪くなったりして、スリップや滑落の原因になる。まずは安全な斜面で直登、直降、斜登、斜降、トラバースを繰り返し練習して、フラットフッティングをしたときの姿勢やバランスのとり方、ひざや足首の使い方を体に覚え込ませよう。

爪の引っかけに要注意

アイゼン歩行は、雪山登山において最も重要な技術である。しかし一

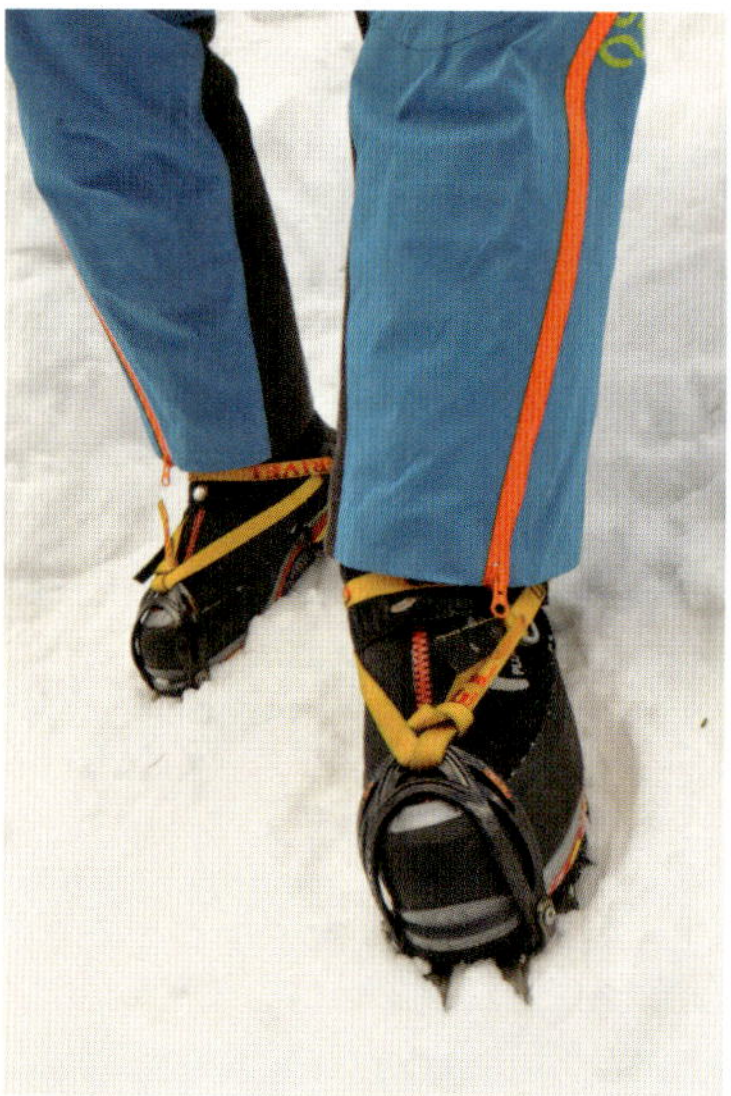

フラットフッティング

アイゼンのすべての爪がしっかりと雪面に刺さるよう、靴底を雪面に対してフラットに置く。一部の爪しか使えていないと、充分な保持力を得られず、足を滑らせたりする原因となる

しっかりと装着

歩行中にアイゼンがずれたり、外れてしまったら、非常に危険だ。装着時に「登山靴とアイゼンがずれていないか」「バンドがゆるんでいないか」「バンドがねじれていないか」を必ず確認しよう

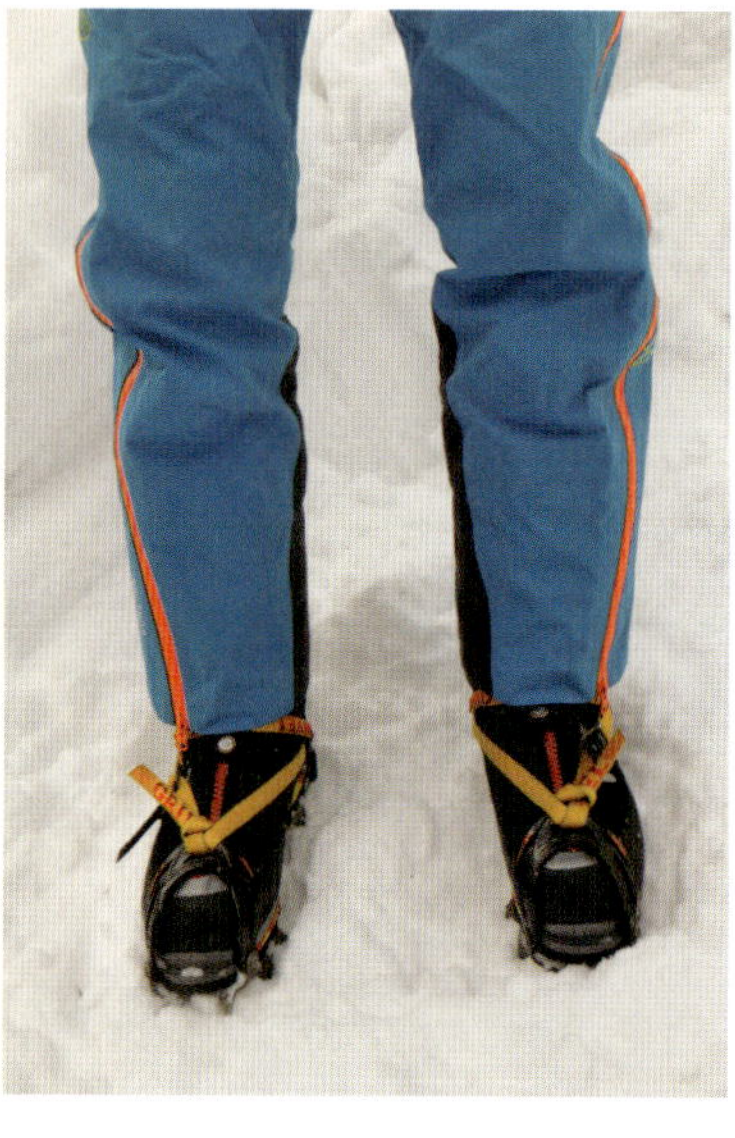

左右の足の間隔

アイゼンの爪を特に引っかけやすいのは、かかとの内側。引っかけを防止するために、歩行時の足の間隔には注意する。両足の間隔は肩幅程度に開き、平行に足を運ぶのが基本となる

方で、フリクションやステップキッキングで登下降しているときにはなかったリスクも生じるようになる。それは、アイゼンの爪の引っかけによるつまづきや転倒だ。

アイゼンの爪を、パンツの裾やゲイター、もう片方の足のアイゼンに引っかけて転倒するケースは多い。雪面や岩などに引っかけてバランスを崩す人もいる。転倒すれば、ケガをするかもしれないし、転・滑落という致命的な事故につながるおそれもある。引っかけによる転倒を防ぐには、両足の間隔は常に肩幅程度に開いておくこと、足を上げるときはいつもより5cmほど高く上げることを意識して歩くことが大切だ。

斜度に応じて歩き方を変える

斜面の傾斜が急になってきて、フラットフッティングが困難になれば、斜度に応じて、つま先を開く「ダックウォーク」、体を斜面に対して横に向ける「ダイアゴナル」、山側の足のみ前爪を使う「スリーオクロック」、両足の前爪を使う「フロントポインティング」に切り替える。実際の登山では、それらの歩き方を組み合わせて行動することになる。

装着時の注意点

体を上方に向ける

アイゼンを装着するときは、必ず体を斜面の上方に向ける。アイゼンをつける足を上にすれば、体勢が安定して、バランスもいいからだ。装着中も常に上方に注意を向けて、落石などをいち早く察知するためでもある

装着前に靴底の雪を落とす

靴底に雪が付着したままだと、正しくアイゼンをつけることができず、バンドのゆるみやアイゼンのずれの原因となる。装着前には靴底を確認して、雪が付いていたら、ピッケルでたたいて落とす

余ったバンドは末端処理

バンドが長いと装着後に末端が余ることも。余った末端をだらっとさせておくと、片方の足で踏んで転倒する危険がある。固定された部分に巻きつけて軽く結ぶなどして、必ず末端処理を行なっておく

グローブはつけたままで

手先が冷えないよう、グローブはつけたままで装着する。雪山用の厚手のグローブだと指先がスムーズに動かせないため、インナーグローブになって装着する人もいるが、グローブに雪が付着して濡れてしまうと、凍傷のリスクが高くなる。厚手のグローブでもスムーズに装着できるよう、山行前に練習をしておく

アイゼン歩行の基本姿勢

直降

下りは特に、アイゼンを引っかけて転倒・滑落する事故が多い。両足の間隔を常に意識してフラットに置いていく。腰が引けると、尻もちや転倒の原因になるので注意する

直登

両足先を進行方向に向けて、上方にまっすぐに登っていく。大股だと足をフラットに置けなかったり、爪に充分な荷重をかけられず、歩行や体勢が不安定になるので、小股で登ることを意識しよう

斜降

山側の足のつま先は進行方向に向け、谷側の足は開き気味にする。直降と同じく、腰が引けると転倒や尻もちの原因になるので、重心を意識して、体が後傾しないように注意する

斜登

山側の足のつま先は進行方向に向け、谷側の足は少し開き気味にすると歩きやすい。傾斜がきつくなり、直登するのが困難なときは、この斜登でジグザグに登っていくとラクになる

トラバース

山側の足先は進行方向に向け、ひざや足首をやわらかくして、しっかりとフラットフッティングする。谷側の足は開き気味にすると安定する

傾斜が急になってきたら

山側の足のみ前爪を使う「スリーオクロック」

傾斜が60度ぐらいの斜面では、山側の足は前爪のみ（フロントポインティング）またはフラットフッティングで前方を向け、谷側の足はフラットフッティングでつま先を外側に向ける「スリーオクロック」に

体を斜めにする「ダイアゴナル」

「ダイアゴナル」とは「対角線、斜め」という意味で、体全体を斜面に対して斜めに向けて、足を交差させながら登っていく方法。両足のつま先は同じ方向を向けておく。斜度30～60度の斜面、または段差で有効

つま先を開く「ダックウォーク」

雪面の傾斜がきつくなり、両足を平行にして直登するのが難しくなってきたら、つま先を少し開いて直登する。この「ダックウォーク」が適している斜度の目安は15～30度

両足の前爪を使って登る「フロントポインティング」

アイゼンの前爪を雪面に蹴り込んで登る方法を「フロントポインティング」という。60度以上の斜面で使う。急な斜面を、斜面と正対して下るときにも使える。ピッケルは、ピックを雪面に刺し込むダガーポジション（P84）に

雪が付着したら

気温が高いときや春先は、アイゼンの底に雪が団子状になって付着しやすくなる。雪が付くと爪が雪面に刺さらず、スリップや転倒の原因に。ピッケルでアイゼンをたたいて、こまめに雪を落とそう

ピッケルの持ち方・使い方

多様な役割をもつ雪山の必需品

ピッケルは、登下降時のバランス保持、転倒時の滑落停止、耐風姿勢の支点、ロープを使用するときのアンカー（支点）など、多様な役割がある雪山登山の必需品である。

常に山側の手で持つ

登下降時、バランス保持のための杖として使うときのポイントは2つ。ひとつは「山側の手で持つ」。山側の手で持てば、山側の斜面にスパイク（石突き）を突きやすく、体勢の保持がしやすいからだ。斜面に対して体の向きが変わったりするときは、左右の手でピッケルを持ち替える。もうひとつは「ピックは山側に向けておく」。登りのときはピックを前向きに、下りのときは後ろ向きに、ということだ。そうすれば、体勢を崩したとき、ピックを素早く雪面に刺し、滑落を防止することができる。歩行中には、登り下りでピックの向きを変えたり、ピッケルを左右の手で持ち替えたりする場面が多々ある。持ち替え時に手元から落として

山側の手で持つ

斜面を斜登降したり、トラバースするときは、ピッケルは山側の手に持つ。山側に持つことで斜面に突いて体勢の保持がしやすく、体勢を崩したときもスパイクやピックを素早く雪面に刺して対応がしやすいからだ。ちなみに、写真のようにピッケルを杖のように雪面に突く姿勢を「ケインポジション」と呼ぶ

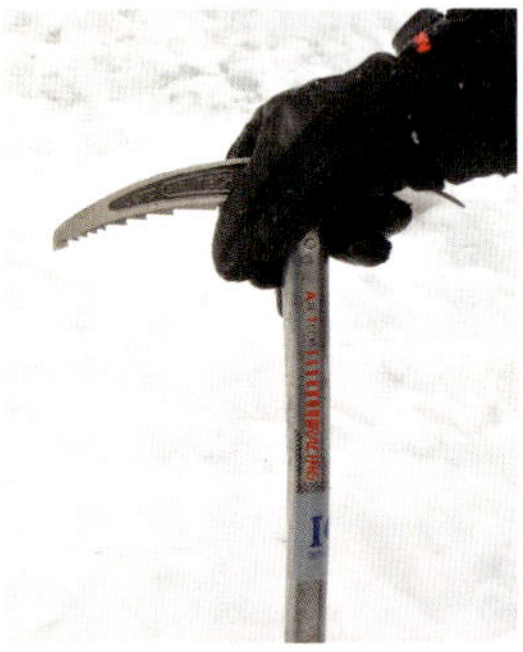

ピッケルを持つときはシャフトの上部を

シャフト上部のヘッドを手のひらで覆うように握ることで、腕の力をしっかりとシャフトに伝えることができる

ピックは、登りは前向き、下りは後ろ向きに

ピックは常に山側の斜面に向けておくのが基本。登りでは前向きに、下りでは後ろ向きにして持つ。そうすることで、足を滑らせたり、バランスを崩したときに、すぐに斜面にピックを刺して、セルフビレイの体勢（左ページ参照）をとりやすい

セルフアレストグリップ

セルフビレイグリップ

しまっても、体から離れていかないようにリーシュは必須。初心者には、ピッケルの持ち替えがしやすいショルダータイプがおすすめだ。

体が滑りだす前に止める

雪に足をとられたり、突風に吹かれたりして転倒したとき、滑落を防ぐためにもピッケルは役立つ。

滑落防止といっても、滑りだしてスピードがついてしまうと、いくらピッケルを使っても滑落を止めることは困難となる。そのため、転んだらすぐにピックやシャフトを雪面に刺し、体が滑らないようにする「初期制動」を、まずは確実に行なわなければならない。初期制動のための技術を「セルフビレイ」と呼ぶ。

セルフビレイで体を止めることができず、滑りだしてしまったら、スピードがつく前に「セルフアレスト」の体勢をとる。ヘッドを握っている手を肩付近に引きつけて、脇を締める。このとき、親指はブレードの下側、ほかの指はピックの上からかぶせるようにしてヘッドを持つ。もう片方の手はシャフトの末端部を持ち、シャフトが体の正面で対角線になるようにする。その姿勢で体を回転させて腹ばいとなり、ピックを雪面に刺して滑落を止める。

ピックを刺すときは、肩から胸でピッケルを雪面に押さえ、ピック部分にしっかりと体重を乗せる。また、シャフトを握った手を体に引きつけて脇を締める。そうすることで、ブレーキをかける力はより強くなる。

体が滑りだしたら、両足を上げて、雪面から離しておくことも重要。アイゼンの爪が雪面に引っかかると、滑落の勢いで頭が下方に回転したり、足を骨折する危険があるからだ。

写真は、セルフビレイとセルフアレストの基本的な体勢を示している。雪山での転び方は一様ではないが、まずはセルフビレイを試みること、それがダメならセルフアレストの体勢にもっていくことは変わらない。転倒したとき、とっさにセルフビレイやセルフアレストを行なうには、繰り返し練習して体に覚えさせるしかない。ただし、滑落停止の練習は危険を伴うため、必ず下部が平坦で、失敗しても体が自然と止まる斜面で行なうようにしよう。

滑落防止のための使い方

初期制動は「セルフビレイ」

ちょっとしたスリップやつまずき、バランスを崩したときは、ピッケルのピックもしくはシャフトを雪面に刺し込み、両足のアイゼンの爪も可能なかぎり雪に利かせて、体が滑らないようにする。滑りだす前に、すぐに体を止めることが重要

体が滑りだしたら「セルフアレスト」

1 ピッケルのヘッドは肩付近に引きつけて、もう片方の手でシャフトの末端部を持ち、体の正面で対角線になるようにする 2 その姿勢のまま、ヘッドを持つ手の側に体を回転させる 3 ピックを雪面に刺して滑落を止める。なお、この一連の動作をする間、両足は上げて雪面から離しておく

ピッケルの多様な役割

ピッケルを使用した技術として、ほかに耐風姿勢の支点がある。突風に吹かれたとき、バランスを崩して滑落するのを防ぐため、耐風姿勢をとって風が収まるまでじっと耐える。

雪の斜面の途中で休憩するとき、バックパックが滑っていかないように、バックパックが収まるぐらいの穴を掘る。その穴は「バケツ」と呼ばれ、ピッケルのブレードで掘る。さらに、ショルダーハーネスにピッケルを通して雪面に打ち込んでおくと、バックパックが滑り落ちるのを防いでくれる。

ロープを使用してパートナーを確保するピッチクライミングでは、ビレイヤーを守るアンカーとしてピッケルを使う場合もある（P113）。

P82ではピッケルを杖のように雪面に突くケインポジションを紹介したが、フロントポインティングで登るような急斜面になったら、ブレードを握り、ピックを雪面に刺すダガーポジションに切り替える。

以上のようなピッケルの多様な使用法を身につけておくことは、雪山を安全に登るためには不可欠である。

ピッケルを使用したそのほかの技術

バケツを掘る

雪の斜面に掘った平らなスペースをバケツと呼び、ピッケルのブレードを使うと素早く掘ることができる。休憩時にバックパックを置く際や、斜面の途中でアイゼンの着脱をする際は、必ずバケツを掘って安定した足場や体勢をつくってから行なうようにしよう

耐風姿勢

まともに立っていられないような強風が吹きつけてきたときは、両足を踏ん張りが利く位置に広げて、ピッケルを雪面に突き刺して耐風姿勢をとる。ピッケルはスパイクを雪面に刺し、利き手でシャフト上部を、逆の手で下部を押さえて、動かないようにする

ダガーポジション

アイゼンの「フロントポインティング」（P81）を使うような急斜面では、ピッケルもスパイクではなく、ピックを雪面に刺す「ダガーポジション」に切り替える。なお、ダガーポジションのときはブレードを握るとピッケルを操作しやすい

アンカー（支点）をつくる

ロープを使ってパートナーを確保するとき、ビレイヤーはピッケルを雪に埋めてアンカー（支点）をつくる。アンカーにロープを連結させることで、ビレイヤーは自身の滑落を防ぐとともに、パートナーが滑落した場合に引き込まれないようにすることができる。アンカー構築の詳しい方法はP113へ

トレッキングポールの使い方

バランスの保持に有効

林道や平坦地、滑落の危険がない緩斜面では、トレッキングポールのほうがバランスや姿勢の保持がラクにできるので、積極的に使用しよう。使い方は夏山とほぼ同じ。長さは、体の真横に突いたときにグリップが骨盤の上ぐらいの高さになるように調整して、登り、下り、トラバースといった歩き方によって握りの位置を変えて、体の軸が鉛直になるような姿勢を維持する。ただし、ポールは、ピッケルのように滑落を止めるために雪面に刺したりできないので、傾斜が急になってきて「この斜面で転んだら止まらない」と思ったら、必ずピッケルに持ち替えること。

ポールは必ずしも2本必要ではなく、1本でも充分に効果はある。2本持っていると両手がふさがり、左右それぞれ突く場所を確認しながら歩かなければならないため、煩わしさはある。広い雪原や林道のアプローチなど突く場所を気にしないで歩けるところは2本で、それ以外は1本でと、使い分けてもいいだろう。

緩やかな斜面では、トレッキングポールを使ったほうがバランスの保持がしやすい

下り

登り

登りと下りで突く場所や握り位置を変える

登りでは体の横に、下りでは前方の自分よりも低い位置に、ポールを突くことでバランスが安定する。また、登りではグリップの下を、下りではグリップの上端を持つなど、握り位置を調整することで腕が疲れにくくなる

握り位置の調整ができると便利

登りやトラバースの際、山側のポールの握りの位置を調整できるよう、シャフトにバンドを巻いてストッパーにする。こうしておけば、行動中にいちいち長さの調整をする必要がなく便利

スノーバスケットを使おう

ポールの先端部には通常、バスケットがついているが、夏山用だと雪面に突いたときに沈み込んでしまう可能性が高い。夏山用よりも面積が広い、雪山専用のスノーバスケットに交換しておく

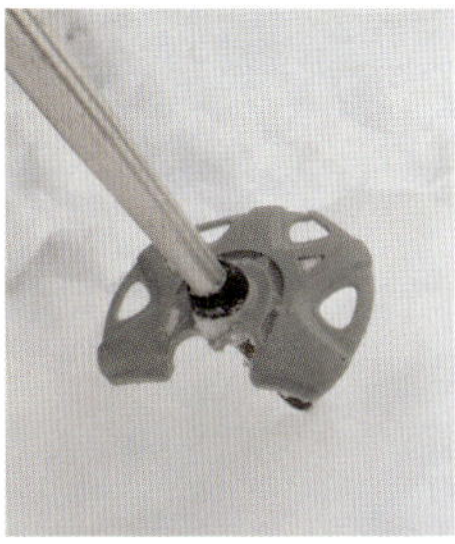

ラッセル

深い雪をかき分けて進む

ラッセルは体力勝負

ラッセルとは、降り積もった雪をかき分けて前進すること。12月下旬から4月中旬くらいまで、登山者があまり入っていない2000m以上の山を登るときにはラッセルを覚悟したほうがいいだろう。八ヶ岳西面など冬でも多くの登山者が入る山域では先行者のトレースが残り、ラッセルすることはあまりないが、降雪直後で先行者がいなければ、当然、ラッセルの必要が出てくる。

ラッセルをするとき、ワカンやスノーシューは必需品だ。つぼ足（ワカンなどの用具をつけないで歩くこと）でもできないことはないが、踏み込んだときの足の沈み込みが大きく、体力の消耗は激しい。

ラッセルの負担は、積雪量によって大きく変わる。雪の深さがひざ下くらいならば、雪質にもよるが、普通の歩き方とほぼ変わらない。ひざより上になると、足を意識的に持ち上げたり、足を踏み込む前にひざで前面の雪を押し固めたりしなければ、スムーズに進めなくなる。雪の深さが腰以上になるとラッセルは困難を極め、「①ピッケルやポールで前面の雪を崩す」→「②崩した部分をひざで押し固める」→「③足を踏み出し、ワカンで踏み固める」という3段階の動作をしなければならない。こうした一連の動作をいかに素早く、余計な体力を使わずに行なえるかが、ラッセル技術の差になる。

パーティでラッセルするときは、先頭を交代しながら登る。先頭を行く人はバックパックを下ろして空身でラッセルするといい。足が深く沈まず、スピーディに前進できるからだ。後続は、先頭がつくった踏み跡を踏み固めながら進んでいく。

引き返し時間を決める

ラッセルをしながらだと、登るペースは遅くなり、夏の2～3倍のコースタイムがかかることもある。想定以上の積雪があったり、メンバーがラッセルに慣れていないと、予定の時間内に頂上や目的地まで到達できない可能性も充分にあり得る。そのため、明るいうちに安全な場所まで戻れる「引き返し時間」をあらかじめ設定しておくことも大切だ。

また、ラッセルをするほどの積雪があるということは、「斜面に大量の雪が積もっている」「新雪が降ったばかりで締まっていない」ことを意味する。積雪の状態は不安定で、足元の雪が崩れて滑落したり、雪崩のリスクが潜んでいる。ラッセルして登るときには「危険な場所を登っている」という認識をもち、雪崩が起きそうな斜面に近づいたり、通過することは避けるようにしよう。

雪の降り積もった樹林帯をラッセルして進む

ワカンは必需品

ラッセルが想定される山域に入山するときは、ワカンやスノーシューは必携だ。山の中で手間取らないよう、山行前に装着方法の練習をしておこう

ラッセルの手順

ポイントはひざの使い方

1 ひざを雪面に上げる。股関節全体を使い、柔らかく足を上げるイメージで 2 ひざを目の前の新雪に打ち込み、雪を押し固めてステップをつくる。体重をかけて、しっかりと押し固めよう 3 ひざで押し固めたステップにワカンを蹴り込み、踏み固めながら、体重をかけて立ち上がる。続いて、反対の足でも同じように繰り返す

パーティでのラッセル

先頭は次々と交代しよう

ラッセルは、先頭を行く人の負担が最も大きい。先頭が進まないかぎり、パーティは動かないので、先頭の人が疲れたらすぐに後続と交代して、パーティとしてのペースを維持する。雪が深いときは、先頭はバックパックを下ろして空身でラッセルすると、スピーディに前進できる

雪が深くなってきたら

ピッケルやポールで体の前の雪を崩す

雪の深さが腰以上の場合は、以下の手順でラッセルする。1 手に持ったピッケルやトレッキングポールで前方の雪を手前に崩しながら押しつける 2 ひざが上がる位置まで雪面が下がったら、ひざで押し固めてステップをつくり、そこにワカンを蹴り込む。それでも足が沈むようなら、いったん足を引き抜いて、周りの雪を落とし込んでから、再度足を踏み込む

スノーシューでのラッセル

スノーシューを履くと深雪でもほとんど沈まずに歩くことができるため、ラッセルの労力を大幅に軽減できる。最近のスノーシューは急斜面でも使えるタイプが多くなってきたが、もともとは平坦地や緩やかな傾斜での使用を想定した用具であるため、急斜面やトラバース、下りではやはりワカンのほうが使いやすい。

ルートの地形や特性を考慮して、ワカンとスノーシューのどちらが歩きやすいかを考えて、使い分けるといいだろう。

足の沈みにくさでは、断然スノーシューに軍配が上がる

グリセード

雪の斜面を滑る

グリセードは雪の斜面を滑る技術で、スタンディンググリセードは両足の靴底を使ってスキーのように滑り、シッティンググリセードは斜面に座って尻で滑っていく。一歩一歩、歩いて下るのではなく、斜面を滑ることでスムーズな下降ができるが、正しい方法で行なわないとケガや滑落につながってしまう。スピード調整や停止の方法を確実に身につけておく必要がある。

　スタンディンググリセードのスピード調整はかかとで行ない、停止するときはスキーのように横を向き、靴のサイドのエッジを効かせて止まる。シッティンググリセードはピッケルのスパイクと登山靴のかかとで制動をかけ、スピードを調整する。両方とも、滑っている途中にバランスを崩したり、うまく停止できなかったら、ピッケルで滑落停止を行なう（P83）。つまり、グリセードで斜面を滑るには、滑落停止技術の習得が前提となるわけだ。

　滑る斜面を見極める判断力も重要。雪質にもよるが、スタンディンググリセードは20～30度ぐらい、シッティンググリセードは20度前後が適している。春山のざらめ雪は適度な硬さがあって滑りやすいが、ひざぐらいまで潜る軟らかな雪だと滑らない。アイスバーンが混じっている斜面やクレバスが開いている斜面は危険なので避ける。岩や立ち木への衝突にも注意しよう。

シッティンググリセード（シリセード）

尻で雪の斜面を滑るだけなので、スタンディンググリセードよりも簡単。絶対に忘れてはいけないのは、アイゼンを外すこと。装着したままだと、雪面に引っかけて体勢を崩したり、体と接触してケガをする危険がある。スピードのコントロールはかかととピッケルで。スピードが出すぎる前にうまく調整するのがポイント

スタンディンググリセード

両足は肩幅程度に開いてバランスを保つ。靴底を雪面に対してフラットにすることで滑り、つま先を上げてかかとを使うことでブレーキがかかる。両足とピッケルの3点に荷重を分散し、停止がすぐにできるように中腰姿勢を維持する。止まるときは、両足をそろえて横向きになり、靴のサイドのエッジを効かせて止まる

止まり方

滑り方

雪山でのパーティ行動

グループとしての安全管理

同一行動が基本

複数のメンバーで山に登るとき、そのグループをパーティという。雪山では、雪崩や雪庇の踏み抜き、ホワイトアウト、転・滑落、低体温症など不測の事態に陥るリスクが夏山以上に高い。そのため、パーティのメンバーは互いの力を合わせて自分たちの安全を自分たちで守る意識をもたなければならない。

互いに守り合うには、パーティとしていつも一緒に行動することが基本となる。各自が自分のペースで勝手に登ってパーティがバラバラになったり、バテたメンバーを一人置いていくのは、遭難に直結する危険な行為なので絶対にしてはいけない。

最後尾
パーティやルートの様子を見て、ほかのメンバーに指示を出す
先頭
ステップキッキングやラッセル、ルートファインディングを行なう

先頭と最後尾に経験者を配置する

ルートファインディングやステップキッキング、ラッセルなど、雪山登山のパーティでは先頭を行くメンバーの役割が大きい。また最後尾は、パーティやルートの様子を俯瞰的に見られるので、歩くペースやルートの指示をパーティ全体に出していく

経験者を先頭と最後尾に

歩く順番も重要である。登山道が整備されている夏山と異なり、雪山では自分たちで安全かつ正しいルートを判断して進んでいくことになる。先行者のトレースがなければ、先頭を歩くメンバーがステップキッキングやラッセルをしてルートを延ばしていく。つまり、先頭を行くメンバーの役割が非常に大きいのだ。

パーティ内に雪山経験の豊富なメンバーが2人以上いれば、必ず先頭と最後尾に配置する。先頭は後続が歩きやすいようにルートファインディングやステップキッキングを確実に行ない、最後尾はパーティ全体を見てペースやルートの指示を出す。もし経験者が1人しかいなければ、その者が先頭を歩くことになるが、後続のフォローが充分にできないので、ときどき後ろを振り返ってメンバーの様子を確認する。

後続のメンバーは、先頭のトレースを外さずに歩いていく。トレース上を歩くことで足が雪に潜らず、体力の消耗を防げるだけではなく、稜線での雪庇踏み抜きなどのリスクを回避する目的もある。

急斜面では下でフォロー

急な斜面を下降するとき、ちょっとしたつまづきやスリップが致命的な転・滑落事故につながる。パーティに経験の浅いメンバーがいるときは、必ず経験者が下について、足の置き場を指示したり、バランスを崩したときにすぐに支えるなどのフォローを行なう

ルートファインディング

「予測」「観察」「確認」を繰り返す

夏山では、バリエーションルートを除いて、登山道に沿って登っていく。しかし、雪山では登山道は雪に覆われてしまうため、目的地に到達するには自分で地図を読み、ルートを決めて、進んでいかなければならない。そのためにはルートファインディング力が必須のスキルとなる。

雪山で正確なルートファインディングを行なうには、入山前のプランニング（P56）で地形図を読み込み、ルート上の地形的な特徴や危険箇所を把握しておくことが欠かせない。山中でのルートファインディングは、山行前からはじまっているのだ。

山に入ったら、「予測」「観察」「確認」という3つのプロセスを繰り返し、ルート維持や現在地把握を行なっていく。

ルートファインディングのための3サイクル

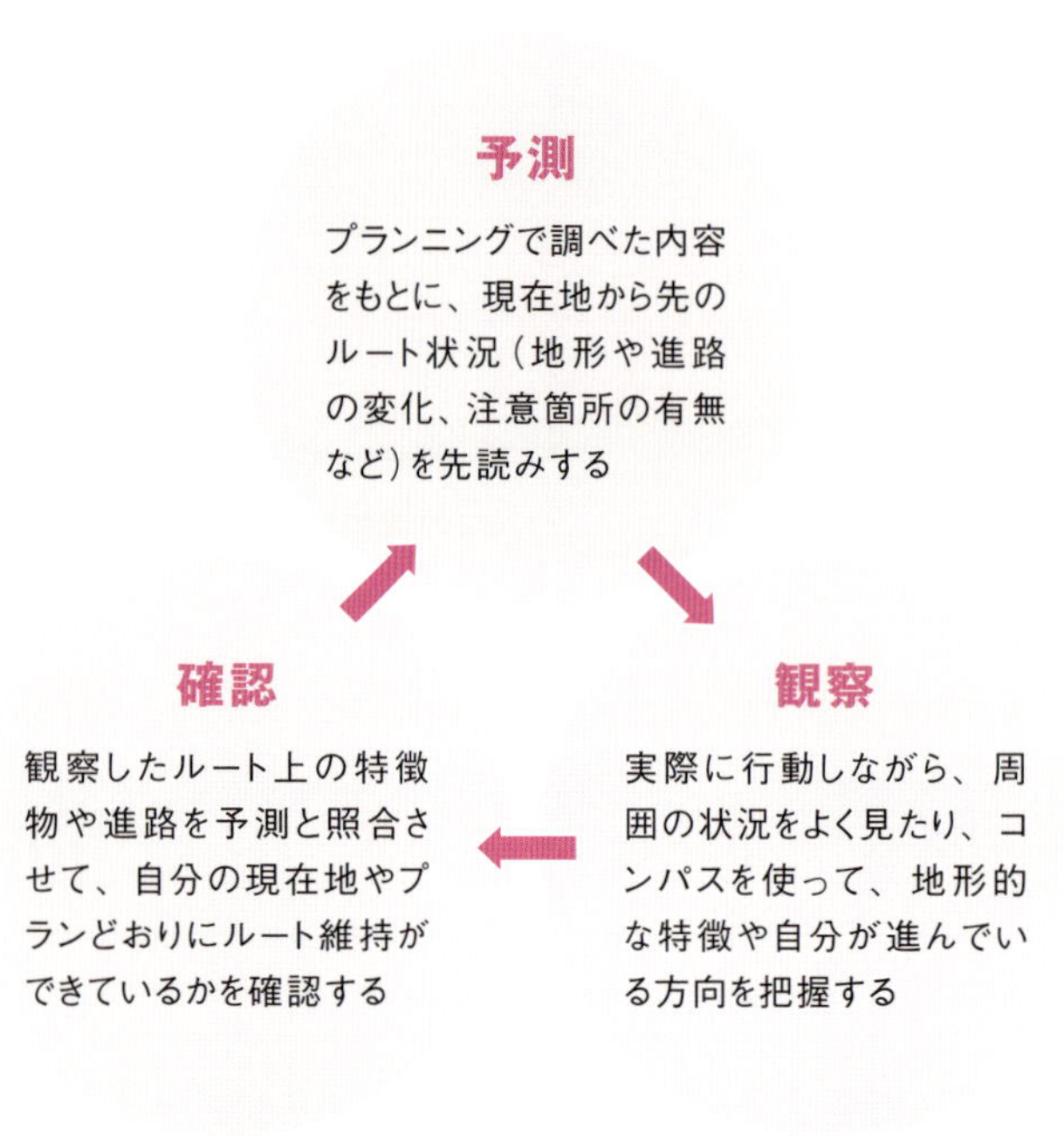
予測
プランニングで調べた内容をもとに、現在地から先のルート状況（地形や進路の変化、注意箇所の有無など）を先読みする
観察
実際に行動しながら、周囲の状況をよく見たり、コンパスを使って、地形的な特徴や自分が進んでいる方向を把握する
確認
観察したルート上の特徴物や進路を予測と照合させて、自分の現在地やプランどおりにルート維持ができているかを確認する

行動中は「予測→観察→確認」のサイクルを繰り返すことで、プランニングしたルートを正確にたどりながら進んでいくことができる

予測・観察・確認

「予測」とは、現在地から先のルート状況がどうなっているのか、実際に行動する前に先読みをすることである。先読みをする情報は、プランニングのときに地形図やルートガイドから読み取った内容（地形的な特徴、進路の方向、進路の屈曲点、注意すべき箇所など）がベースとなる。

行動を開始したら、予測したことを頭に思い描きながら、周囲を「観察」する。観察するときは、いま自分がいる場所や少し先の地形的な特徴だけではなく、見える範囲の最大限まで視線を走らせて、遠くのルート状況をラフに見たり、大まかな進行方向も確認しておくといい。雪庇の状況は遠くから観察したほうが見やすかったりするし、離れた場所からでもルートを観察しておけば、天候が悪化して視界が失われたときの判断材料となるからだ。また、コンパスを使って進路を把握したり、ヤセ尾根や雪崩地形などリスクがある場所を見逃さないように注意する。

地形図などから予測した内容と、実際に行動して観察したルート状況を照合し、合致していれば、プランどおりにルート維持ができていると「確認」できる。ルート維持ができていれば、おのずといま自分がいる位置の把握、つまり現在地確認もできる。

予測と異なる地形が現われたら

観察のプロセスで、もし予測と異なる地形的な特徴が現われたら、一度立ち止まって地形図を確認してみよう。地形図を再確認して、ルート上にその特徴物を見つけることができたら、プランニングでは見逃してしまったが、地形図と実際の地形が一致しているので「ルート維持はできている」と判断できる。

地形図を再確認しても、ルート上にその特徴物を見つけることができ

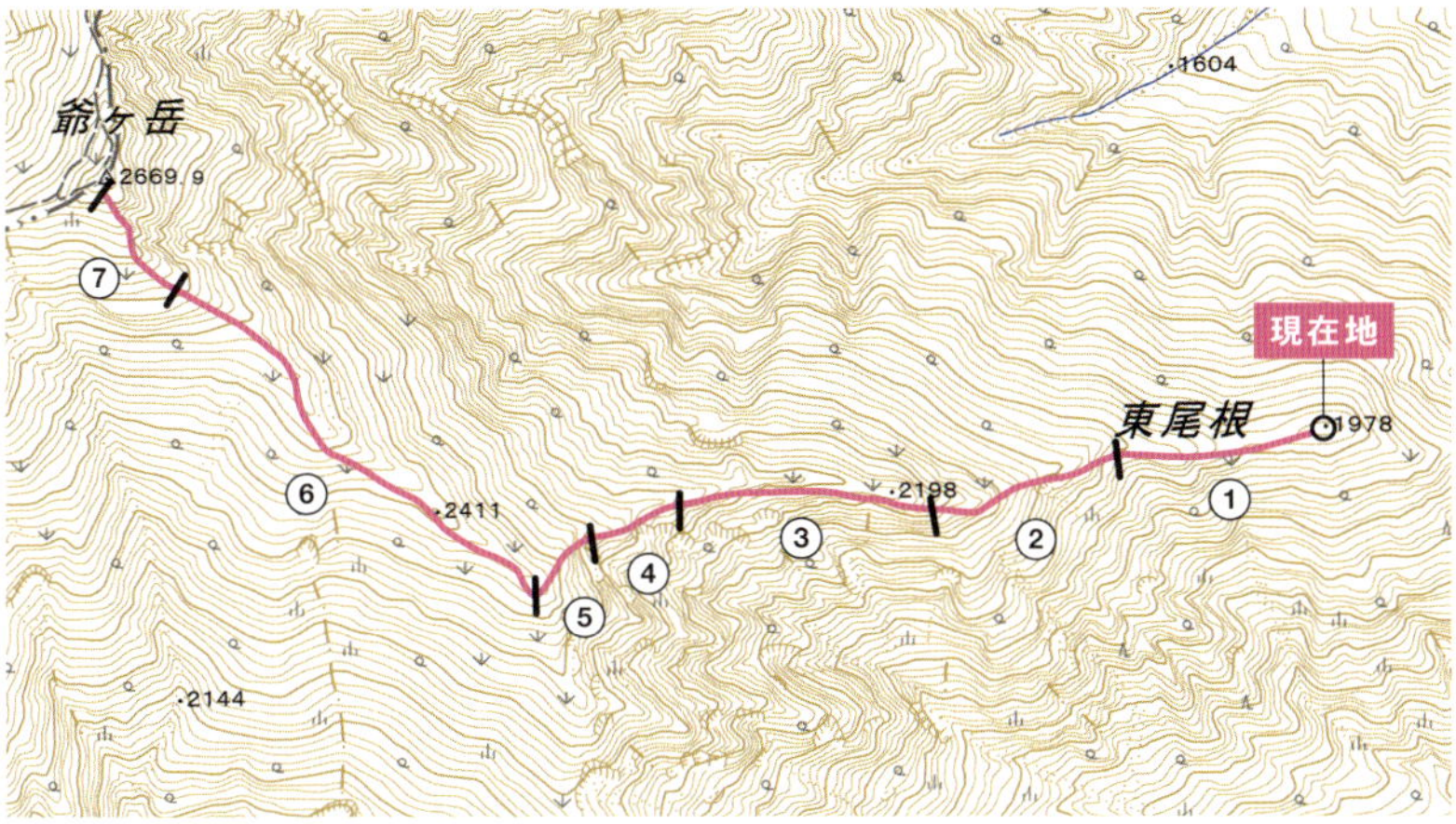

予測の方法

ピークやコル、尾根の合流点や分岐点など地形的な特徴が明確な地点や、地形や進行方向が変化する地点でルートを区切っていくと予測がしやすい。例として、爺ヶ岳東尾根の「1978m地点〜山頂」で考えてみる（左図）。①緩やかな尾根。進路は西／②傾斜が急になる。進路は西南西／③細い尾根。進路は西。南側に雪庇が発達している可能性あり／④尾根が広くなる。進路は西南西／⑤尾根が不明瞭になり、やがて急斜面になる。降雪時および直後は雪崩に注意。進路は南西／⑥進路は北西に屈曲する。広い尾根が続く／⑦進路は北西からやや北寄りに。尾根の東側斜面が切れ落ちているため、要注意

観察のポイント

ヤセ尾根と雪庇

ヤセ尾根や雪庇、雪崩斜面は要注意

ルート上の注意箇所は予測のプロセスでも地形図から読み取っておくが、実際に自分の目で観察することで、「想定されるリスク」や「安全なルート取りや通過方法」を具体的に考える。転・滑落のリスクが高いと判断した場合は積極的にロープを使用する

ピーク

尾根

急斜面

広い視野でルート全体を見る

観察は、いま自分たちがいる地点だけではなく、数メートル〜数十メートル先の状況や、見える範囲でのルート全体の状況も見ておく。ガスに巻かれたときなどはこの情報がとても重要になる

特徴的な地形や地形の変化を正確に把握する

いま自分がいる地点がピークなのか、コルなのか。尾根なのか、斜面なのか。尾根は広いのか、細いのか。傾斜は急なのか、緩やかなのか。地形的な特徴、地形や傾斜の変化を、行動しながら正確に把握していく

なかったら、「どこかでルートを間違えてしまった」可能性が高い。その場合はそれまでの自分の行動を振り返ったり、自分がいるところから見える特徴物をとらえて、「いま自分はどこにいるのか」を予測する。このプロセスを「リロケーション（現在地の再把握）」と呼ぶ。

道に迷ったとき、一般的には「現在地が確実にわかるところまで引き返す」といわれている。たしかに、記憶が確実で、トレースがはっきり残っていれば、それが最善策だ。しかし、記憶が曖昧だったり、悪天候でトレースが消えてしまった場合、同じルートを引き返すことすらままならないこともある。そのため、ルートを見失ったり、「何かおかしい」と感じたら、最優先ですべきことは現在地の再把握であり、そのうえで予測・観察・確認を繰り返す。そうすることで正しいルートにリカバリーすることができるのだ。

恐ろしいホワイトアウト

ルート維持、ルートファインディングを妨げる要因として、最も注意すべきは、やはりホワイトアウトだろう。ホワイトアウトとは、霧や吹雪のために視界が白一色になり、周囲の状況を把握できなくなることだ。

ホワイトアウトになったらやみくもに動きまわらず、周囲の状況を見える範囲で観察したり、地図やコンパス、GPSなどのツールを駆使して現在地や方位の確認をこまめに行ないながら、慎重に進んでいく。視界がまったくなく、雪庇の踏み抜きなどのリスクが想定される場合には無理をせず、トレースをたどって引き返すか、安全だと思われる場所で待機をして少しでも視界が回復するのを待つようにしよう。

また、先行者のトレースがあると、ついそれに頼りたくなるが、むやみに人のトレースを信用してはいけない。そのトレースが正しく、安全なルートを通っている保証はないからだ。大事なことは、自らの目で地形や地形図を見て、正しいルートを選ぶこと。自分が正しいと判断したルートに先行者のトレースがあれば、体力温存のためにありがたく利用させてもらおう。

ツールを使いこなす

正確なルート維持、ルートファインディングを行なうには、ナビゲーションのためのツールをうまく使いこなすことも欠かせない。

地形図とセットで使いたいのは、コンパスだ。行動中に自分が進んでいる方向を確認できるほか、複数の尾根が派生しているピークや、尾根が分岐しているポイントなどでコンパスを使うことで、自分たちが下るべき尾根を判別でき、誤った尾根への下り間違いを防ぐことができる。

ルートを外れる原因

ホワイトアウト

ホワイトアウトすると観察できる情報が少なくなる。コンパスやGPSを駆使したり、赤布や赤旗があればそれを目印にして、慎重に進んでいく。正確なルート維持が困難だと判断したら、トレースを頼りに引き返したり、ビバークして視界が回復するのを待つ

人のトレース

明瞭な踏み跡があると、つい安心してたどっていきたくなるが、そのトレースが自分たちの進みたい方向に向かっている保証はない。トレースは信用しすぎず、常に自分たちで周囲の状況を観察し、ルート維持するのが基本だ

雪原や広い斜面

雪原や広い尾根では、晴れて視界が良好なときでも、ルートから外れてしまう可能性がある。コンパスで進行方向を確認したり、遠くの目標物を決めたりして、進んでいくと迷いにくい

ルートファインディングを助けるもの

コンパスが活躍するポイント

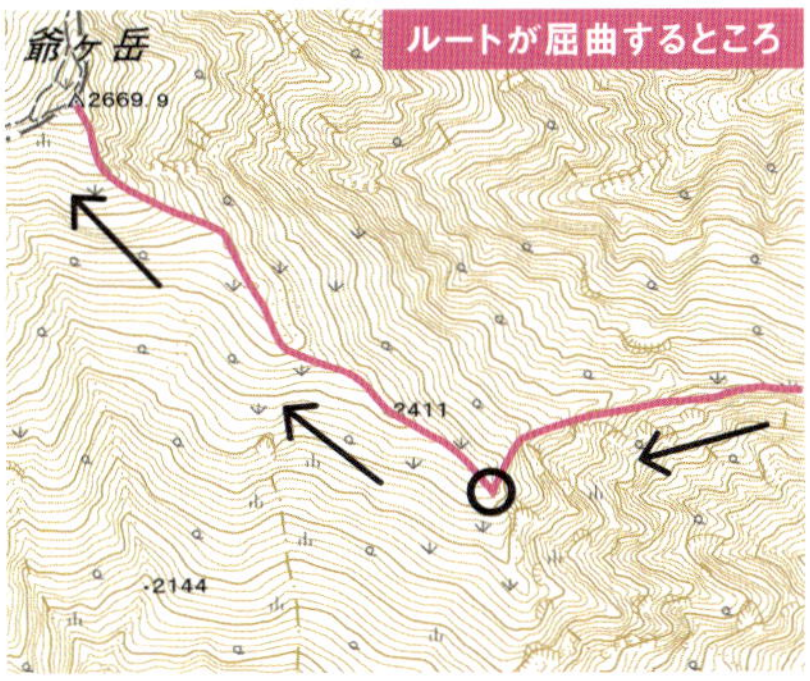

ルートが大きく屈曲する地点では、コンパスで進路の方位の変化（右図の場合は「南西」から「北西」）を確認しておくと、確実な現在地確認やルート維持ができる

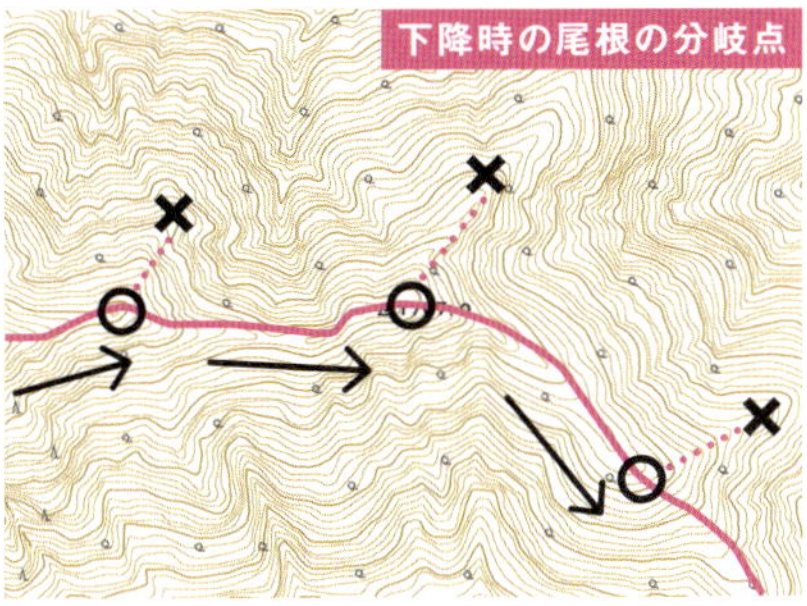

下降時、尾根が分岐しているところでは、自分たちが下りたい尾根が延びている方向をコンパスで確認する。誤った尾根への下り間違いを防げる

コンパス

自分たちが進むべき方向を確認するときに欠かせないツール。複数の尾根が派生しているピークや下っている尾根が分岐しているところで使えば、尾根の下り間違いを防げる。雪原や広い斜面を進むときにも有効

GPSレシーバー

GPSを利用できるツールには、専用レシーバー、スマートフォンのアプリ、腕時計がある。簡単かつ正確に現在地を確認できるため、雪山登山では有効なツール。トラックログを記録しておけば、引き返すときにログをたどることができる

赤布や赤旗

近隣の山小屋がつけておいてくれたものがあれば、それを頼りに登っていく。樹林帯では、木の幹に印がつけられているところもある。同じルートを往復する場合、自分たちで赤布や赤旗を携行し、往路で迷いやすいところにつけておき、復路の目印とする

赤布や赤テープ（赤色の細長い布やビニールテープ）、赤旗（先端に赤布をつけた竹ざお）などの標識類は、雪山では心強い目印となる。営業している山小屋がある山域では、山小屋が登山者の案内のためにつけておいてくれることが多い。また、ほかの登山者が残置した標識もある。人が入らないルートを往復するときは、自分たちで赤布・赤旗を携行し、往路（登り）で尾根の分岐などの迷いそうなところにつけておき、下りの際の目印とする。なお、自分たちがつけた標識類は下降時に必ず回収することがマナーだ。

近年はGPSを利用できる機器も多様化しており、専用レシーバーのほか、スマートフォンのアプリや腕時計にまで広がっている。GPSを使えば、現在地把握が簡単かつ正確にできるだけではなく、トラックログ（自分が歩いた軌跡）を記録しておくことで、ホワイトアウトして視界がない状況でもログを頼りに引き返すことができる。バッテリーの消耗に注意は必要だが、雪山でのルート維持、ルートファインディングに積極的に使いたいツールである。

難所の通過

ナイフエッジ、雪庇、岩場などの安全な通過法

ヤセ尾根・ナイフエッジ

【リスク】両側が切れ落ちている。強風によって体勢を崩したり、足元の雪が崩れたりして、そのまま尾根上から転・滑落してしまう危険が大きい。
【通過方法】体勢を崩さないように注意しながら、一歩一歩慎重に安定した足場を選びながら進んでいく。

転・滑落の危険がある場所は積極的にロープを使用する

雪山の難所には、雪稜のナイフエッジや雪庇、雪の付いた岩稜や岩場、雪壁状になった急斜面、沢筋などがある。ルート上に難所が多ければ多いほど、ルートの難易度が上がるが、初心者向けのルートでも稜線上に雪庇が発達していたり、ワンポイントでナイフエッジや急斜面を通過しなければならないことがある。

ナイフエッジ、岩稜や岩場、急な斜面では、つまづきやスリップが転・滑落という重大な事故に発展する危険性が高い。自分自身がロープを使うことができて、パーティに雪山経験の少ないメンバーがいるならば、ロープを結んでそのメンバーを確保する。ロープの使用方法や注意点については、『Part5／雪山のロープワーク』（P103〜）で詳しく解説する。

ここでは、それぞれの難所にどんな危険が潜んでいるのか、そしてどうすればその危険を回避して難所を安全に通過できるのかを解説する。

ヤセ尾根・ナイフエッジ

雪山は基本的に尾根に沿って登っていくが、場所によっては両側が切れ落ちた幅の狭い尾根になっていることがある。そんな細い尾根を「ヤセ尾根」または「ナイフエッジ」と呼ぶ。ナイフエッジで怖いのは、強風によって体勢を崩したり、足元の雪が崩れたりして、尾根上から転・滑落してしまうことだ。ナイフエッジではちょっとしたつまづきや転倒が致命的となる。

安全に通過するには、一歩一歩慎重に安定した足場を選びながら進んでいくしかない。足を引きずるよう

1

2

1.八ヶ岳の横岳付近。細いリッジや急なミックス帯が続く　2.上越・大源太山のヤセ尾根を登る

な歩き方をしていると、露出した岩などにアイゼンを引っかけてしまうため、両足の上げ下げを意識することも重要だ。

パーティの後続のメンバーは、先頭の人のトレースを正確にたどることで、比較的ラクに通過できる。

雪庇

雪庇とは、尾根や山頂の風下側に形成される吹き溜まりのことを指す。

風上側が緩斜面で、風下側が急斜面の非対称山稜では、より大きな雪庇が発達しやすく、大きなもので20m以上にもなる。日本列島には冬になると西〜北西からの季節風が吹くため、雪庇も毎年同じ方向（尾根の東〜南東〜南）に発達するが、周囲の地形によって風向きが変わり、尾根の両側に雪庇が形成されることもある。

雪庇の上に乗ってしまうと体の重みで雪庇が崩れて、雪もろとも谷側に転落してしまう。雪庇が発達している尾根上では、雪庇を回避して進んでいかなければならない。

雪庇の見分け方は、遠くから目視でひさし状の雪の張り出しを確認するほか、雪面に露出した樹木や岩などから地面の位置を推測して、雪の下に確実に地面があるところを通過していく。

判断が難しいのは、樹木や岩などの露出物が一切ないとき。ひさし状の雪の張り出しは風下側の吹き溜まりの頂部に形成される。雪の張り出しを目視で確認して、ひさしから外れたところを通っていたとしても、吹き溜まり自体は回避できていない

北陸の初雪山の稜線。雪庇がひさし状になって大きく張り出している

雪庇

【リスク】 雪庇の踏み抜きや崩落による転落。ホワイトアウトして視界がないときには雪庇に近づきすぎて踏み抜いてしまう危険性が高いので、悪天候時は特に注意する。
【通過方法】 雪面に露出した樹木や岩などから地面の位置を推測して、風上側を大きく巻くように通過する。

雪庇回避時の注意点

風下側に巨大な吹き溜まりが形成されている場合、張り出したひさしを避けて歩いていたとしても、吹き溜まりの上には乗った状態となってしまい、足元の積雪が崩落する危険がある。樹木や岩などの露出物で地面の位置が推測できないときは、風上側の斜面を大きく巻いて通過するといい

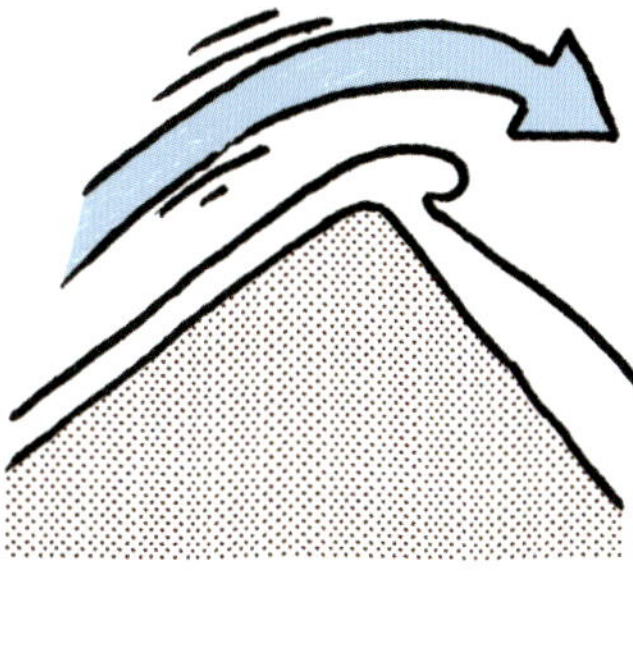

雪庇形成のメカニズム

尾根に向かって一定方向から強風が吹きつけるとき、尾根の上や風上側では積雪が削られる一方で、風が弱まる尾根の風下側では吹き溜まりが形成され、雪がひさしのように大きく張り出す

1

3

2

1.南アルプス北岳に至る池山吊尾根の八本歯ノ頭付近のやせた岩稜　2.岩場の小さなホールドには、前爪2本を引っかけて登る　3.安定した氷雪の箇所にアイゼンを効かせて登る

岩稜・岩場

【リスク】アイゼンを履いて不用意に傾いた岩に立つとスリップするおそれがある。急峻な場所では転・滑落の危険大。

【通過方法】安定した氷雪の箇所を選んで、アイゼンを効かせながら登り下りする。岩場の小さなホールドには、前爪2本を乗せて靴底を水平にすることで立つことができる。

ケースがある。２０００年３月に北アルプス大日《だいにち》岳頂上付近で巨大な雪庇が崩落して、雪庇上にいた11名が転落（うち２名が死亡）する事故が発生した。のちの調査によって、このとき崩れた雪庇は40ｍ以上もあり、雪庇先端から15ｍ以上も尾根側で崩落を起こしていたことが判明した。雪庇はわれわれが考えている以上に大きく発達していることが多いので、露出物などの目印がなければ、張り出たひさしの付け根部分よりもさらに遠く、風上側を大きく巻いて通過したほうがいい。

岩稜・岩場

岩稜や岩場は無雪期においても難所となるが、雪山では岩に雪や氷が付着して、登るほうもアイゼンや厚手のグローブをつけているため、通過の困難さや危険性は格段に増す。

アイゼンは氷雪の上を歩く道具であり、不用意に傾いた岩面などに立つとフリクション（摩擦）が効かずにスリップしてしまう。アイゼンをつけたままで岩稜や岩場を登下降するには、安定した氷雪の箇所を探して、そこを選んで歩くのが基本となる。小さめの岩礫が斜面にたまったガレは適度に凍りついているため、アイゼンがよく効いて安定した足場となる。

氷雪がなくても、広く、傾いてない岩面ならば、靴底全体で乗って真上から荷重をかけることで立つことができる。数センチ単位の小さいホールドには、前爪２本を乗せて靴底を水平にすれば、安定して立てる。

逆に足場としてよくないのは、斜めになった岩面に新雪が積もった箇所である。積もったばかりの雪は不安定なうえに、岩の凹凸が雪によって隠されているため、足の置き場がわかりづらく、下手に足を置くと滑ってしまう危険性が高い。

急な岩場では無雪期同様、三点確保で登り下りするが、雪山の場合は片手にピッケルを持っている。ピッケルを握ったままだと、岩をしっかりとつかむことができないため、ザックに一時的に差しておくなどして、両手で確実にハンドホールドを持てるようにしておく。

急斜面（雪壁）

傾斜のきつい斜面では滑落に注意する。雪が軟らかければステップキッキング（P77）でつま先を蹴り込み、硬く凍った斜面ではアイゼンの前爪を雪面に蹴り込むフロントポインティングやスリーオクロック（P81）で登っていく。手元のピッケルは、ピックを雪面に刺すダガーポジション（P84）で持つといい。

広くオープンな急斜面は雪崩地形（P１３８）でもある。降雪中や降雪直後など雪の状態が不安定なとき

西鎌尾根に突きあげる中崎尾根上部で急斜面を登る

急斜面（雪壁）

【リスク】雪壁状の急斜面では滑落の危険がある。斜度によっては雪崩のリスクもあり、降雪中や降雪直後は斜面に入らない。
【通過方法】ステップキッキングやアイゼンのフロントポインティングで足場を確実に刻みながら登下降する。手元のピッケルは斜度によってはダガーポジションにする。

1.残雪期、北アルプスの常念小屋をめざし、一ノ沢をつめる。側壁からの落石が多い　2.同じく、一ノ沢。雪渓と側壁の間には割れ目ができていた

1

2

沢筋で発生した雪崩によって堆積したデブリ

沢筋

【リスク】沢筋は、典型的な雪崩地形である。春になれば谷をつめられるが、融雪により、石が落ちてきたり、雪渓に割れ目が生じたりする。
【通過方法】降雪中や降雪直後は原則、沢筋には入らない。沢筋に入ったり、横切ったりするときは、スピーディに行動する。春期には、落石に注意し、雪渓の割れ目には近づかない。

は、雪崩にも注意する。

沢筋

雪の斜面にはさまれた沢筋は、典型的な雪崩地形である。それゆえ冬期は、下部では広い谷沿いを歩くことはあっても、基本的には尾根に取り付いて登下降することが多い。ルートによっては、沢筋を登下降したり、横切ったりすることもあるが、降雪中や降雪直後は雪崩が発生する危険性が高いので注意しなければならない。また、気温が高いときも雪崩が起きやすいので、スピーディに行動し、危険地帯にいる時間をできるだけ短くする。

残雪期になって雪の状態が安定すれば、谷をつめて稜線まで登っていくこともできる。しかし、春の早い時期や大量の積雪があった直後は、雪崩の危険があるので注意する。また、残雪期は融雪が進み、落石が多かったり、雪渓に割れ目（クレバス）ができたりするので、行動中は常に周囲への注意が必要となる。

なお、沢筋などの雪崩地形を通過する際の注意点は、『Part7／雪山のリスク』の「雪崩」の項目（P138）で詳述する。

行動中のさまざまな判断

早めの判断・行動が大切

本パートの『雪上歩行の基本』で、「技術習得と同じぐらい大切なのが（中略）判断力」と書いたが、判断力は登山中に遭遇するあらゆる場面においても重要だ。登る山に適した装備を持っていても、それを「いつ、どこで使うか」という適切な判断が〝要〟になければ、せっかくの装備を生かすことはできない。どこで休憩をとるのか。天候が悪化してきたとき、そのまま進み続けるのか、引き返すべきか。そうした場面でも判断力が求められる。

休憩は、雪崩や滑落などの危険がない場所を選ぶ

たとえば、行動時の休憩は、風雪の影響を受けにくく、雪崩や転・滑落の危険がない安全な場所を判断してとる。もしそうした場所がなければ、休まず動き続けることも、安全を守るひとつの判断だといえる。

ウェアや装備の着脱は、ルートファインディングと同じようにルート状況を先読みして、森林限界を超える前、注意箇所に入る前の広く安全な場所で行なう。

進退の判断は難しい。せっかく来たのだから、頂上には立ちたい。しかし、残された時間、その先のルート状況、自分やメンバーの体力、天候などを考慮し、「進み続けたら危ない」と感じたら無理をせずに引き返す。この判断を誤ると、日没までにテントに戻れなかったり、低体温症で行動不能に陥ったりしてしまう。

「人」「ルート」「天候」の状況を総合し、判断を下す

適切な判断を下すには、行動中に3つの要素に気を配り、観察・把握しておく必要がある。「自分やメンバーの状況」は、各々の疲労具合や体調のほか、過去の雪山経験や技術レベルも考慮する。「天候や積雪」は、これから先の天候を予測したり、積雪の量や雪質を観察する。「ルートの状況やコースタイム」は、現在地から先にどんな注意箇所があるのかの先読みや、計画時の予想コースタイムと実際の所要時間の比較など。

それらを踏まえ、どう行動すれば「目的地に到達できるか」「自分たちの安全を守れるか」を総合的に判断する。現在地から先にヤセ尾根があり、初心者を連れているのであれば、ロープを使用したほうがいいだろう。予定どおりの行動時間で頂上に着けそうだとしても、メンバーが疲弊しているようであれば、不注意による転・滑落を防ぐために引き返したほうがいいかもしれない。

雪山では、景色などを楽しむ一方で、「人」「ルート」「天候」に対して常に注意を向け、必要な判断を早め早めに下していくことが大切なのだ。

行動中の判断に関わるファクター

自分やメンバーの状況

過度な疲労や体調不良でフラフラしていれば、転倒や滑落の危険大。また、過去の雪山経験や技術レベルも判断材料となる。

ルートの状況やコースタイム

現在地より先に注意箇所はあるか、ルート状況を先読み。計画時のコースタイムと実際の行動を比べ、予定どおり動けているかも検討。

天候や積雪

強風や寒さは低体温症、ホワイトアウトは道迷いや雪庇踏み抜き、不安定な積雪は雪崩。気象条件の悪化はさまざまリスクにつながる。

適切な判断はひとつの要素だけでは決まらない。自分やメンバーの体調、天候や積雪の状況、先のルート状況や予想していたコースタイムとの比較など、複数の要素を総合して考えなければならない

斜面ではバケツを掘る

休憩時、雪の斜面にそのままバックパックを置くと滑り落ちる危険性がある。必ずピッケルでバケツを掘り（P84）、その中に置く。ショルダーハーネスにピッケルを通し、雪面に刺しておく

休憩時の注意点

休憩は、風雪の影響を受けにくく、雪崩や滑落の危険がない場所で。寒ければ、防寒着を着て体温の低下を防ぐ。休憩中はバックパックに座り込んでボーっとせず、周囲、特に上方に注意を払う。吹きさらしの稜線では休まず、安全圏まで行動を続けたほうがいい。

ウェア・装備の着脱

ウェアや装備の着脱をするには、バックパックを下ろしたり、必要なものを取り出したりと手間がかかる。急斜面やヤセ尾根など足元が不安定な場所や、風の強い稜線上では着脱の作業はしづらいため、ルート状況を先読みして、「稜線に出る前」「危険箇所に入る前」の広く安定した場所で行なう。

エネルギー・水分補給

寒いなかでもしっかりと動き続けるには、こまめに行動食をとり、エネルギー補給をすることが不可欠。また、気温が低くても行動中は汗をかいているので、温かい飲み物で水分補給をする。行動食の摂取は体内での熱の産生を促し、低体温症の予防にもなる。

進退の判断

天気が悪化傾向にあるとき、積雪の影響で予定以上の行動時間がかかっているときなどは、無理に上をめざさず、引き返す。明るいうちにテントや登山口まで確実に戻れるよう、引き返しポイントや時間（P56）を計画時に決めておくと、現地での判断もしやすい。

緊急時の対応

自力対応が困難ならば救助要請を

現場で何ができるか

雪山における緊急時とは、「自分やメンバーの病気やケガ」「ルートを見失う（道迷い）」「急激な天候悪化」「転・滑落などの事故」「雪崩との遭遇」が想定される。緊急事態の内容やその程度によって対応の仕方はさまざまで、ここですべてを述べることはできないが、共通してまず考えるべきは、「現場にいる自分たちで何ができるか」だ。

たとえば、激しい震えや緩慢な動作といった低体温症の初期症状を見せているメンバーがいるのに、何も対処せずに行動を続けるのは事態を悪化させるだけだ。風雪の影響を受けにくい場所を探し、ツエルトをかぶる。乾いた衣類を着させて、温かい飲み物を飲ませる。そうした現場での対応はその場にいる人間しかできないことだし、適切な初期対応をすれば症状が緩和する可能性も高い。

雪崩に遭遇して流された場合も、別の雪崩の発生や二次的な事故（転・滑落など）に細心の注意を払いながら、残されたメンバーですぐに捜索を試みる。埋没者を助け出すには、15分以内に顔を出して呼吸ができるようにしなければならず、公的機関の救助を待っている時間的余裕はないからだ。

いざというとき、自分たちが現場ですぐにできることを増やすためにも、雪山をめざす登山者は緊急時の対応に関する知識や技術を身につけておかなければならないのである。

救助を待つ間は安全な場所で待機する

もし自力対応が困難だと判断したら、二次遭難を避けるために無理な行動は控えて、救助要請を行なう。

携帯電話や無線機がつながるようであれば、地元の警察へ。つながらなければ、メンバーを近くの山小屋や麓の町まで伝令に出す。救助を待つ間は、遭難者はもちろん自分やほかのメンバーの安全も考慮し、雪崩などの危険がない場所を選び、ツエルトやテントで風雪や寒さから身を守れる環境をつくって待機する。

伝令のためにパーティを分ける場合は、遭難者には必ず付き添いをつけ、決して1人にはしない。2人パーティで一方が遭難したときは、保温や非常食の準備など遭難者のケアを充分に行なったうえで救助要請に出るようにしよう。

ツエルトでビバーク

急な天候悪化による視界不良時、メンバーが体調不良で行動不能に陥ったときなどは、無理に行動を続けず、安全な場所でツエルトをかぶったり、半雪洞を掘ってビバークする（P131）

雪崩埋没者の捜索

パーティのメンバーが雪崩に巻き込まれて埋没した場合、ほかのメンバーは周囲の状況に細心の注意を払いながら、すぐに捜索活動を行なう（P138）

事故発生時の対応チャート

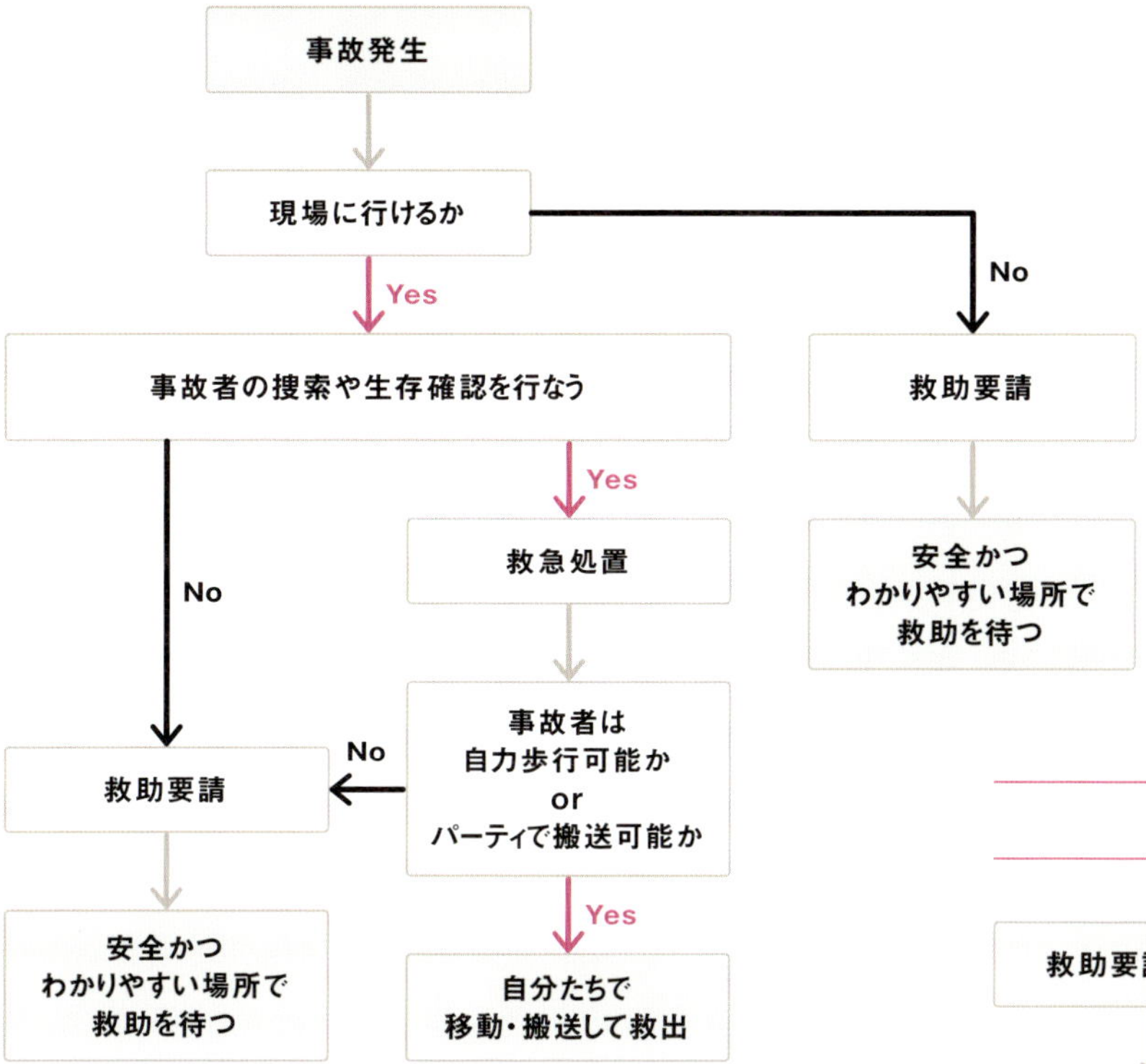

このチャートは、事故発生から救出までの手順の一例を示している。緊急時の対応は可能な範囲で自分たちで行なうべきだが、もし自力対応が難しいと判断したら、できるだけ早く救助要請を行なう。そのほうが救助組織も動きやすく、事故者の安全性も高まるからだ。

事故伝達カード

発生日時：　月　日／　時　分

遭難者	氏　名	（男／女）　年　月　日生（　）歳	
		血液（　）型　職業	保険　有・無
	現住所	〒	
	緊急連絡先	〒　☎	続柄（　）
現場待機者		携帯電話	
事故の内容	発生日時	年　月　日　時　分	
	発生場所（地形、目標物、天候）		
	原因と内容		
	遭難者の容態		医師の必要性（要・不要）
	これまでの処置		
伝達者	氏　名	〒	☎
	住　所	〒	

救助要請の方法

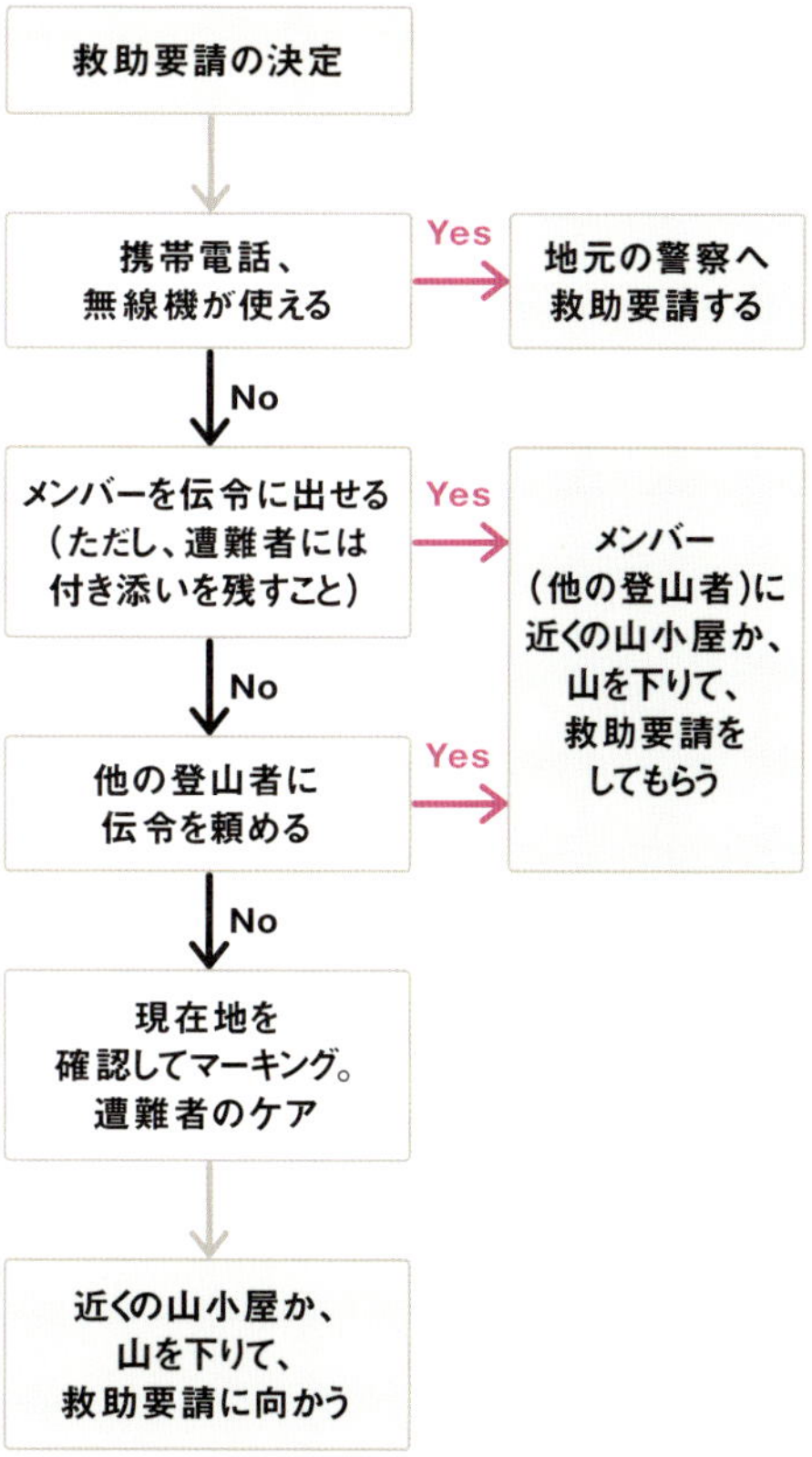

携帯電話や無線機が使えるなら、地元の警察に連絡。通信機器が使えなければ、伝令を出す。伝令は2人で、山に慣れている人が望ましい。事故伝達カードは、救助組織に正確な事故状況を伝えるためのメモとして利用する。

Column 4
雪山でのヒヤリハット

●その1「雪庇の踏み抜きとリングワンデリング」

2000年2月、大学4年生の春山決算合宿で、日本海の親不知《おやしらず》の海抜0mをスタート地点として、北方稜線から白馬《しろうま》岳をめざした。たしか実動と予備日を合わせて20日間程度の合宿であったと思う。

その途上でのことだ。朝、テントから外をのぞくと軽く吹雪いている。停滞という選択肢も頭をよぎったが、縦走なので進めるところでは少しでも前進しておきたいと思い、天気待ちののち出発した。

白馬岳の北方稜線は森林限界より下部の低標高帯でもかなり大きな雪庇ができることが、事前の調査でわかっていた。ホワイトアウトして視界がなくなり、空と尾根との判別ができなくなってきた時点で上級生と1年生とでロープを結び、雪庇の踏み抜きを警戒して15mほどの間隔をあけて行動することを指示した。

前後のパーティは見えにくく、風雪で声も聞こえにくい。ある地点まで進んだとき、後続のパーティがなかなか来ないので様子を見に戻ると、1年生がひとりだけで稜線上にぽつんと残されていた。聞けば、3年生が転落したのだという。1年生が引き込まれなかったのは、ロープが雪庇のふちに食い込んだおかげで、テンションがほとんどかからなかったからだろう。だが、落ちた3年生の安否はわからない。

近くにいるはずのほかのパーティにも助けにきてもらうべく、トランシーバーで呼びかけたが、電源が入っていないのか応答がない。直接呼びに行くことにして、進行方向左側にできている雪庇を避けるように右側から巻いて斜面を登っていった。だが、しばらく進んでも誰もいない。トレースもない。叫んでも、風雪に声がかき消されてなんの応答もない。途方に暮れて、まっすぐ戻ることにしたらトレースを発見した。仲間のトレースだと思ったら、自分が先ほどつけたものだった。

その後、ほかのパーティとなんとか合流でき、自分が近くにいた仲間たちに気づかず、すぐ脇を通り過ぎ、先へと追い越してしまったことを知った。転落した3年生は5mほど落ちてはいたが、幸運にもケガはなく、空身にして引き上げた。あとで自分が3年生のキスリングを取りに転落地点まで下降したが、登り返すときに雪庇を乗り越えるのは想像以上に大変だった。

この日は以後、安全な場所でテントを張って停滞としたが、リーダーとしての判断の甘さを深く反省した。

●その2「年末の北鎌《きたかま》尾根でのレスキュー要請」

大学山岳部の後輩と2人で計画した年末の北鎌尾根。人のトレースをたどりたくないと、少し早めの時期に入山した。順調に進み、3日目のことだった。

音がしたので振り返ると、後輩が大の字になって回転しながら転落していく姿が目に飛び込んだ。幸いにして途中で止まり、声をかけると応答がある。手足は動くが頭を打ったかもしれないという。僕がロープを持っていたため、上端を固定して救助に向かった。

風下側の斜面は雪がふかふかで、下りでも胸のラッセルだった。この軟らかさのおかげで途中で止まり、大きなケガもなかったのだろう。それに、なだれなくて本当によかった。

100mほど下降して後輩のところに着くと、顔は大きく腫れているが、「自力で登り返せる」と言う(あとで顔面骨折だとわかった)。バックパックは僕が背負い、後輩を補助しながら登り返した。

稜線に戻ってから救助要請を決めた。しかし電波が入らない。そこで僕が、自分と後輩のスマホを持ちながら、稜線を槍《やり》ケ岳方面へ向かった。

2台のスマホを持っている僕が滑落でもしたら、もう終わりだ。とても慎重に登った。凍った斜面上でスマホを取り出すときも、慎重に慎重を重ねた。落としたら終わる。素手になって電源を入れる。まだ電波が入らない。移動する。また電源を入れる。その繰り返しだった。

結局、2時間ほど登ったところでようやく警察につながり、救助要請をした。このとき保険加入と登山計画書提出の有無を聞かれたことをハッキリと覚えている。

あとで後輩に聞いたところでは、彼は僕のトレースを踏んだはずだが、それが雪庇ではなかったかということだった。

Part 5

雪山のロープワーク

ロープワークとは

雪山でロープを使う前に知っておくべきこと

なぜロープが必要なのか

人間はミスをする生き物である。致命的にならない範囲のミスは成長につながるが、取り返しのつかない事態（重傷や死亡事故など）に直結するミスは絶対に回避しなければならない。環境の厳しい雪山はミスが起きやすく、それが致命的になる可能性が夏山より高まる。一歩の歩行ミスでジ・エンドにならないよう、転・滑落のおそれがある場所では積極的にロープを使うべきだ。

ロープを使う技術には、ロープアップ（ロープを結び合うこと、アンザイレン）してのピッチクライミング（スタカット）、サイマルクライミング、ショートロービングなどがある。多人数のパーティが危険箇所を通過するときや、同じ箇所を何度も通過するときに、ロープを固定する方法もある（フィックストロープ）。

雪上でのアンカー設置やスタンディングアックスビレイなど、雪山ならではの技術もあるが、ロープワークの原理原則は無雪期とほぼ変わらない。違いは、支点を雪からとったり、グローブをつけたままロープやカラビナを操作すること。操作性のよいグローブ選びは大切だが、それ以上に繰り返し練習して慣れることがロープワーク向上の鍵となる。

ステップアップの方法は、

①雪のない時期にロープを使う登山・クライミングをして、システムや原理原則を理解して覚える

②雪山で必要なこと（グローブをしての操作、雪からのアンカーのとり方など）を安全な場所で練習する

③実際にルートで試してみる

ルート上での行動の遅さは、自分や周りの人を危険にさらすので、③の前には入念に練習を重ねておこう。

デメリットを理解する

ロープを使うことでのデメリットもある。それは「時間がかかること」。慣れれば時間は短縮されるが、それでも使わないよりは時間はかかる。

登山全般にいえることだが、場面によって優先すべきことは変わる。たとえば、猛吹雪のなかで危険な箇所を通過するのであれば、致命的な転・滑落を回避するため、多少時間がかかってもロープを使っての通過を優先すべきだ。しかし同じような猛吹雪でも、ロープがなくても通過できそうな箇所なら、低体温症や凍傷の予防を優先すべきで、ロープはメリットよりもデメリット（＝吹雪にさらされる時間が長くなる）のほうが大きくなる。こうした優先度を判断することも登山の大きな要素であり、醍醐味のひとつである。

慣れるまでは、経験あるリーダーやガイドに同行しよう。彼らは、行動を起こすとき、必ず周りの状況を観察し、頭の中で分析し、根拠をもって判断している。ただ、判断の根拠やプロセスは、外から見ているだけではわからない。自立した登山者をめざすのであれば、判断の根拠や理由を説明してくれる熟達者やガイドと山を歩き、その技術と経験を分けてもらうことが近道となる。

ロープワークのための用語集

■アンカー
ロープでパートナーを確保するとき、自己確保をするための支点。または懸垂下降をするときの支点。雪山ではピッケルやスノーピケット、自然物などを用いてつくる。

■懸垂下降
ロープと専用の器具を使って、急な岩場や氷壁、雪の斜面を下降すること。「ラペル」「ラペリング」とも呼ぶ。

■セルフビレイ
ロープやスリングでアンカー（支点）と自分のハーネスをつなぎ、自分自身を確保すること。ちなみに、雪上で転倒したときにピッケルを使って初期制動を行なうこともセルフビレイと呼ぶので混同しないように注意。

■ノット・ヒッチ・ベンド
ロープやスリングの結び方

1.歩くラインに注意しながら、雪庇の張り出した稜線を行く　2.フォロワーの滑落に備え、リーダーは雪の張り出しを利用してロープを屈曲させる　3.ショートロービングでは常にロープを張り気味にして行動する

1

3

2

の種類。「ノット」はロープだけで結ぶもの、「ヒッチ」はカラビナなどほかのものと結びつけるもの、「ベンド」はロープ同士を連結したりするもの、という区別となる。

■ビレイ

ロープを使って確保すること。確保者のことは「ビレイヤー」と呼ぶ。

■フィックスロープ

アンカーと連結して固定したロープ。ルート上の危険箇所に設置して、パーティのメンバーを安全に通過させるときなどに使用する。

■プロテクション

ロープ使用時に先頭を登る人（リーダー）が自分自身の転・滑落に備えて、ルート上に設置する支点。「中間支点」とも呼ぶ。スノーピケットや自然物などを用いてつくる。

■リーダーとフォロワー

ロープ使用時に先頭を登る人を「リーダー」もしくは「リードクライマー」、あとに続く人を「フォロワー」と呼ぶ。

雪山で使う結び方

正しい結び方をマスターしよう

ロープワークの第一歩は、ロープやスリングの結び方を覚えること。ここでは雪山登山で使える初歩的な結びを紹介する。結び方にはそれぞれ用途や特徴があり、「その結びで何ができるか」「どんな場面で使うか」を考え、覚えることが大切だ。また、誤った方法で使うとかえって危険を招くため、繰り返し練習して正しい結び方を確実に身につけよう。

ロープをハーネスに結ぶ

フィギュアエイト・フォロースルー

主にハーネスとロープを結びつけるときに使う、ロープワークにおいて最も基本的な結び方のひとつ。フィギュアエイト・ノット（8の字結び）をつくり、その結び目をなぞるように結んでいく。ロープの伸縮によってゆるむ可能性があるので、末端はダブルフィッシャーマンズ・ベンド（P111）で末端処理を行なう。

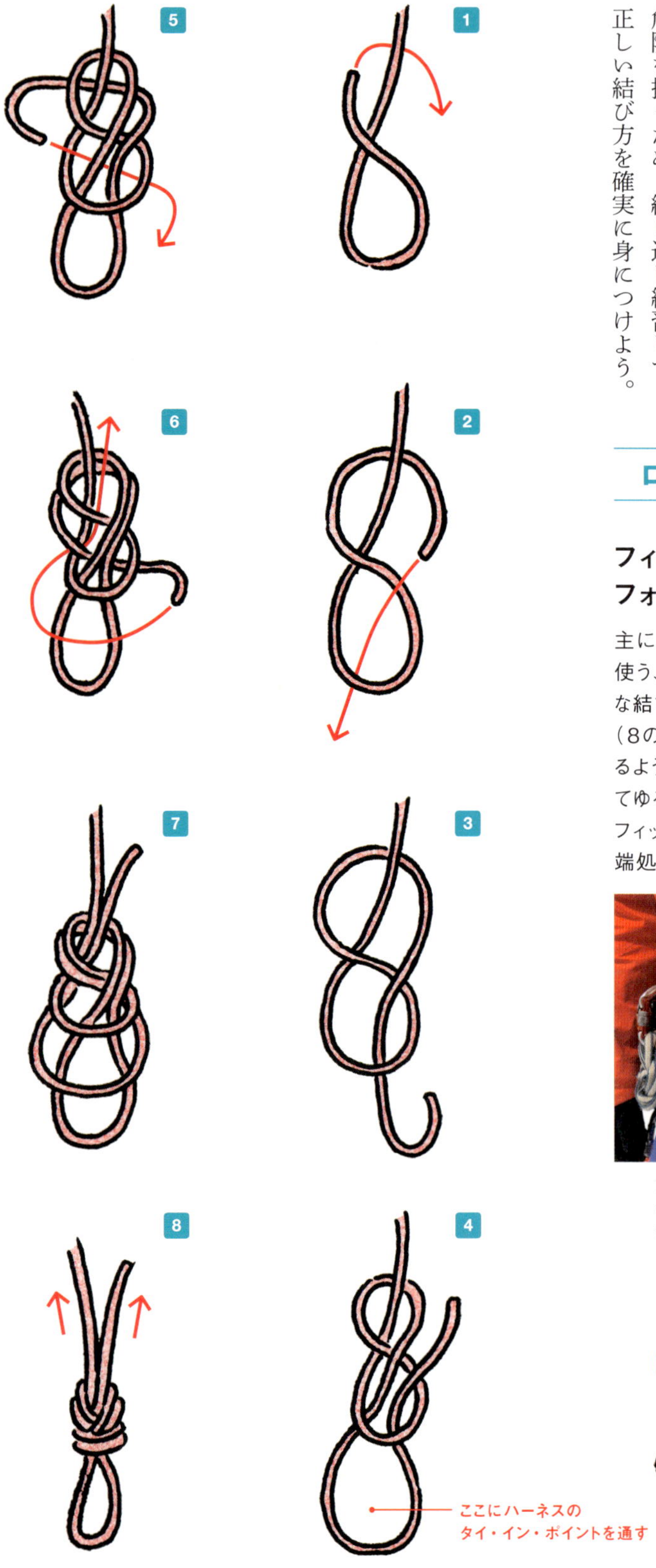

1～3 ロープの末端部にフィギュアエイト・ノットをつくる
4～6 3の結び目をなぞるように、ロープの末端を通していく
7 通し終わったら、形を整えながら結び目を締める
8 結び目の末端はロープの径の10倍以上出ているように

フィギュアエイト・フォロースルーで、ロープをハーネスに結びつける。末端はダブルフィッシャーマンズ・ベンドでバックアップ

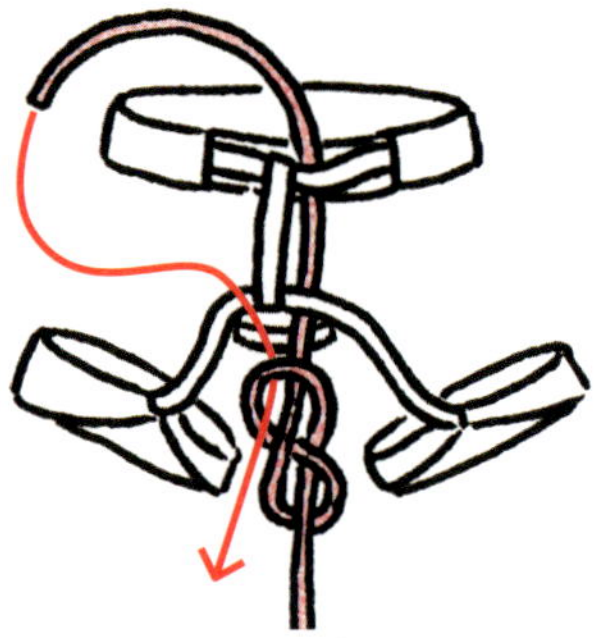

ハーネスへのロープの通し方

ロープの末端部にフィギュアエイト・ノットをつくったら（手順3）、ハーネスのタイ・イン・ポイントにロープを通したのち、4以降の手順を行なっていく

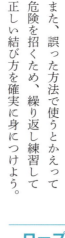

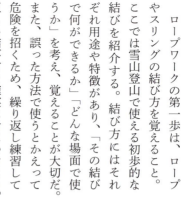

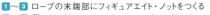

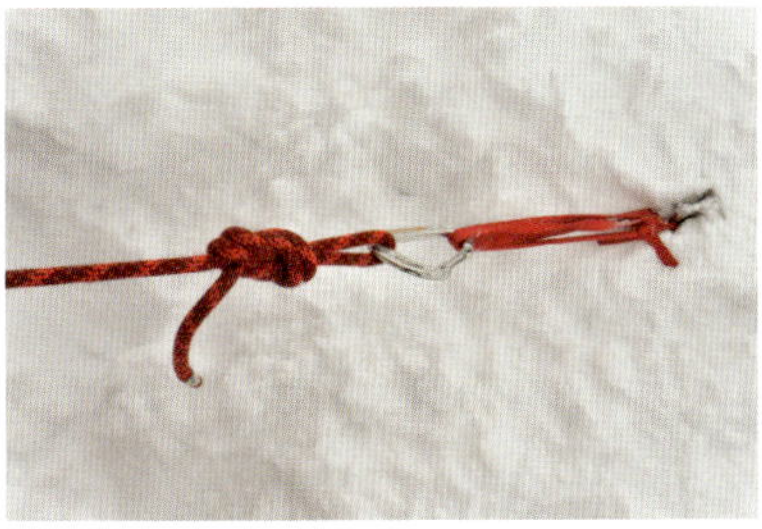

雪に埋めたアンカーにロープを固定する（上）。ロックカラビナを使って、ハーネスのビレイループに連結する（下）

アンカーなどへのロープの固定

フィギュアエイト・オン・ア・バイト

ロープの末端部または中間部を二つ折りにして（二つ折りにした部分を「バイト」と呼ぶ）、フィギュアエイト・ノットをつくる。ロープをアンカーに固定して、セルフビレイをとったり、危険箇所などにロープを張るときに使用する。ハーネスのビレイループとロープを連結するときに使うこともある。

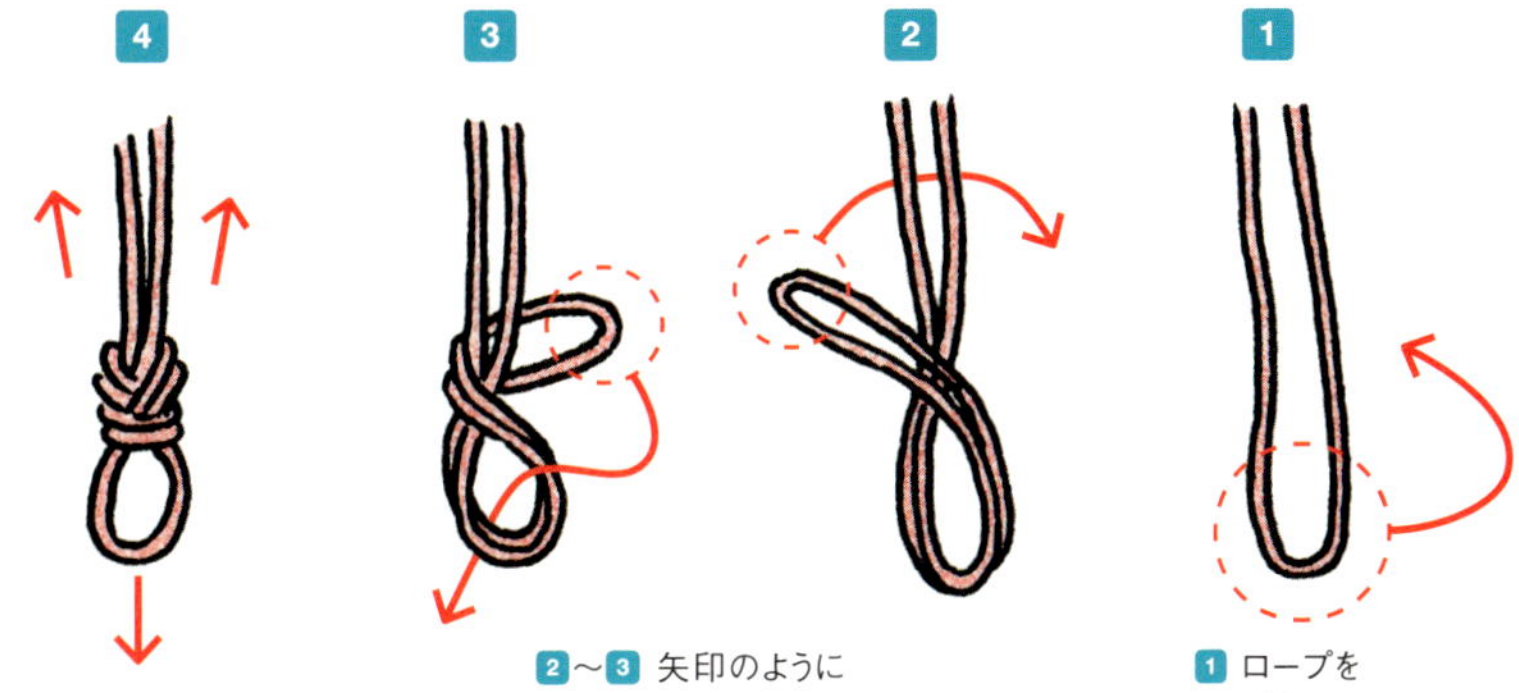

1 ロープを二つ折りにする

2～3 矢印のようにフィギュアエイト・ノットをつくる

4 しっかりと締め込む

ロープの固定、セルフビレイ など

クローブ・ヒッチ

素早く結べて、解きやすいので、メインロープでセルフビレイをとるときに使われる。結び方は簡単で、2つの輪を重ねて、アンカーのカラビナにセットするだけ。どちらから引っ張っても輪が締まって動かないので、セルフビレイのほか、フィックストロープの中間支点の固定にも使える。

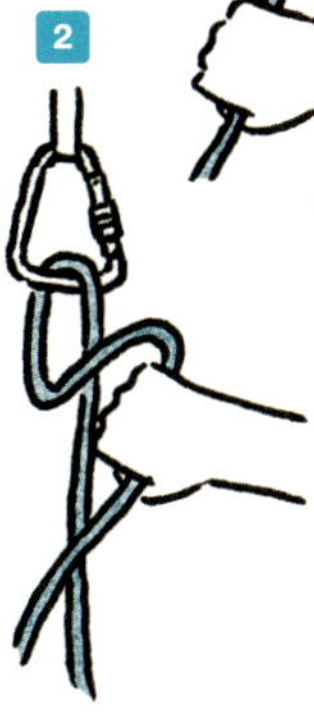

1～2 カラビナにかけたロープの一部を図のように持つ

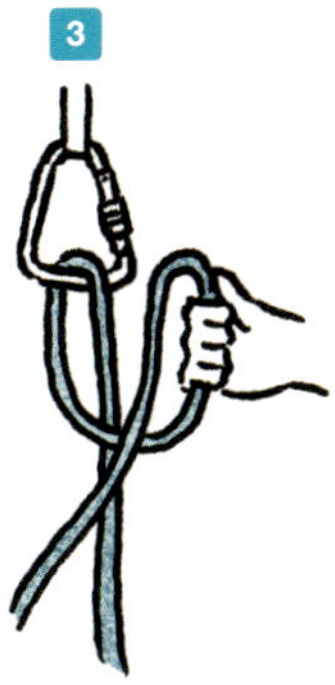

3 1回よじって輪をつくる

4 3の輪をカラビナにかける

5 最後に両端を引っ張って締める

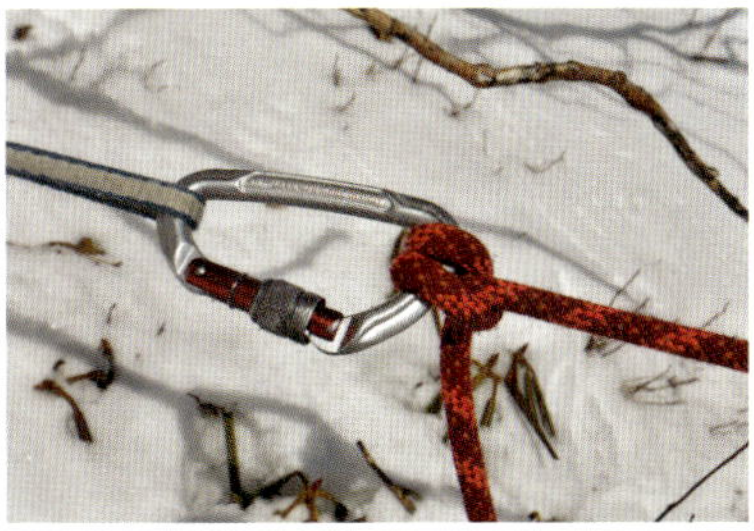

アンカーから延ばしたカラビナに、クローブ・ヒッチでセルフビレイをとる（上）。クローブ・ヒッチは、結んだ状態のままで長さの調整も可能（下）

スリングによるアンカー構築 など

ツーバイト

立ち木などにかけて、両端の輪の部分にカラビナを通すだけの最も単純な方法。スリングに余計な負荷がかからないため、強度低下がほとんど起きない。ただし、引っかかりがないと位置がずれるので、使える場所は限られる。

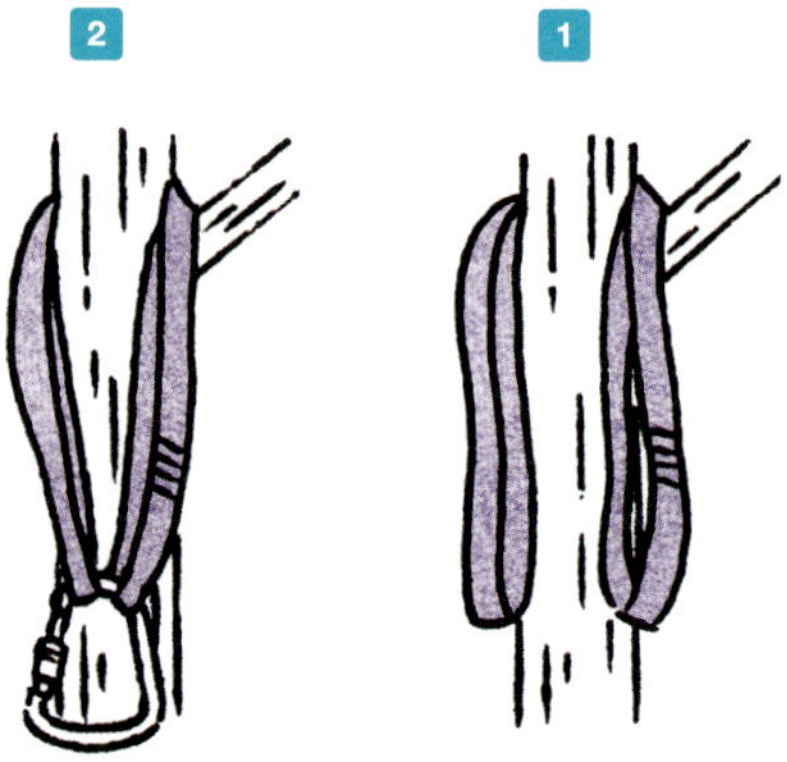

1 スリングをアンカー(立ち木など)にかける。このときスリングの縫い目が屈曲部分や末端の輪の部分にこないように注意する
2 両端の輪にカラビナをかける

ツーバイトで立ち木にスリングを巻きつける

ラウンドターン

スリングの長さに余裕があれば、ラウンドターンを使用してもいい。スリングを立ち木などにひと巻きさせるだけだが、木に巻きつけることでずり落ちを防げる。

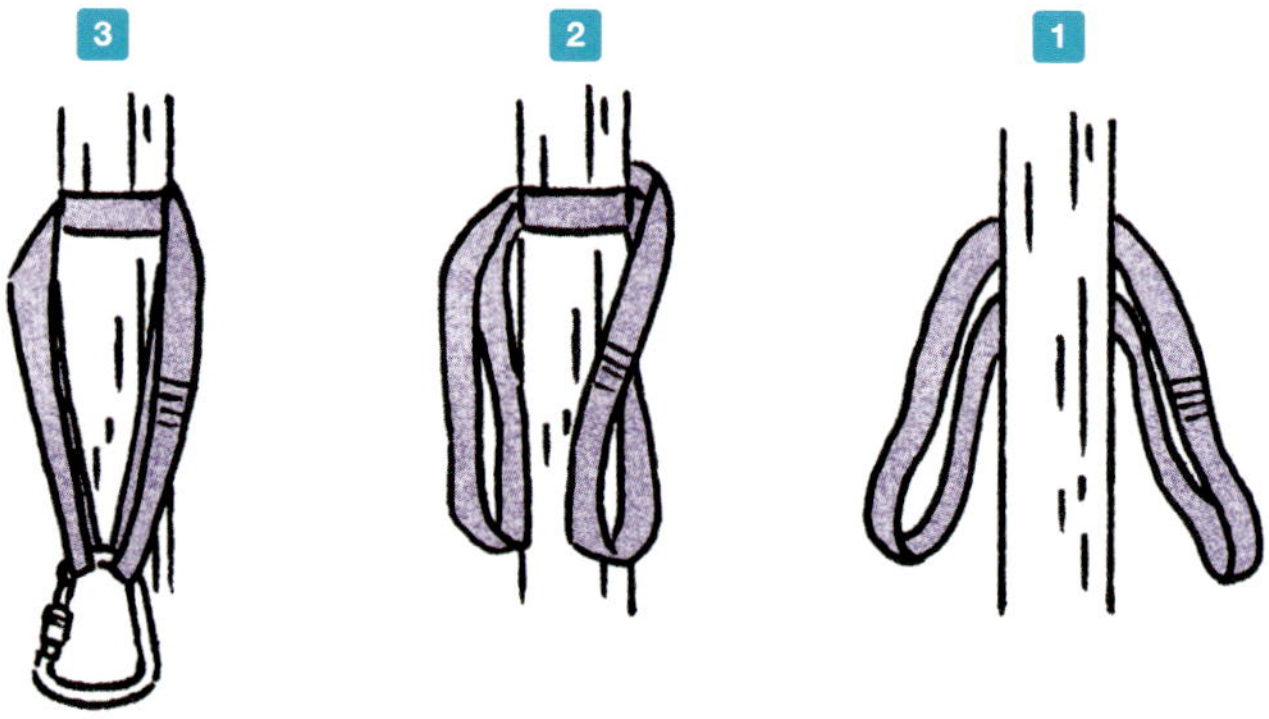

1 ツーバイト同様、スリングの縫い目が屈曲部分や輪の部分にこないように注意して、スリングをアンカー(立ち木など)にかける

2 スリングをアンカーに一度巻きつける。巻きつけたあと、左右の端の長さが同じになるように調整する

3 両端の輪の部分にカラビナをかける

ガース・ヒッチ

スリングを立ち木などに結びつけるときに使用する。スリングの長さを最大限に生かすことができ、荷重をかけて結び目を締めるとずれにくい。一方で、スリング同士が干渉する部分に荷重がかかるため、強度はツーバイト、ラウンドターンに比べて弱くなる。

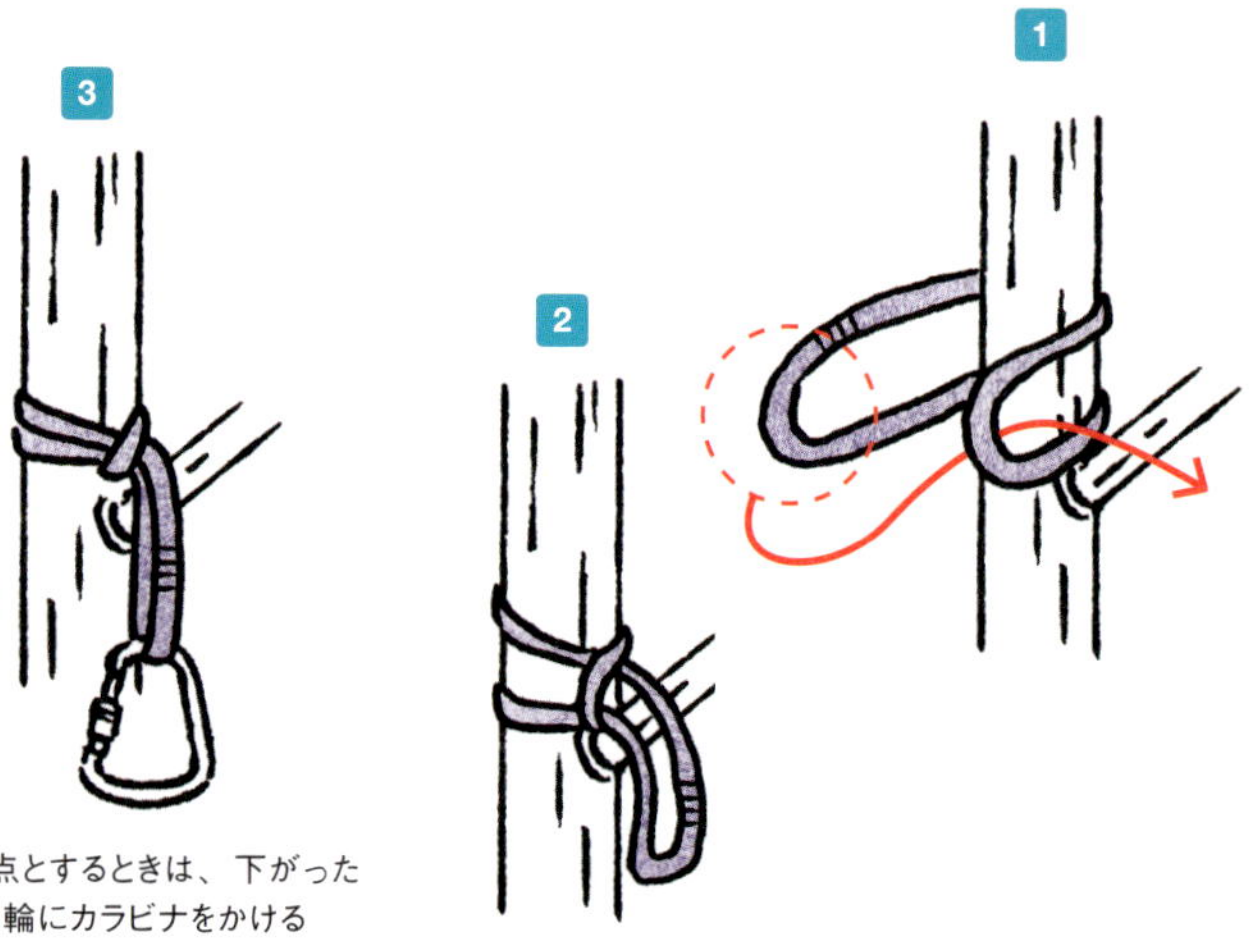

1～2 スリングをアンカー(立ち木など)にかけて、片方の末端の輪をもう片方の輪に通す

3 支点とするときは、下がった末端の輪にカラビナをかける

ガース・ヒッチで立ち木にスリングを固定する

新雪の積もった不安定な雪の斜面を登るパートナーをムンター・ヒッチで確保する

パートナーの登下降の確保

ムンター・ヒッチ

カラビナを利用してロープに制動をかけるための結び方。急な斜面など転・滑落の危険がある場所をパートナーが登ってくるとき、あるいは下りるとき、上部から確保することができる。なお、ムンター・ヒッチで確保をするときは、HMS型ロックカラビナを使用すること。

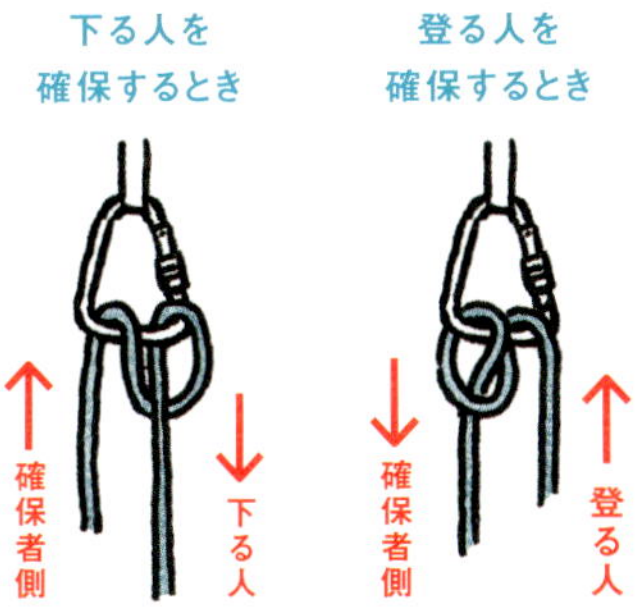

確保者は、パートナーの動きに合わせて、ロープを手繰ったり送り出したりする。荷重のかかる方向が変わると結び目は反転する

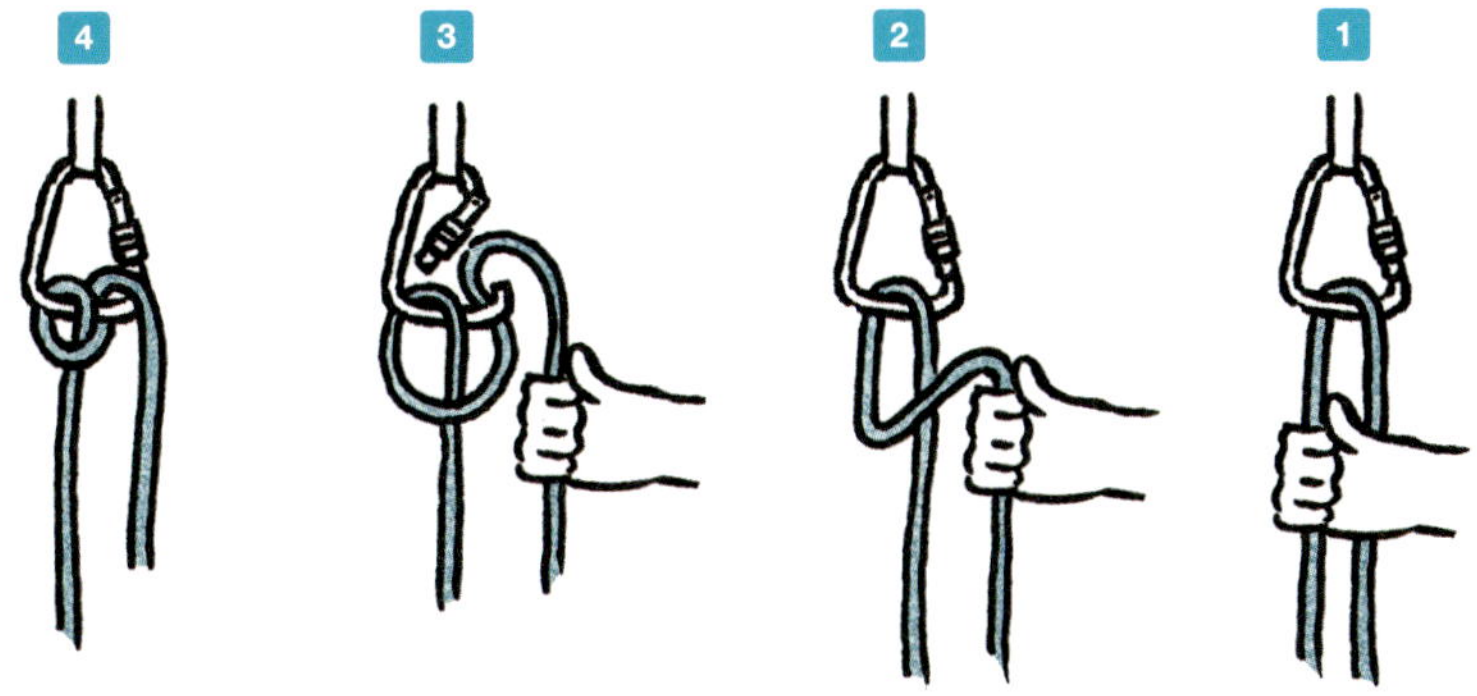

4 完成

3 持った部分をカラビナにかける

1～2 カラビナにかけたロープの一部を図のように持つ

ロープの仮固定

ミュール・ノット

ロープを仮固定する結び方で、ムンター・ヒッチとセットで覚えておくといい。ミュール・ノットでロープの流れを止めることで、確保者はロープから手を離すことができる。なお、パートナーを確保しているロープをミュール・ノットで固定した場合、必ずオーバーハンド・ノットでバックアップをとる。

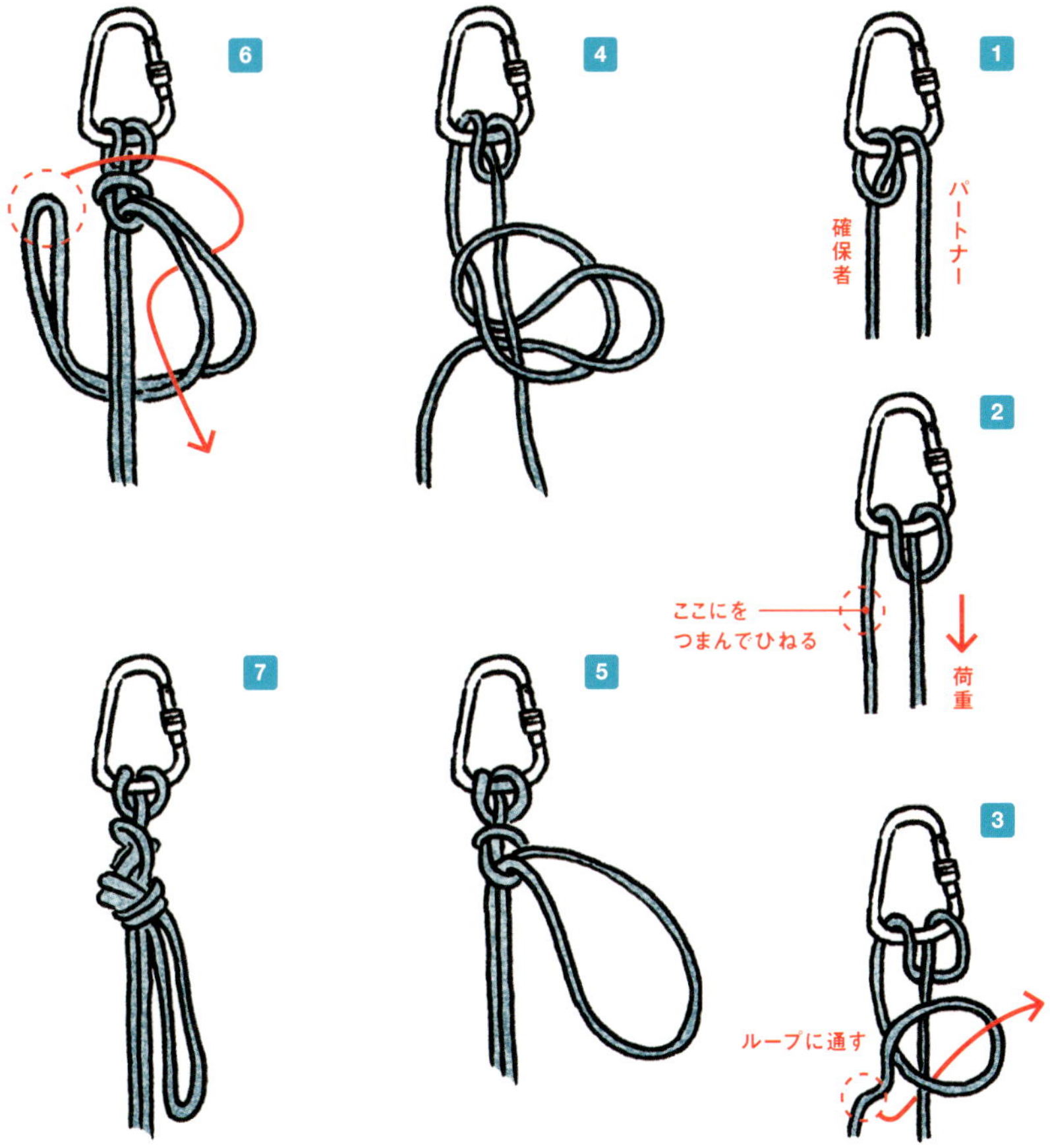

1～3 ムンター・ヒッチでパートナーを確保している状態で、荷重がかかっていない側（確保者側）のロープをつまんでひねり、ループをつくる 4 3のループに、確保者側のロープをさらに通す 5 結びを締める。これでミュール・ノットは完成 6～7 結びの末端のループをオーバーハンド・ノットで結び、バックアップをとる

固定ロープの登り返し、下降器のバックアップ

プルージック

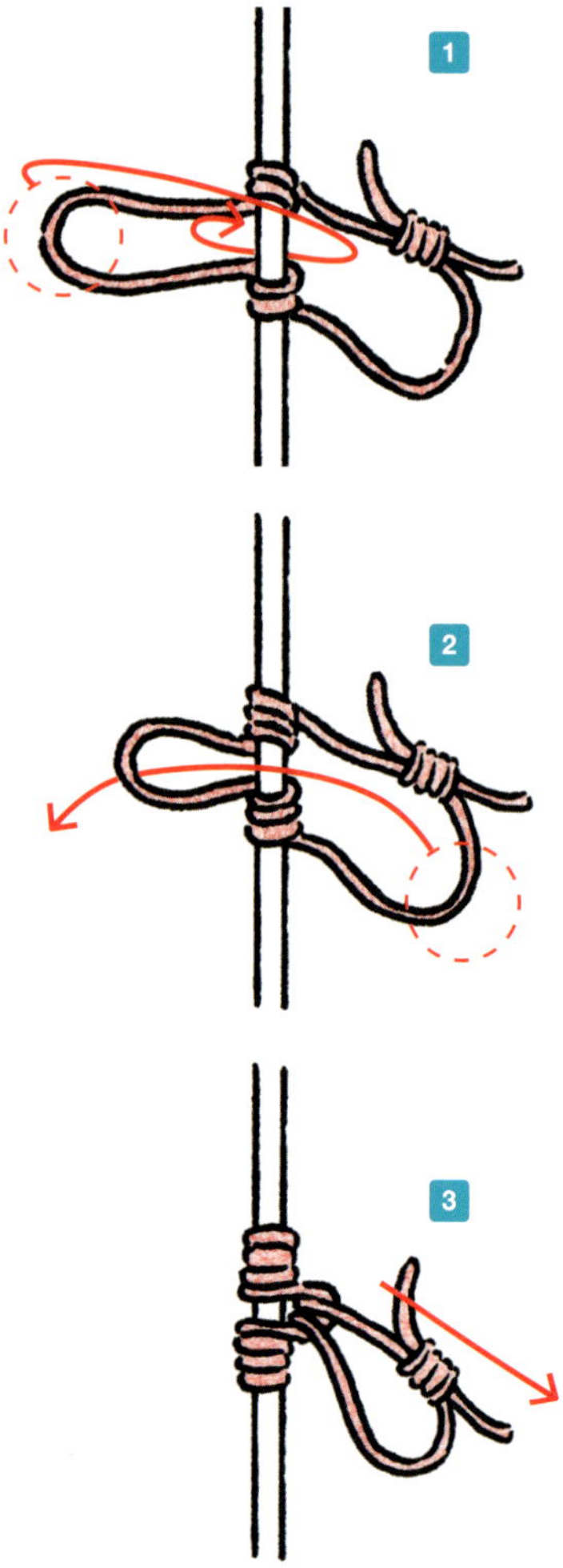

1 主たるロープに、ロープスリングのバイト（二つ折りにした部分）を図のように巻きつけていく　2 巻きつけたバイトの輪の部分に、もう片方のバイトを通す　3 プルージックの結び目をそろえるように整える

フリクションヒッチ
（オートブロック、クレイムハイスト、プルージック）

フリクションヒッチとは、主たるロープにロープスリング（フリクションヒッチコードなど）を巻きつけて、その摩擦を利用する結び方のことで、「オートブロック」「クレイムハイスト」「プルージック」などがある。固定されたロープを登り返したり、下降器を使った懸垂下降（P119）のバックアップとして使用する。「オートブロック」は、フリクションヒッチのなかでも構造が最もシンプルな結び方。「クレイムハイスト」は、オートブロックに似ているが、下の輪を上の輪に通して屈曲させているため、摩擦力はより強くなる。

クレイムハイスト

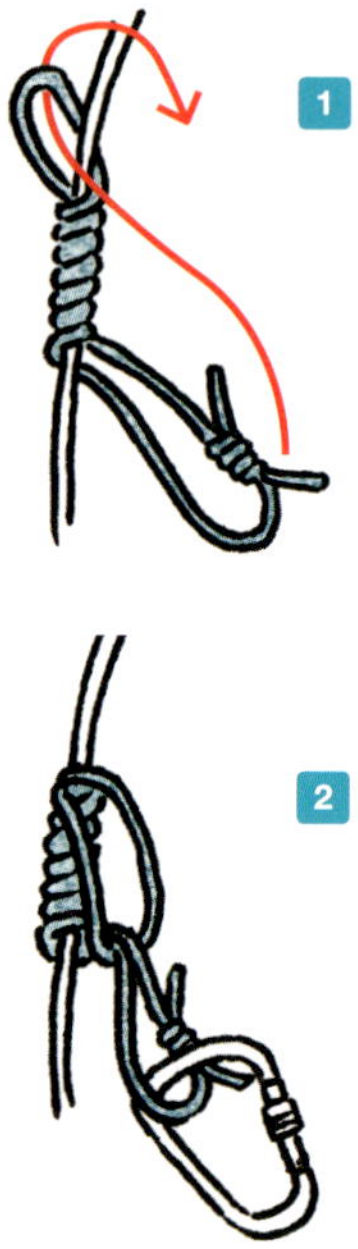

1 主たるロープにロープスリングを巻きつけ、下の輪を上の輪に通す
2 上の輪に通して屈曲させた下の輪にカラビナをかける

オートブロック

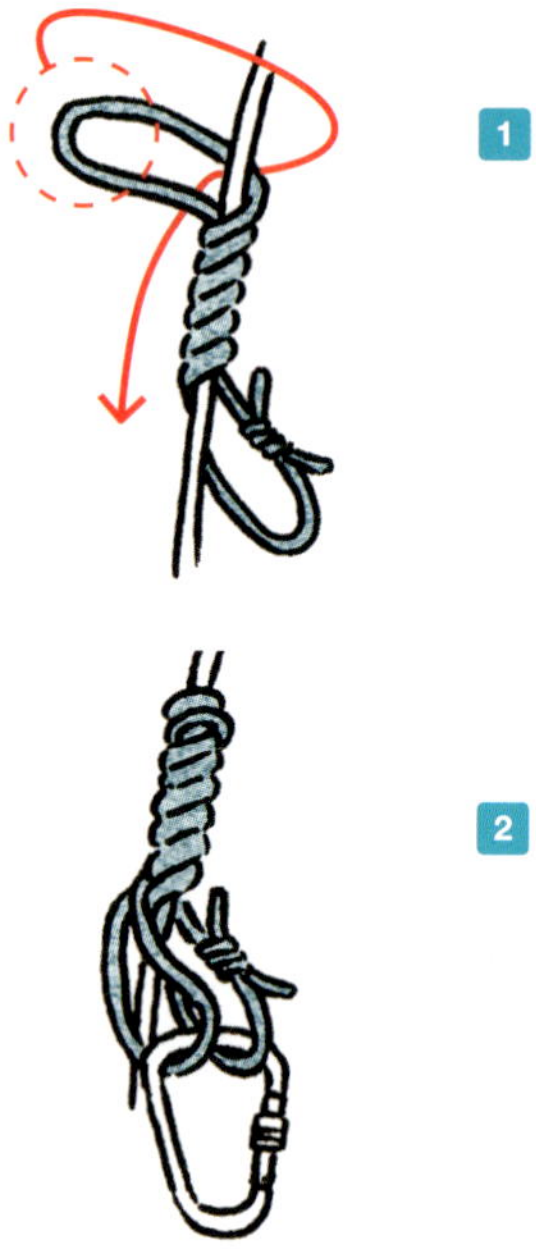

1 主たるロープにロープスリングを巻きつけていく　2 ロープスリングの両末端の輪にカラビナをかける

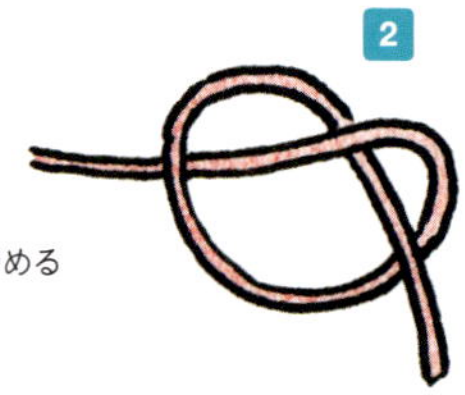

2～3 ループにロープの末端を通して、締める

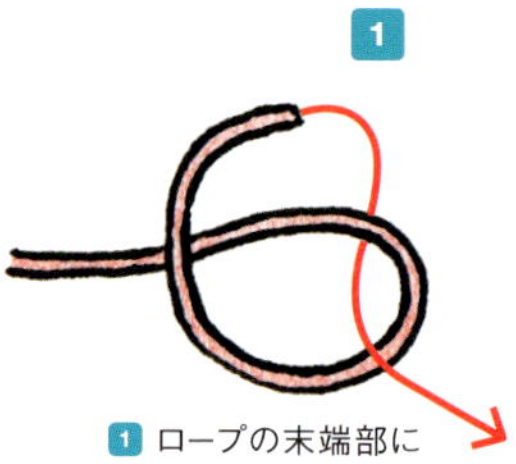

1 ロープの末端部にループをつくる

結び目をつくる

オーバーハンド・ノット

ロープの末端部に、ロープの抜け落ち防止や滑り止めのためのコブをつくる結び方。ほかの結びの最後にオーバーハンド・ノットを結んで、結び目の補強やバックアップとして使うこともある。

ロープを立ち木などに結ぶ

ボウリン・ノット（ブーリン・ノット）

ロープの末端部にループをつくったり、ロープを立ち木などに結びつけるときに使う。フィックストロープを張るとき、ギア類を節約したい場面で利用されることが多い。強い負荷がかかってもほどきやすい利点の反面、ある程度の負荷がかかっていないとゆるみやすいため、末端は必ずバックアップをとる。

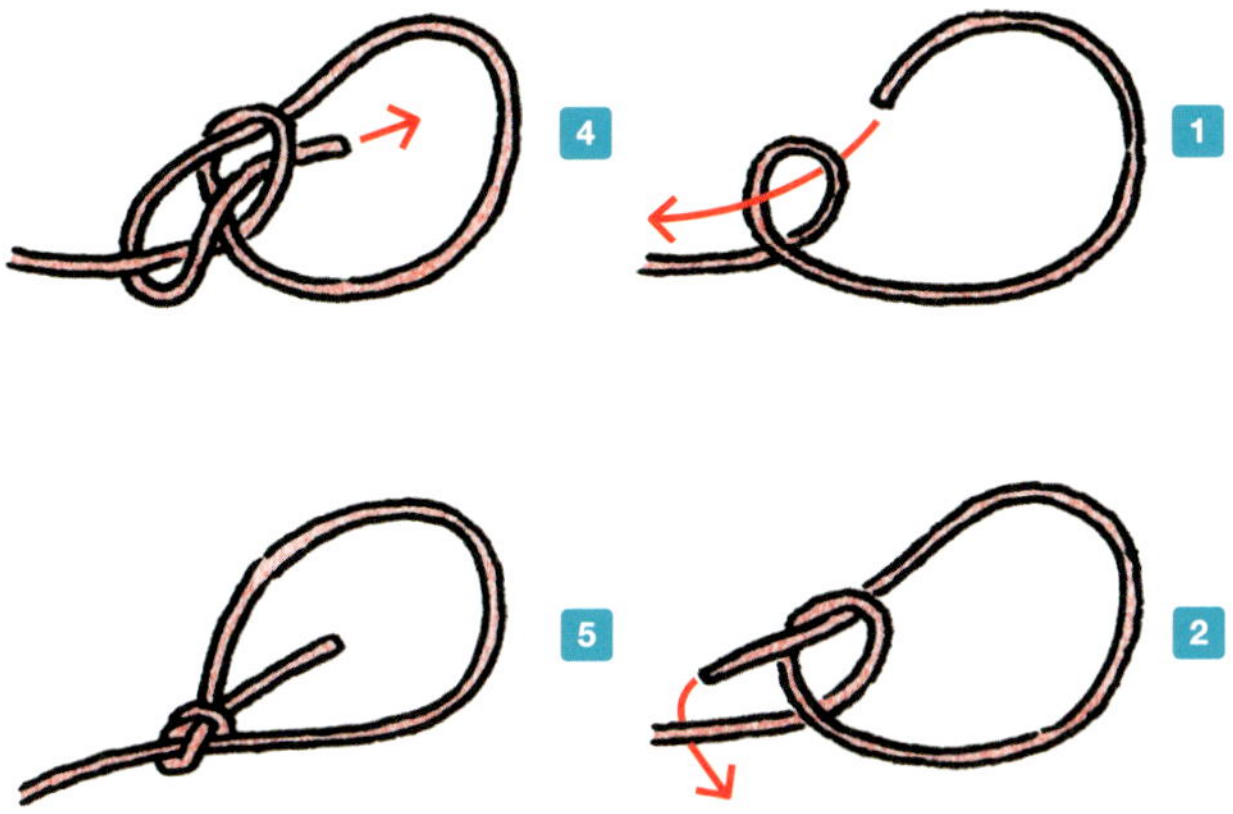

1 ロープをひねってループをつくり、その中に末端を通す 2～3 末端を図のようにロープの下側を通して折り返し、ふたたびループの中を通す 4 末端を引いて結び目を締める 5 結び目は完成

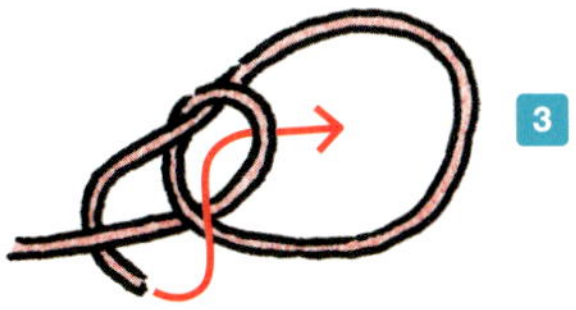

末端のバックアップ方法

①ダブル フィッシャーマンズ・ベンド

末端をダブルフィッシャーマンズ・ベンドでループ部分に結ぶ

②ヨセミテ・フィニッシュ

1 末端をループの下から外側にいったん出して、時計回りで巻きつける 2 矢印のように下から結び目の隙間を通す 3 結び目を締めて完成

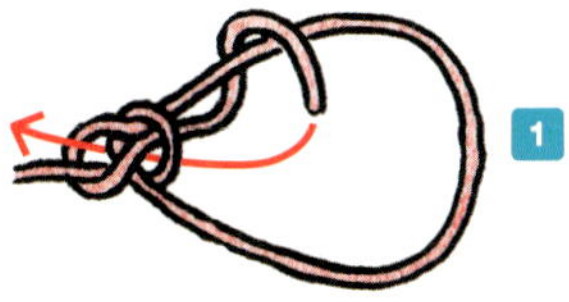

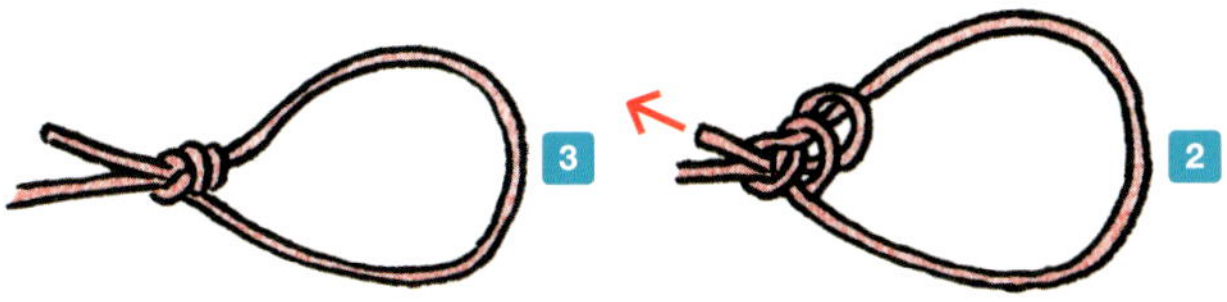

2本のロープの連結

ダブルフィッシャーマンズ・ベンド

一方のロープの末端を、もう一方のロープに二重に巻きつけるように結ぶ「ダブルフィッシャーマンズ・ベンド」を2つ合わせて、2本のロープをつなぎ合わせる結び方。ダブルフィッシャーマンズ・ベンドは、ハーネスとロープをフィギュアエイト・フォロースルー（P106）で結んだ際のバックアップなど、ほかの結び目のゆるみ防止で使うことも多い。

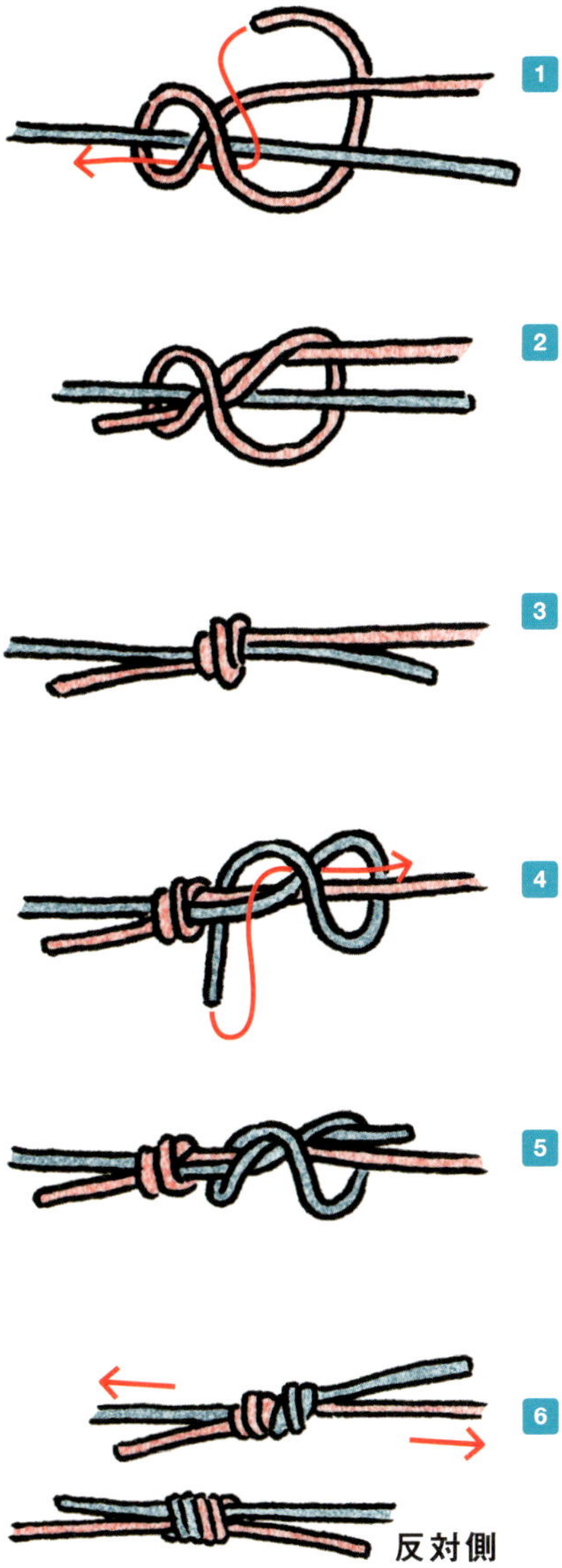

1～3 2本のロープの端と端を並べる。一方のロープの末端を、もう一方のロープに巻きつけるようにして結んでいく 4～5 もう一方のロープの末端も同じように巻きつけて結ぶ 6 それぞれの結びを締めたら、2本のロープを反対方向に引っ張って結び目をくっつける

アンカーのつくり方

パーティの安全を守る〝要〟

シッティングヒップビレイ（P117）で後続のメンバーを確保する

ナイフエッジ、氷化した急斜面、岩稜や岩場といった、転・滑落のリスクが高い危険箇所を通過するときは、安全のためにメンバー同士でロープを結び合い、相手を確保（ビレイ）して進んでいく。ビレイ方法は次項『雪上でのビレイ』で述べる。ここではビレイの要となる「アンカー」のつくり方を解説する。

アンカーは「強度」が重要

アンカーとは、ビレイヤーとパーティを守る支点である。ビレイヤーは、自分のハーネスに結んだロープをアンカーと連結して、パートナーが滑落したときにも引き込まれないようにする。これを日本では「セルフビレイ」（和製英語）と呼ぶ。

自分のロープをアンカーに結びつけないでビレイすると、パートナーが滑落した際、ロープ伝いに引っ張られてビレイヤーも滑落する危険がある。また、アンカーにロープを連結していても、アンカーの強度が弱いとパートナーが滑り落ちる力に耐えられず、アンカーが崩壊して、ビレイヤーは引き込まれてしまう。そのため、アンカーの「強度」には充分に注意しなければならない。

雪に埋めたアンカーのことをデッドマンアンカーと呼ぶ。一般的に用いられるのは、「ピッケル」と「スノーピケット」。雪質がある程度硬ければ、縦に差し込むだけで強度は出る。雪の硬さの目安は、3分の1から半分ぐらい差し込んだところから、足で踏みつけたり、ハンマーで叩いたりして、やっと入るぐらい。それよりやや軟らかい雪の場合は、横に埋めると強い支持力を得られる。

軟雪の場合は「スノーフルーク」が有効だ。ショベルのブレードは、形状がスノーフルークに近いので、スリングをつけることで代用できる。「スタッフバッグ」や「土のう袋」に雪を詰めて、スリングをつけて埋めることでもアンカーをつくれる。

いずれも、雪質と埋没させるものに応じて、充分な強度を得られる深さの穴や溝を掘り、設置後に上から

ピッケル・スノーピケット（横埋め）

① アンカーを設置する場所を踏み固める　② ピッケル（スノーピケット）とスリングを埋めるT字型の溝を掘る　③ ピッケル（スノーピケット）の中央にガース・ヒッチ（またはクローブ・ヒッチ）でスリングを連結し、溝に沿うように置く。ピッケルは、ピックが下を向くようにする　④ セットしたピッケル（スノーピケット）とスリングを埋め戻し、よく踏み固める。スリングの末端は雪面に出しておく

溝の掘り方（上から見た図）

ピッケル・スノーピケット（縦埋め）

① 設置場所を踏み固め、スリングを連結したピッケル（スノーピケット）を雪面に差し込む。このとき、差し込み角度に注意。V字型のスノーピケットは、開いた面を上方に向けて埋める。雪が硬くなってきたら、足で踏みつけるか、ハンマーで叩く　② スリングが通る溝を掘る。ピッケル（スノーピケット）を完全に差し込んだら、溝を埋め戻す

雪面への差し込み角度

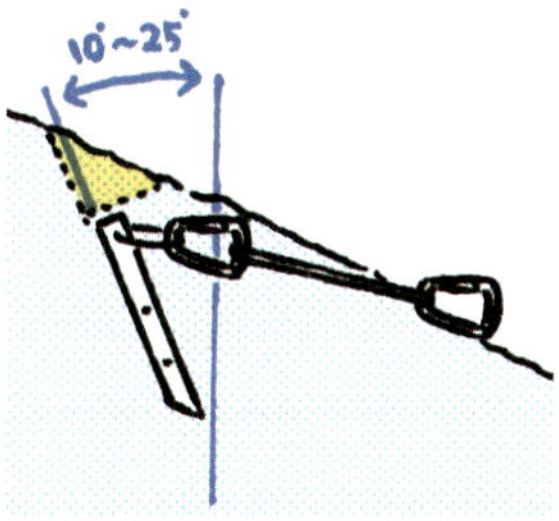

踏み固める手順は同じだ。雪が軟らかいときは、バケツを掘って雪をしっかり踏み固めてから、穴や溝を掘ると強度を高めることができる。

荷重がかかったときにすっぽ抜けないよう、設置位置や荷重方向にも注意する。雪に埋めたピッケルやスノーピケットは、上方向に引っ張ると簡単に抜けてしまい、下方向に引くと雪に沈み込み支持力を発揮する。それゆえ、アンカーはビレイヤーが確保体勢をとる位置よりも山側に設置して、荷重方向を下方向にすることが基本。また、アンカーに結んだスリングは雪に溝を掘って埋めて、荷重がかかったときにアンカーが上に引き出されないようにする。ピッケル・スノーピケットの縦埋めや、スノーフルークを埋める際には、雪面への差し込み角度にも気をつける。なお、アンカーをセットしたあとは荷重方向に思いきり引いてみて、充分な強度があるか、必ず確認しよう。

樹木や岩などの自然物でアンカーをつくる

周囲に太い樹木や適度な大きさの岩があれば、そうした自然物を使ってアンカーにすることもできる。埋

竹ペグ

テントの張り綱の固定に使う竹ペグ（P126）でもアンカーをつくれる。2本の竹ペグを十字型に交差させ、真ん中にスリングをガース・ヒッチで連結する（上）。竹ペグの交差箇所（十字の中心）にスリングを数回巻きつけ、雪面に穴を掘って竹ペグを埋める（下）

土のう袋に雪を詰めて、アンカーにすることもできる。懸垂下降（P119）の支点など、残置する場合に使える

スノーフルーク

スノーフルークは、軟雪のときに特に有効。製品によって設置方法は異なるが、一般的なものは35～45度ほど山側に傾けて、雪の中に埋設する。ショベルのブレードにスリングをつけて代用することもできる

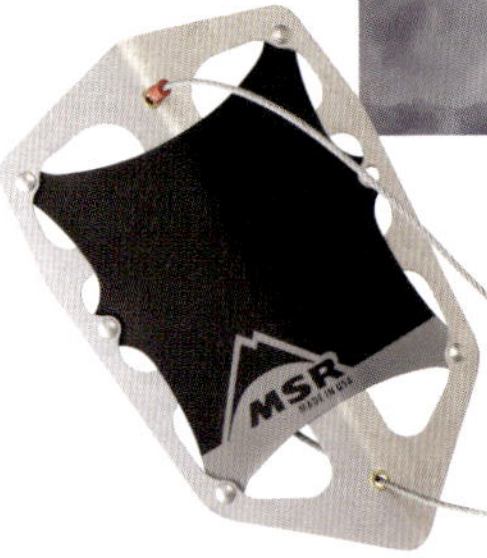

スタッフバッグ・土のう袋

1 スタッフバッグに雪を入れる。入れ終わったら、口をしっかり締める 2 スタッフバッグにスリングをガース・ヒッチで連結する 3 スタッフバッグを埋める穴とスリングを通す溝を掘る。スタッフバッグを穴に入れたら雪をかけ、しっかりと踏み固める

まっている場合は掘り出して使う。自然物を使ったアンカーは、強固なうえ、穴や溝を掘ったりする時間を短縮できて、スピーディに確保体勢をとれるというメリットがある。

樹木の幹を使う場合は、できるだけ根元に近い太い部分にスリングをかける。かけ方はツーバイト、ラウンドターン、ガース・ヒッチで。枝を使う場合、ひとつの枝だけでは充分な強度が得られそうでなければ、複数の枝をスリングで束ねて強度を高めるといい。

岩にスリングをかけてアンカーをつくるときは、荷重をかけたときに岩ごと動かないかを確認する。また、スリングが外れないように岩角などにうまく引っかける。

冒頭で「安全のためにメンバー同士でロープを結び合って……」と述べた。転・滑落のリスクを回避するためにロープの使用は極めて有効だ。ただし、それは強固なアンカーを構築し、登る人を確保するビレイヤーがいてこそ、である。現場の状況に応じてビレイヤーやパーティ全体を守る強固なアンカーを構築できることは、ロープワークを実践するうえで不可欠なスキルなのだ。

自然物

岩や樹木などの自然物にスリングをかけて、アンカーをつくることもある。樹木は根元に近い太い部分のほうが強い支持力を得られる。岩を使う場合、荷重をかけたときにすっぽ抜けないよう、岩角を利用したり、スリングのかけ方と荷重方向のバランスに注意する

スノーボラード

特別な用具を使わずにつくれる支点として、スノーボラードがある。ボラードとは、船を係留する綱を結ぶための杭や柱のこと。

雪面に馬蹄形の溝（横幅は1m以上、深さは30㎝ほど）を掘り、ロープをかけたもので、懸垂下降の支点などに使える。強度は雪質に左右され、弱層があると崩れる危険もある。そのため、雪に慣れた熟練者向きのアンカーだといえる。

雪上でのビレイ

雪上でのビレイを行なうとき、前項でも述べたように、何よりも重要なのは強固なアンカーをつくることだ。アンカーの強度は雪質や埋め方、深さに左右され、雪の軟らかさや水分含有率によっても変化する。強度の評価は、経験を積むことで徐々にできるようになっていく。

まずはセルフビレイから

アンカーが設置できたら、まずは自分のセルフビレイ（自己確保）をセットする。原則的にはハーネスに連結しているロープを使い（アンカーとハーネスをスリングでじかにつなげるのはNG）、ロックカラビナを使って確実に行なおう。

ビレイ方法は、ビレイデバイス（P39）を使うか、ブーツアックスビレイ、スタンディングアックスビレイ、シッティングヒップビレイで行なう。ビレイデバイスの使い方は、クライミングと同じなので、本書では詳しく述べない（クライミング技術書を参照）。ここでは雪山ならではの後者3つの技術を紹介する。なお、ブーツアックスビレイとシッティングヒップビレイは基本的にフォロワーの確保にしか使えないと思ったほうがよい。リーダーを確保するときは、ビレイデバイスか、スタンディングアックスビレイを使う。

リーダーの登り方

リーダーの登り方にも少し触れておきたい。雪山では、クライミング時に比べて、ランニングビレイ（プロテクションにロープをセットすること。中間支点）を軽視しがちだが、万が一の滑落に備えてリーダーはランニングビレイを設置しながら登っていくべきである。ビレイヤーはリーダーが落ちたとき、どの方向に引かれるかを常に予測し、その荷重に耐えられる姿勢でビレイする。リーダーは安定した場所まで来たらまずはアンカーをつくり、セルフビレイをセットする。その後、余っているロープを引き上げて、フォロワーをビレイする。

パートナーを確保する

ブーツアックスビレイ

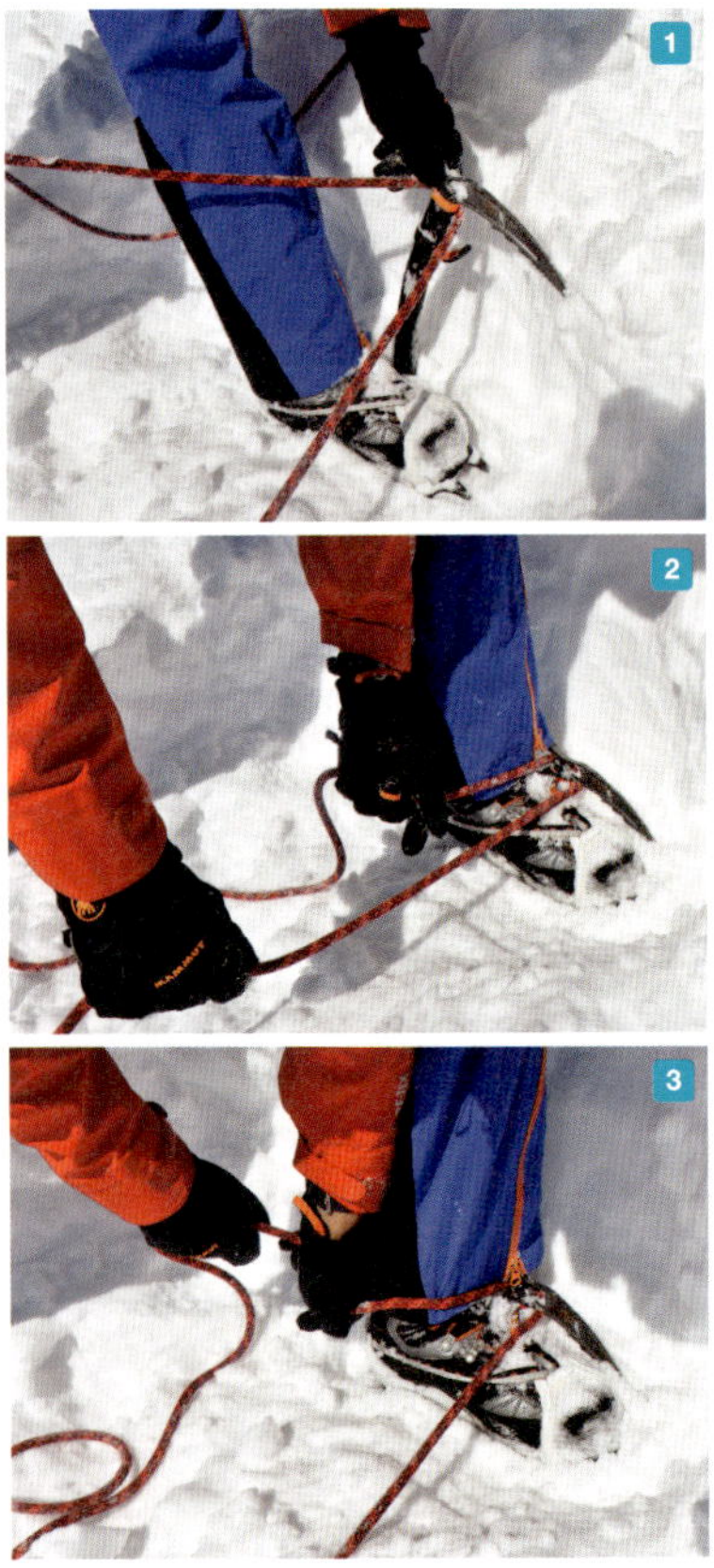

靴とピッケルを使ったビレイ方法。はじめに上下2段のバケツを掘ったうえで、1 上のバケツに足を置き、足のすぐ山側にピッケルを差し込む。ロープは、ピッケルのシャフトで折り返す。フォロワー側のロープが「ブーツの甲→ピッケルの折り返し→足首」の順番にくるようにセットする 2 足首側のロープを引いて、登ってくるフォロワーを確保する 3 フォロワーが滑ったら、ロープを足首の後ろに回し込んで、ロープの屈曲とブーツの甲の摩擦で制動をかけて徐々に止める

スタンディングアックスビレイ（カラビナアイスアックスビレイ）

バケツを掘り、セルフビレイをとる

バケツを掘り、ビレイヤーが立つ位置よりも上に、アンカーを設置してセルフビレイをセットする

ピッケルにスリング、カラビナをセット

ピッケルのシャフト上部にスリングをガース・ヒッチで止め、カラビナをセットする。スリングの長さは靴幅程度

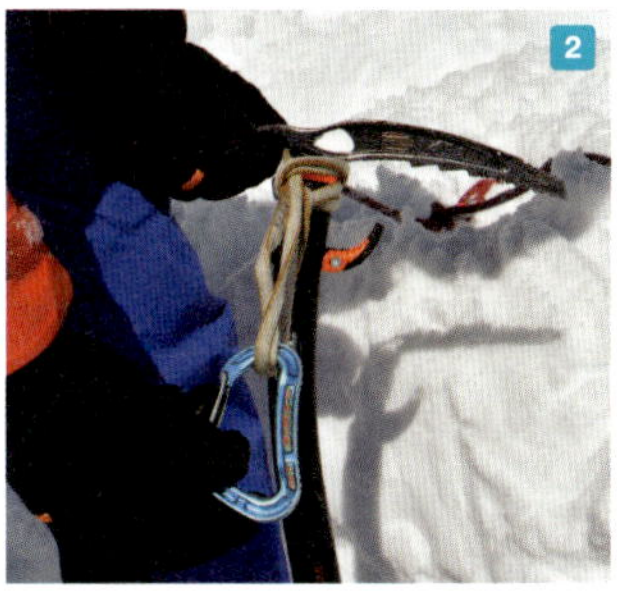

ピッケルを雪面に差し込む

バケツのなるべく山側にピッケルを差し、埋め込む。ピッケルのヘッドを足で踏んで、上から押さえつける

確保体勢をとる

相手からのロープをカラビナに通し、脇の下→背中→肩の順にまわして持つ。相手が滑ったら、肩側のロープを体に巻きつけるようにして、体との摩擦で制動をかけて止める

最も一般的な雪上のビレイ方法。足元に埋めたピッケルにロープをセットして、ビレイを行なう。リーダー、フォロワー両方のビレイに使える。姿勢が悪かったり、ピッケルにかけたスリングが長すぎると、パートナーが滑落した際の荷重に耐えられないので注意する

シッティングヒップビレイ

バケツを掘って座り、ロープを腰にまわしてビレイする。「腰がらみ確保」ともいう。確保は、腰にまわしたロープを引きながら操作する。相手が滑落したら、（相手とは逆側の）ロープを腰に巻きつけるようにして、体との摩擦で制動をかけて止める

ショートロープとサイマルクライミング

経験を要する同時登攀

見よう見まねでは使わない

ロープを使う行動において、最も難しいのが同時登攀（2人以上がロープでつながった状態での同時行動）である。

メリットは、ロープを結び合ってはいるもののアンカーを設置しないので、速く移動ができること。また、仮に1人が滑落しても、ロープでつながったほかのメンバーが止めてくれる可能性があることだ。

ただし、大きなリスクも伴う。アンカーがないゆえ、誰か1人が滑ったとき、その滑落を止められないとほかのメンバーも引き込まれ、パーティ全体が転・滑落するという極めて深刻な状況に陥ってしまうのだ。

同時登攀は、安易な見よう見まねでは絶対に行なってはならない。本書でもあえて具体的な方法や手順には触れず、技術の紹介のみにとどめた。もし雪山で実践したければ、信頼のおける指導者による講習を受け、手順はもちろん、メリットとリスクの見極めが確実にできる判断力を身につけてからにするべきだ。

ショートロープとサイマルクライミング

同時登攀の方法は主に2つ。ひとつが「ショートロープ（ガイドコンテ）」だ。ガイドとクライアント、山岳会の熟達者と初心者など明らかな力量差があり、初心者をロープによる確保なしで歩かせるのが不安なときに使用する。ただし、「ロープで確保すれば、初心者でも難易度の高いルートへ連れていける」と考えるのは誤りで、まずは確実な歩行技術を習得させ、実力相応の山に出かけることが基本である。

もうひとつが「サイマルクライミング（ロングローピング）」。ロープ間隔をあけての同時歩行で、岩や立ち木、スノーピケットなどでランニングビレイ（中間支点）をつくりながら登る。スリップしたとき、ロープなしでは転・滑落してしまうが、アンカーを設置してのピッチクライミング（スタカット）をするまでもないところで有効な技術。クレバスや雪庇がある箇所、ホワイトアウトした稜線などで使うことも多い。ロープ間隔を調整すれば複数人でも対応できる。ただし、垂直方向への墜落が想定されるときはピッチクライミングに切り替えるべきだ。

ショートローピング（ガイドコンテ）

1.5～2mほどの間隔をあけて同時行動する。熟達者は肩巻きループをセットし、手にもループを持ちながら、常に初心者の上方に位置してロープをタイトに張りながら行動する。滑落した相手を止めることは難しいので、バランスを崩させないようにロープの張力を使ってコントロールすることが重要

サイマルクライミング（ロングロービング）

メンバー間で適度な間隔を保ち、中間支点を設置したり、それに代わる働きをする岩角や樹木、スノーリッジにロープを引っかけて、転・滑落に備えながら登る。中間支点の適切な設置場所を見つける力、素早くセットするスキル、支点強度や滑落時の荷重方向などを見極める判断力などが必要で、経験がものをいう。どちらかが転落してテンションがかかった場合、そこからリカバリーする方法（引き上げ法など）も知っておかなければならない

リーダーとフォロワーの役割

先頭を登るリーダーは、岩や樹木、スノーピケットで中間支点を設置する。フォロワーは、ロープがゆるんだり、張りすぎてリーダーを引っ張らないように注意しながら、中間支点を回収して登っていく。フォロワーが滑落するとリーダーを巻き込むおそれがあるので、難しい箇所は熟達者がフォロワーになる

準備

それぞれが必要に応じて肩巻きループをセットして、ロープの長さを調整する

リーダーとフォロワーの間隔

間隔の目安は、状況によって異なるが、必ず1点以上のランニングビレイが間にあることが安全率を高める

雪上での懸垂下降

懸垂下降（「ラペリング」とも呼ぶ）も、ロープワークにおいて重要な技術のひとつで、雪山では急峻な斜面や岩場・岩稜を下降するときに使う。

基本的な手順、ロープやデバイスのセット方法はクライミング時と同じ。アンカー（支点）をつくり（1）、捨て縄を介して支点とロープを連結したら、下降したい方向へロープを投げおろし（2）、デバイスをセットして慎重に下降していく（3）。特に注意したいのは支点となるアンカーの強度だ。雪山では、竹ペグなどを雪に埋めて支点とすることもある。支点の強度が不充分で、下降中にすっぽ抜けたら、ロープもろとも転・滑落してしまう。竹ペグなどを雪に埋める場合は穴を深く掘り、埋めたあとはしっかりと踏み固める。また、捨て縄を通す溝も掘り、荷重が下方向にかかるように調整する。下降する前には必ず強度チェックも行なおう。

1

2

3

Column 5

雪山経験と雪崩について

僕はこれまで5回ほど雪崩によるインシデントに遭っている。3月の北ア南《みなみ》岳西尾根、3月の北ア八方《はっぽう》尾根、1月の北ア前《まえ》穂《ほ》高《たか》岳北尾根、6月のパキスタン・スパンティーク北西尾根。この4回は尾根上であり、すべて誘発と思われる。残りの1回は、2月の谷川《たにがわ》岳一《いち》ノ倉《くら》沢。幸いにして埋没の経験はない。

スパンティークのときは降雪後だったが、雪が落ち着くまで待とうと、晴天になってから1日半待機した。ワカンをつけてのラッセル。ざらめ雪で、日本のゴールデンウィークの雪のようであった。尾根は広く、斜度は緩めで、トレッキングポールのほうが有効な斜度と雪だった。だが、僕らはアックスを手にしており、結果的にそのことが命を救ってくれた。

先頭を行く僕の30mほど先で、広い尾根に亀裂が入った。気がついたら滑落していた。何が起きたのかわからず、それでも体は反射的にアイスアックスで滑落停止の体勢をとり、体は止まった。数十メートル下は高低差500mの崖。仲間の1人は沢側に高度差で500mほど流されたが、埋没はせずに打撲だけで済んだ。

その前年に、チベットで親しい山の先輩・後輩の計3名を雪崩で亡くしていた。行動初日の、標高も高くないところでの事故。下が広い斜面だったならば、埋没もしないような大きくない規模の雪崩。だが、流された先には崖があり、3名とも転落して亡くなった。「地形の罠」という言葉をはじめて知った。

前年に親しい人を亡くしていながら、翌年に自分たちも雪崩に流されたことがショックだった。自分はいったい何の教訓を得ていたのか？ 死亡と生還――結果は大きく違っているが、それはたまたま運がよかっただけにすぎない。もし悪いほうに動きだしてしまったら、その先は自分たちではどうすることもできない。そうなる前に止めないといけない。

雪崩に限らず、事故にはヒューマン・ファクターという人間の行動特性が深く関わっている。意思決定に影響を与えるバイアスを最小にするため、いつも基本に沿った行動をとり、よい行動習慣を身につけることが極めて重要だ。たとえば「休憩するときは必ず、雪崩地形を外す」という行動を日々行ない、よい癖をつけておくことが雪崩リスクを小さくするために有効に働く。

雪崩事故は、雪崩危険度がとても高いときよりも、中程度とされるときに多く発生していることも知っておいて損はないだろう。

「日本雪崩ネットワーク」が提唱しているThink SNOWという4つの問いを、ここで紹介したい。

1.あなたは、今、どこにいますか？
2.大丈夫と判断した理由は何？
3.もし雪崩れたら、何が起こりますか？
4.ほかに選択肢はありますか？

それぞれの問いの詳細は、日本雪崩ネットワークのホームページ内（https://www.nadare.jp/basic/think-snow/）に書かれているので、そちらを参照してほしい。

高所順化のために登った、スパンティークの北西尾根。降雪後、雪が落ち着くのを待つため1日半待機したのちの行動だったが、この写真を撮った直後、斜面全体がなだれて流されてしまった

Part 6

雪山に泊まる

小屋泊まり

営業小屋と無人小屋

冬の八ヶ岳登山の拠点となる赤岳鉱泉

営業小屋

山が雪に覆われる積雪期は、大部分の山小屋が休業するが、山域によっては積雪期にも営業している小屋がある。八《やつ》ヶ岳では、稜線上の小屋を除いて、通年営業の山小屋が多い（赤岳鉱泉《あかだけこうせん》、黒百合《くろゆり》ヒュッテなど）。北アルプスの稜線では、西穂《にしほ》山荘が唯一通年営業している。通年では開けていないが、年末年始など期間限定で積雪期に営業する小屋もある。

夏山同様、営業小屋を利用すれば食事や寝具を提供してもらえるので、テントや寝袋、炊事用のストーブやクッカー、朝夕の食料を持たなくていい。雪山は、アイゼン、ピッケル、防寒着などを持たなければならず、荷物の量は夏山よりも多くなる。重量の負担を軽減するため、雪山初心者はまずは営業小屋に泊まるのがおすすめ。

乾燥室や暖房用のストーブの周りで濡れた衣類を乾かせるのも、営業小屋に泊まるメリットだ。

暖房費が必要な場合も

冬期営業の小屋のなかには、夏とは違い、宿泊費に加えて別途暖房費が必要な小屋もある。また、小屋の水場が凍結によって使えなくなると、雪を溶かして水をつくるので、水やお湯が有料になることも。

事前予約は「必要」あるいは「希望」としている小屋がほとんどなので、入山前には必ず連絡を入れること。なかには予約がないと開かない小屋もあるので注意しよう。

4月末のゴールデンウィークから通常営業を再開する小屋もあるが、北アルプスなどではゴールデンウィークのみの一時的な営業となるところもある。大雪の年には小屋開けが遅れることもあるので、利用する際には必ず小屋のホームページや電話で問い合わせて確認をしよう。

1.食堂の様子。冬でも週末ともなれば、大勢の登山者でにぎわう　2.こたつやストーブなどの暖房器具もある　3.濡れた衣類は乾燥室でしっかりと乾かそう　4.食事のメニューも、夏の営業時と変わらない。写真は煮カツごはん

1

2

3

4

無人小屋

無人小屋は大きく分けて2つのタイプがある。管理人が常駐していない通年の「避難小屋」と、冬期休業する営業小屋が建物の一部を登山者に開放している「期間外開放小屋」（いわゆる「冬期小屋」）だ。

どちらの小屋にも、寝具や炊事用具は用意されていない。無人小屋泊で登山計画を立てる場合は、寝袋やマット、ストーブ、食料を持っていかなければならない。また、出入り口が雪で埋まっていることもあるため、ショベルも持っていったほうがいい。営業小屋泊と比べると荷物は増えるが、建物内に入れば、悪天候でも安心して過ごせるし、テント泊で気になる結露や、テント崩壊などの心配も少ない。雪山登山の心強い拠点となることは間違いない。

防寒対策は入念に

無人小屋にはもちろん暖房設備もなく、屋内の気温は外気温とほぼ同じで、夜間は厳しい冷え込みとなる。テントであれば室内の空間が狭いため、ストーブをたけばそれなりに暖かくなるが、無人小屋は空間が広いため、炊事用のストーブの火で暖めることは難しい。そのため防寒対策は入念にしておきたい。

寒さ対策として小屋の土間にテントを張って、テント内で過ごす人もいるが、ほかに利用者がいなければ問題はない。ただ、混雑しているときにはほかの登山者の迷惑になり、明らかなマナー違反だ。

掃除と戸締まりは忘れずに

無人小屋を利用する際のマナーとして、ほかに「ゴミの持ち帰り」「掃除」「戸締まり」がある。出発前には掃除をして、必ず利用前の状態に戻してから小屋を出る。特に戸締まりには気をつける。少しでも扉や窓が開いていると、その隙間から雪が吹き込み、小屋が使えなくなってしまうからだ。利用にあたって、事前・事後の連絡や使用料が必要な小屋もあるので、あらかじめインターネットなどで調べておいたほうがいいだろう。

1

2

3

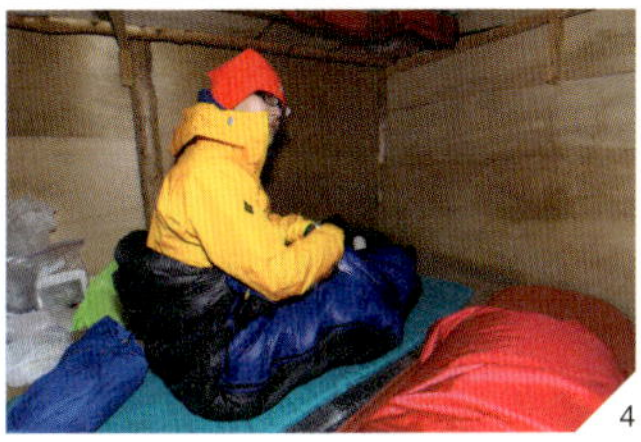
4

1.寝具や炊事具などの設備は何もない。けれど、建物内に泊まれるだけでありがたい! 2.ストーブ、クッカーを使って、自分たちで食事を作る 3.凍結や雪に埋没していなければ、水場も使える 4.屋内とはいえ、かなり冷える。食事をして体が温まったら、すぐに寝袋に入ろう

写真は、南アルプス鳳凰小屋の冬期小屋

テント設営 1

場所選びと整地

周りにほかのテントはなく、満天の星を独り占め。雪山のテント泊ならではの贅沢な夜

「キャンプ指定地」か「指定地以外」か

山小屋によって管理されている「キャンプ指定地」であれば、初心者でも安心して雪山テント泊デビューができる（右）。「指定地以外」でテント泊をする場合、どこに張るかの判断が重要（上）

初心者は「キャンプ指定地」で

雪山でテント泊をする場合、大きく2つの選択肢がある。冬期も営業している山小屋周辺の「キャンプ指定地」か、ルート上の安全な場所を選んで自由に張る「指定地以外」か、という選択だ。

山小屋によって管理されているキャンプ指定地の最大のメリットは、何よりも安全が確保されていること。また、小屋が近くにある安心感は絶大で、売店、食堂、トイレなどの施設も利用できる。雪山テント泊の初心者は、まずは山小屋のキャンプ指定地を利用するのがおすすめだ。

「どこに張るか」が難しい

指定地以外でのテント泊は、自分が泊まりたい場所に泊まれる点では、雪山の醍醐味である「自由」を味わえる。天気さえよければ、自分たちだけの静かな山の夜を満喫できるだろう。だが反面、安全かつ快適なテ

場所選び

平らで、雪崩などの危険がない場所で

指定地以外でテントを張る場合、条件としては、適度な広さがあり、平らで、雪崩などの危険がない場所を選ぶ。谷筋や雪の斜面の途中、雪崩斜面の直下、雪庇の上などは危険なので絶対にテントを張ってはいけない

①稜線
稜線の風上側は強風が吹くので避ける。風下側に少し下れば張れることもあるが、雪庇に要注意

②樹林帯
傾斜の緩い樹林帯は、風も避けられるので適地。ただし、木の近くは穴や落雷があることもあるので注意

③斜面、谷筋
谷筋や雪の斜面の途中は、雪崩が起きる可能性があるので、絶対にテントを張ってはいけない

④尾根
広くて傾斜の緩い尾根上は適地。風下側に張り出した雪庇には注意する

整地

ショベルで平らにならす

もともと平らな場所ならば、足で踏み固めるだけで充分。傾斜や凸凹がある場合は、ショベルで高い位置の雪を削り、全体を同じ高さにならしたあとに踏み固める。テントのフロアよりもひとまわり大きい面積を整地すると、設営もスムーズにできる。整地をいいかげんにやると、斜めに傾いたテントで寝るはめになり、快適さを損なうので、丁寧にやろう

1 適度な広さがあり、安全で、平らな場所を選ぶ 2 テントサイトを平らにするため、高くなっている箇所の雪を削っていく 3 斜面を削りながらブロックが切り出せるなら、風よけ用に積んでいく（P127） 4 テント設営に充分な広さが削れたら、最後に足で踏み固めて、全体にならす

ントサイトを自分たちで見極めなければならず、「どこに張るのか」の判断は意外と難しい。もし雪崩のリスクのある場所に張ってしまうと、悪天時に雪崩が発生した場合、テントごと埋没してしまうおそれもある。

設営場所は、計画時に地形図やガイドブックからある程度見当をつけられるが（P56）、やはり現地で周辺の地形を観察して、その場所が安全かどうか自分の目で確かめることが大切だ。また、行動中は常に周囲を観察して、テントが張れそうな場所の目星をつけておくといい。そうすれば、予定していた設営場所まで到達できなかったり、天候が急激に悪化して行動困難に陥ったりしたとき、慌てずにテントを張って安全を確保できる。

快適な滞在は「整地」から

設営場所を決めたら、「整地」を行なう。地面の上にじかにテントを張れる夏山と違い、雪山では何もせずに雪上に張ってしまうと、テントに入ってから底面が沈んだりして、不快な一晩を過ごすはめになる。設営前には必ず、雪面を踏み固めたり、平らにならす必要がある。

テント設営 2

テントと風よけブロックの設営

テントの設営手順

1 テントを広げる

整地した場所にテント本体を広げる。雪山では、場所や天候によって強い風が吹くこともざら。テントが飛ばされないよう、本体を広げたらひざで押さえて、その体勢でポールを入れていく

竹ペグはひとまず雪面に刺しておくとなくさない（右）。収納袋は飛ばされないよう、衣類のポケットへ（左）

2 テントを立ち上げる

立ち上げてから張り綱を固定するまでが、テントが最も飛ばされやすいときなので、本体から手を離さないように注意する。重し代わりにバックパックを入れておくのもいい

3 フライシートをかける

冬期の雪山では、寒さ対策として外張（P47）を使用することもある

4 ペグを固定し、張り綱を張る

深さ30㎝ほどの穴を掘り、張り綱の末端を結びつけた竹ペグを埋める（左ページ参照）。自在を調整し、張り綱を張る

5 完成 ペグを埋めて、すべての張り綱をピンと張ったら、設営は完了

張り綱の固定は確実に

テントは、雪山の過酷な環境（寒さ、風、積雪など）から自分たちを守ってくれる重要な場所である。そうした認識をもって、確実な設営を行ないたい。設営の手順は、夏山とだいたい同じだが、雪山では特に風と雪に注意する。尾根上で風が強く吹いている場合は、テント本体や収納袋が風にあおられて飛ばされてしまうこともあり得る。そのため、本体をひざで押さえながら作業したり、収納袋はジャケットのポケットにすぐにしまうなどの対策を講じておく。また、ポールやペグ、ショベルを雪面に寝かせておくと、斜面を滑って谷側に落ちてしまったり、降雪時は雪に埋まって紛失するおそれがある。ペグやショベルなどは雪面に刺して立てておくといい。

　夏山のテント泊との大きな違いは、ペグを雪に埋めて、張り綱を固定すること。竹ペグ（雪山ではテント付属のペグは使わず、竹などの棒に張

ペグの埋め方

1 ショベルで深さ30㎝ほどの穴を掘る 2 竹ペグに張り綱の末端を結びつけ、穴に入れる。このとき、自在はテント側に寄せておく。張り綱が余ってゆるむようであれば、竹ペグに巻きつけて、張り綱の長さを調整する 3 登山靴で竹ペグを踏みつけて、できるだけ深くまで沈ませる 4 穴を雪で埋めて、上からしっかりと踏み固める

風よけブロックの設営

1 締まって硬くなった雪面に、上から垂直にショベルで切れ込みを入れる。縦はブレード1つ分、横は2つ分ぐらいの幅にすると、適度なサイズのブロックになる 2 切れ込みを入れた部分の下から、ショベルを水平に差し込み、ブレードを少し持ち上げるとブロックが切り出せる 3 ブレードに載せたまま、崩さないように慎重に持ち上げる 4 ほかの人にブロックを受け取ってもらい、テントサイトの周りに積んでいく

り綱を結ぶ）の埋め方が浅いと、充分な保持力を得られず、強風にあおられたときにすっぽ抜けて用をなさない。竹ペグは深く埋めよう。また、張り綱の末端を埋めてしまうため、綱の長さを調整する自在はテント側につけ替えておく。

風上側にはスノーブロックを

テントサイトが、森林限界以上の尾根など、風が吹きつける可能性が高い場所なら、風よけのためにスノーブロックを積む。ブロックは、風上側からの風を遮るように、テントの3分の2ぐらいの高さまで、レンガを積む要領で重ねていく。整地で斜面を削るときにブロックが切り出せそうならば、同時進行でやってしまうと効率的だ。

設営作業に入る前にアイゼンやワカンを外すことも忘れずに。アイゼンなどをつけたままテント設営をして、本体を踏みつけて破いてしまったという失敗は意外に多い。テントが破損すれば、雪山の寒さなどから自分たちを守ってくれる「家」を失ってしまう。それは非常に危険な状況だ。アイゼンなど足元の装備は確実に外すようにしよう。

テント生活

「濡れ」と「寒さ」に注意

整理整頓をしっかりすれば、小さなテントでも快適に過ごせる

装備は絶対に濡らさない

雪山のテント生活で、特に注意しなければならないのが「寒さ」と「濡れ」への対策だ。

雪山では気温が氷点下になり、テントの生地で外気を遮断しているとはいえ、テント内はかなり冷える。自分自身の防寒には、インサレーションのジャケットやパンツ、テントシューズなど、防寒着を総動員して保温する。ナルゲンボトルなどに温かいお湯を入れれば、湯たんぽにすることもできる。また、水や登山靴を凍らせないようにすることも重要。寝るときには、自分の寝袋の脇や、人と人の間に置くといい。

ウェアやグローブなどの濡れは行動中に凍傷や低体温症を引き起こすリスクにつながるので、テント内では絶対に装備を濡らさないこと、すでに濡れているものはできるだけ乾かすことを心がける。

登山靴やバックパック、ウェアに雪が付いたままテントに入ると、その雪が解けて装備や衣類の濡れにつながる。テントに入る前には、ブラシなどで雪をしっかり払い落とそう。外気とテント内の温度差により、テントの生地の内側が結露して、装備を濡らすこともある。結露対策は、こまめに拭き取ることはもちろん、朝、寝袋から出たらすぐに収納するなどの工夫が肝心だ。

テントに入る前に

装備の雪を落とす

テント内に雪を入れると、解けてウェアや装備を濡らしてしまう。登山靴、バックパック、ウェアに付着した雪はテントに入る前に徹底的に払い落とす。タワシやブラシでこすると落としやすい

外の装備は雪に埋まらない工夫を

ピッケルやショベルなどテント外に出しておく装備は、必ず1カ所にまとめ、雪面に立てておく。バラバラに置いたり、寝かせておくと、雪が降り積もったとき、埋まって紛失してしまうからだ

水づくり用の雪を集める

きれいな雪を大きめのビニール袋に詰めて、テントの入り口あたりに置いておく。ふかふかの新雪よりも、締まっている雪のほうが水はつくりやすい

トイレのこと

キャンプ指定地なら山小屋のトイレを使えるが、問題は指定地以外の場合。融雪後の環境への影響を考慮し、夏の登山道付近、山小屋周辺、テント場や水場の周辺、動植物保護区域では、携帯トイレを持参して排泄物は持ち帰るべきだろう。それ以外の場所でも、使用した紙は必ず持ち帰る。雪で拭くのもおすすめだ。

トイレは、テントから離れた場所に穴を掘り、用を足したら雪をかけておく。それぞれのメンバーが好き勝手な場所で用を足すと、水づくり用の雪集めのときなど衛生面で問題が生じるため、トイレの場所は必ず決めておこう。

温かい服に着替える

テントに入ったら、防寒着を着込み、寒さに備える。衣類が汗などで濡れている場合、着乾かしもいいが、乾いたものに着替えることで体を冷やすことなく、快適に過ごせる

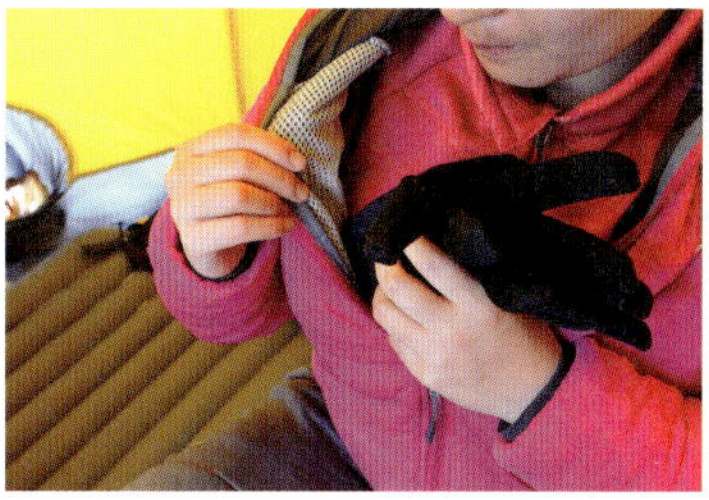

濡れたものは乾かす

グローブやソックス、帽子などが濡れている場合、テント内に干したり、写真のように衣類の間に入れたりして、できるだけ乾かす努力をする

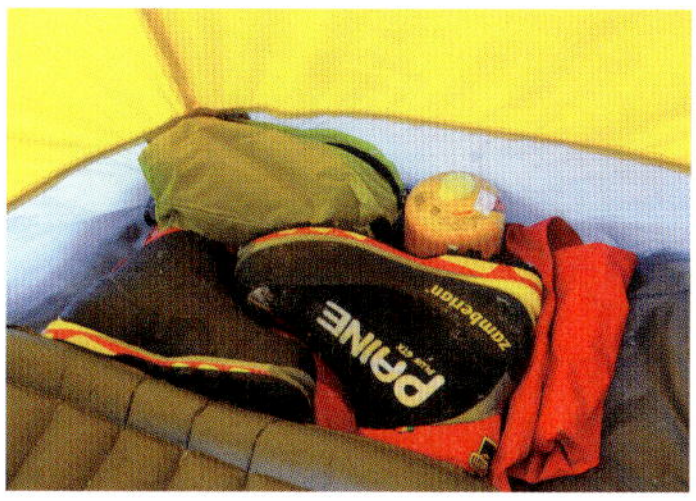

整理整頓はテント生活の基本

整理整頓は夏も冬も変わらない、テント生活の基本。登山靴はたたんだアウターの上に置いておくと、凍結防止になる

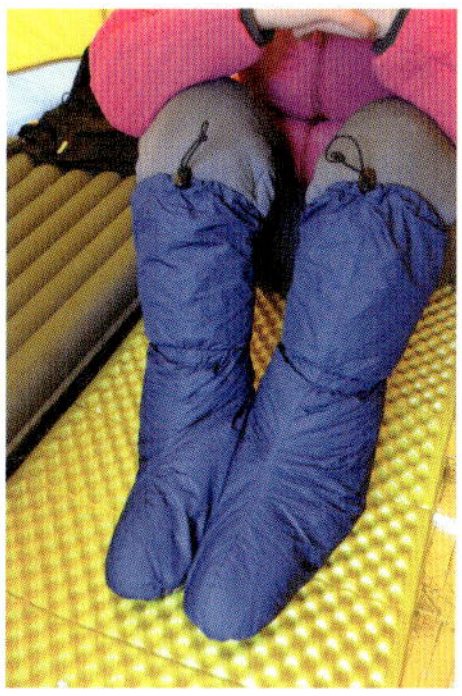

寝るとき、水は寝袋の間に

水をテントの端に置いておくと、外の寒さが伝わり、凍ってしまうことも。寝るときは寝袋と寝袋の間に置けば、凍る心配はない

テントの中で

「登山靴」「アウター」「ハーネス」など屋外で使うものは足側、「寝袋」「防寒着」「生活用具」などテント内で使うものは頭側と、置き場所を自分なりに決めておくといい

就寝前にはテント点検を

テント生活では、就寝中が最も無防備になる。寝ているときに強風にあおられて張り綱が外れたり、大量の降雪によってテントが埋まってしまったら、致命的なことになりかねない。就寝前には張り綱の張り具合や竹ペグがしっかり埋まっているかのチェック、テント周辺の除雪などを行なっておく。もし一晩中、強風や降雪が予測されるなら、夜中も定期的に起きて、何度かテントの周りの除雪をしたほうがいいだろう。

張り綱の張り具合をチェックする

テントの周りに積もった雪を除雪する

水づくり

1 お湯があれば、鍋に入れる

保温ボトルにお湯が残っていれば、少量でもお湯を鍋に入れておくと雪を溶かしやすい

2 鍋に雪を入れる

鍋に雪を入れる。このとき素手では行なわず、濡れてもいいグローブを着用する

3 雪を崩して、蓋をする

スプーンを使って、雪を適度に崩す。崩したら、蓋をして熱を逃がさないようにする

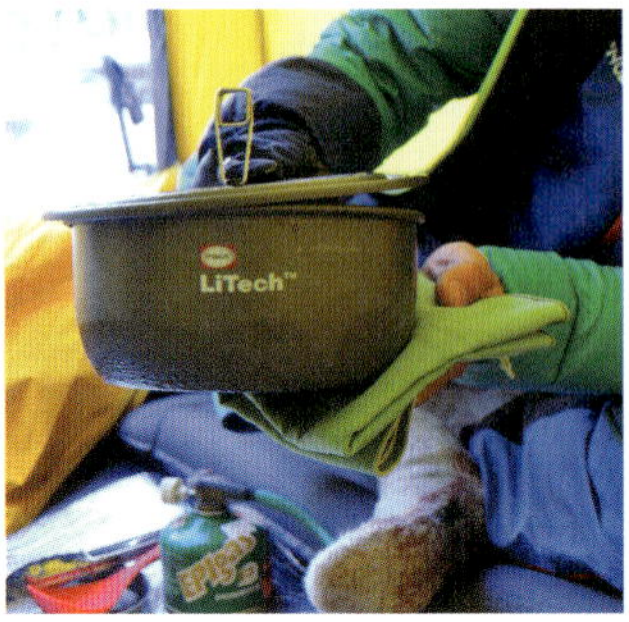

4 結露を拭き取る

鍋の外側が結露するので、ストーブから少し上げて、水滴を拭き取る。こまめにやろう

5 どんどん雪を入れて溶かす

沸騰する寸前になったら、シャーベット状になるまでどんどん雪を入れる

6 ボトルに移す

シャーベット状のまま、ボトルに移す。ゴミが気になるときは茶こしやコーヒーフィルターでこしてから入れる。ボトルに注ぐ際は、小さな鍋や食器を使うといい。注ぎ口の小さなボトルに水を入れるときは、漏斗があると便利(下右)。ゼリー飲料の底を切って、漏斗代わりにすることもできる(下左)

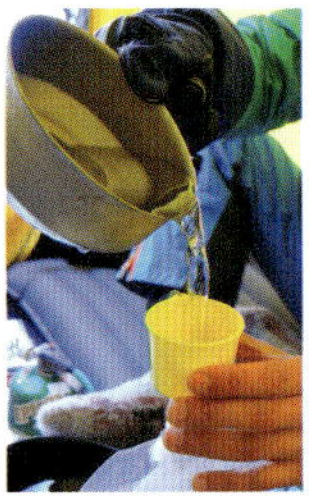

水づくりは慎重かつ迅速に

キャンプ指定地ならば山小屋で水を購入できるが、指定地以外の場所でテント泊をする場合、食事や飲み物に使う水を、雪を溶かしてつくらなければならない。夕食、朝食、飲み物、行動時の保温ボトル分など、かなりの量が必要になるため、無駄な時間や手間をなくして、効率的につくっていく。コツは火力と鍋の大きさ、熱の効率を考えることだ。

　水づくりの最中、最も注意しなければならないのは、水をこぼすこと。登山靴や防寒着、寝袋がびしょ濡れになったら、雪山ではかなり厳しい状況となる。水づくりをしているときは鍋から手を離さず、何か別の作業をするならば慎重に動くようにしよう。

テント内での火器の使用について

テント内での火器の使用は、酸欠や一酸化炭素中毒などに陥る危険がある。ただ、雪山では、強風や降雪により、テント外で火器を使用できないことも多い。テント内での作業は、炊事中の鍋の転倒を起こしやすく、大やけどをすることもあるし、火器を倒せばテントの炎上にもつながる。また、外が吹雪でも必ず換気を行なうこと。一酸化炭素は無色透明無味無臭で気づきにくく、重大事故につながりやすいからだ。

　テント内で火器を使用するときは、整理整頓や換気を確実に行ない、火器や鍋の転倒、酸欠には細心の注意を払おう。

炊事中は鍋から手を離さないようにしよう

ビバーク

雪山にツエルトは必携

雪山では、天候の急変で行動不能になったり、深いラッセルに時間がかかったりして、予定どおり行動できないこともある。テントを持っていれば、雪崩などの危険がない場所にテントを設営して対応できるが、日帰りや小屋泊まり、あるいはテントを設営したまま頂上往復をする場合などは、不測の事態に陥ったときにはビバーク（緊急露営）をしてパーティの安全を確保する。

ビバークには「ツエルト」が必需品だ。雪を溶かして温かい飲み物を飲むための「ストーブとクッカー」、エネルギー補給のための「非常食」があると心強い。日帰りや小屋泊まりでも、雪山に入るときには右に挙げたエマージェンシー装備は持つようにしよう。強風や吹雪などの悪天のなか、それらがあるかないかの差が生死を分けることもあるからだ。

ビバークは場所選びが重要だ。風を防ぐため、充分な積雪があれば雪洞を掘る。雪洞を掘れなくても、ツエルトをかぶるだけでも保温効果はあり、体力の低下を防げる。ただし、風が強いと厳しいビバークとなる。樹林帯であれば、ロープや細引きでツエルトを固定してもよい。雪洞をつくるにはショベルが便利だが、ピッケルのブレードやクッカーでも掘れる。雪庇下や雪崩が起きそうな斜面は危険なので、ビバークサイトとしてふさわしくない。

ツエルトを使ったビバーク

尾根の風下側や岩陰など、風を避けられ、雪崩などの危険がない場所を選ぶ。雪面を踏み固めて平らにしたあと、バックパックを置き、その上に座ってツエルトをかぶる。内側でバックパックの下に敷いたり、足で踏んで、ツエルトの端が風であおられないように押さえておく

半雪洞とツエルトの併用

1 風下側の斜面にショベルで穴を掘る 2 半雪洞を掘る際にスノーブロックが切り出せれば、入り口付近に積んで風よけにする 3 半雪洞ができたら、入り口をツエルトでふさぐ。ツエルトの端はピッケルなどで雪面に固定し、雪をかぶせて風にあおられないようにしておく 4 完成した半雪洞。風にあおられることもなく、意外に快適。水づくりなどの作業もしやすい

雪洞に泊まる

場所の選定がポイント

雪洞づくりはチームプレーで

雪洞とは、雪の斜面に穴を掘ってつくるねぐらのこと。雪山を登るとき、雪洞泊とすればテントを持参する必要がなくなり、軽量化や行動のスピードアップにつながるし、行動中に天候が急変してテントまで戻れないときなどの緊急時にも有効だ。

安全で快適な雪洞かどうかは、場所の選定でほぼ決まる。たくさんの雪が積もって、適度に締まっており、雪崩などの危険がない場所を選ぼう。天井の厚さは1m以上にしたいため、積雪3m以上の場所が望ましい。

数人が泊まれる広い雪洞をつくるには2～3時間はかかる。少しでも時間を短縮するには、パーティで役割分担して連携プレーで行なうことが大切。穴掘り担当は、雪をブロック状に切り出して掘ることで、作業スピードをアップさせるとともに余計な体力の消耗を防げる。切り出したブロックは、入り口付近に積み上げて風よけ用の防風壁とする。

なお、作業中は熱いぐらいだが、雪で体を濡らすとあとで冷えるので、アウターは必ず着用する。防水グローブもあると便利だ。

雪洞内は雪が冷気や風を遮断するため、外よりも暖かく感じるはずだ。洞内をさらに快適にするコツは、居住部分を入り口部分よりも20cmほど高くすること。出入りの際に靴が履きやすくなるだけではなく、冷気や湿気が入り口部分に集まるため、居住部分の暖かさを維持できる。

洞内を自由にレイアウトできるのも雪洞の魅力だ。小物類は、壁面をくりぬいた棚に置いたり、壁に刺した木の枝に引っかけたりする。

雪洞内は湿度が高く、暖められると装備や体が濡れてしまう。濡れを抑えるため、火器類の使用は必要最低限としたほうがいいだろう。また、降雪で入り口がふさがれても出られるように、ショベルは必ず洞内に入れておく。酸欠状態のときにすぐ気づけるよう、洞内の照明としてろうそくを使うのもおすすめだ。

①洞内の壁面をくりぬいて、炊事具や食料、小物類などを置く棚をつくる。使いやすい位置や高さにつくろう　②壁に刺した枝にLEDランタンなどの小物類をかけておくこともできる　③居住部分の床面には断熱性のマットを敷き、冷えを防ぐ　④降雪や吹き溜まりによって出入り口がふさがったときに脱出できるよう、ショベルは洞内に置いておく　⑤解けた雪が滴り落ちないように天井は丸くなめらかに

雪洞のつくり方

1 掘る斜面を決める

稜線のすぐ下、雪が吹き溜まる斜面が雪洞の適地。雪崩の心配がある斜面や、上部に雪庇が発達している場所は避ける

2 土間をつくる

ワカンやスノーシューを履いたまま、斜面を切り崩して足場を固める。足場を少しずつ広げて、荷物を広げられる土間をつくる

3 ショベルでひたすら掘る

出入り口部分はひざをついて入れるくらいに狭く。雪をかき出しやすいようにやや上方向を意識して、奥へ、横へと掘っていく

4 硬い雪はスノーソーで切る

雪が硬くなり、ショベルではスムーズに掘れなくなったら、スノーソーの出番。雪面にスノーソーで切れ目を入れて、その切れ目にショベルのブレードを差し込んで、ブロック状に切り出していく

5 寝ころびながら、上へ、左右へ広げる

出入り口の高さを1mくらいに保ちながら、寝ころんで上や奥、左右を掘り進めていく。体中が雪まみれになる、雪洞づくりの正念場

6 ツエルトで雪を外へ

掘り出した雪ブロックをひとつひとつ手で運ぶのは大変。出入り口付近に広げたツエルトの上に雪ブロックを載せて、外にいるメンバーがツエルトを引けば、作業はラクになる

7 天井は丸くなめらかに

掘り終わったら、内壁、特に天井部分はできるだけなめらかにする。でこぼこのままだと、出っ張った部分から水滴が落ちてきて、不快な思いをすることに。底面は平らに整地する

8 出入り口をツエルトでふさいで完成!

広げたツエルトの上端をピッケルや枝、雪で固定して、出入り口をふさぐ。風向きによっては雪が吹き溜まったりするため、出入り口に雪ブロックを積んでおく。また、ほかの登山者が誤って雪洞の上を歩かないよう、X印をつけた旗などを雪洞上に目印として立てておく

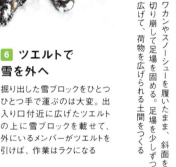

Column 6

雪山で生活する技術

雪山でのテント生活――闇夜の静寂さや満天の星など、日中とは異なる雪山の魅力を感じられる時間だ。しかしながら、やることは多く、気を配らなければならないことも多い。

滑りの世界に「JAPOW（ジャパウ）」という言葉があるように、日本の素晴らしいパウダースノーを滑るために今や世界中から人々がやってくる。だが、世界の人々を魅了する日本の雪山は、一方で世界でもまれに見る過酷なコンディションに変わるときもある（特に日本海側は）。

年末年始、剱《つるぎ》岳北方に位置する大明神《だいみょうじん》山でのこと。6日半、吹雪に閉じ込められ、このストーム期間中の降雪は3mを超えた。除雪した雪がテントの周囲に積み重なり、やがてテントは大きな穴の中に取り残されたようになった。こうなると雪が吹き溜まってどんどん埋められてしまうので、停滞中に2回ほどテントを撤収して、穴の外へテントを張り直した。いつやむとも知れない猛吹雪のなかではあったが、そのテントサイトは平坦で安定した場所であり、食料も燃料も充分にあったので、それほど恐怖感はなかったが、それでも一晩でこんなにも雪が積もるんだということを思い知らされた経験だった。

「泊まる」とは、そこで一晩を過ごす、つまり「長時間滞在する」ということだ。そこが不安定な場所であれば、危険にさらされる時間は長くなる。もし就寝中に雪崩や暴風、多量の降雪に見舞われてテントが壊れようものなら、寝ている状態から準備、撤収、移動などをしなければならず、かなりの時間と労力がかかる。そのため、テント設営の場所選びや整地には多少の時間がかかっても手間暇を惜しむべきではない。

就寝前には、テント本体や張り綱、防風ブロックなどのチェックを必ず行なう。これは習慣にしてしまったほうがよい。雪に埋まっているアンカーを引っ張って、不安を感じたら躊躇なく埋め直す。寝袋に入る前には無風晴天だったとしても、寝ている間に思ってもいなかった天候の悪化は起こりうるのだから。

寝ているときも油断はできない。降りはじめのうちはテントを叩く雪の音が聞こえても、積もっていくと音がしなくなる。それをやんだと勘違いして寝入ってしまうと、最悪の場合、テントの埋没や崩壊につながりかねない。雪の降りが激しいときは、面倒くさがらずに夜中に何度か起きて、靴を履き、シェルを着て、外に出て除雪をする。

「細かいところに気がつかない、気を配れない、おろそかにするヤツは遭難する」

これは山岳部時代にさんざん言われてきたことだ。濡れに対してもそう。日本海側の湿雪でラッセルをすれば、気をつけていないとどんどん装備が濡れてしまう。濡れたものは凍り、さまざまなインシデントの引き金になる。

自分の安全を守るためにも、些細なことにも気を配り、よい習慣を身につけておくことはとても大切だ。

北アルプスの大明神山のテントサイト。ここで6日半、吹雪に閉じ込められた。積雪は、この写真のあともどんどん増え続け、テントが埋まってしまうほどの高さにまで達した

Part 7

雪山のリスク

雪山に潜むリスクとは

雪山ならではの危険を知る

雪山に登るには、雪山ならではのリスクについても知っておかなければならない。雪山のリスクに関して正しい知識をもち、山中で適切な行動をとることができなければ、自分や仲間の命を危険にさらし、遭難事故を引き起こす可能性が極めて高くなるからだ。それぞれのリスクについては、本パートで項目ごとに詳述していく。ここではリスク回避のための基本的な考え方を解説する。

ハザードとリスクを分けて考える

ひとつ目のポイントは、「リスクとハザードを分けて考える」ことだ。ハザードとは、自然のなかに隠れている潜在的な危険要素のことで、雪山のハザードは「気象」「地形」「積雪」の3つのカテゴリーがある。

それぞれを詳しく見てみると、

□気象…吹雪、ホワイトアウト、強風、低温

□地形…ヤセ尾根、急斜面、雪崩地形、森林限界

□積雪…雪崩、雪庇、アイスバーン

となる。混同されやすいが、ハザードそのものはリスクではない。大量の積雪によって雪崩が発生しても、森林限界を超える稜線上で強風が吹き荒れても、それ自体はあくまで自然現象であり、そこに人間がいなければリスクは生まれない。ハザードに人間がさらされることで、はじめてリスクが発生するのだ。

また、ハザードにさらされる人間の「脆弱性」も、リスクの程度を左右する。たとえば、経験者にとっては何てことのないヤセ尾根や急斜面も、雪山をはじめたばかりの人にとっては転・滑落のリスクのある危険箇所となる。確実なルートファインディングスキルを身につけていれば、悪天候でホワイトアウトしてもルート維持はできる。しかし、地図読みができない人がホワイトアウトに遭遇をすれば為す術はなく、危険な状況に追い込まれてしまう。

携行する用具やウェアの内容も、登山者の脆弱性に影響を与える。強

風や低温というハザードに遭遇したとき、体を保温したり、寒さや風を遮断する装備を持っていれば、耐えることができるが、なければ低体温症や凍傷のリスクに直結する。

ハザードにさらされることがリスクを生じさせるのであれば、できるだけハザードにさらされないように行動すること、すなわち「さらされる時間と量をコントロールすること」がリスク回避の鍵となる。また、本書内で雪山に登るためのさまざまな技術や知識を解説してきたが、それらはすべて登山者の側の脆弱性を改善して、雪山のリスクをできるだけ減らすためでもあるのだ。

リスク回避の行動は計画段階からはじまる

2つ目のポイントは、「リスクマネジメントは計画段階からはじまっている」ということ。

雪山に入って、悪天候やヤセ尾根に遭遇してはじめて、「ヤバい……どうしよう?」と考えるようでは遅すぎる。行動計画を立てるとき（P56）に、地形図から地形的な特徴を読み込んだり、天気予報をこまめにチェックして天気のサイクルや山行当日の予報を把握することで、「山中ではどんなハザードが想定されるか」、そして「ハザードに対して、どう行動すればリスクを減らせるか」をイメージしておく。

3つ目は、「山中では、山やメンバーの状況をしっかり観察する」こと。

積雪や天候、気温、風速など、山の状況は刻一刻と変わっていく。その変化を見逃さず、リスク要因となり得る状況に遭遇したら（あるいは、遭遇しそうだったら）、早めの判断を下して適切な対応をとる。また、メンバーの体調や疲労具合、歩くペースにも注意する。メンバーが著しく疲労していたり、行動時間がかかりすぎていたりするときは、パーティの脆弱性が高く、あらゆるハザードに対するリスクが大きくなっている状態なので、すぐにでも引き返しの判断や体調の回復を促すような対処をしなければならない。

雪山の厳しい自然のなかに入っていくとき、「行けば、何とかなる」「一か八かで行ってみよう」は通用しない。雪山に潜むハザードを把握し、リスクを減らす判断・行動をすること。確実なリスクマネジメントこそが自分たちの命を守るのだ。

雪崩

地形と積雪の状態に注意する

雪崩の種類を知る

雪崩の危険を回避するには、まずは雪崩について知らなければならない。雪崩は「発生の形」「雪崩層の雪質」「滑り面の位置」によっていくつかの種類に分類される。

□発生の形（点発生・面発生）……発生の際、ある1点からはじまるか、ある範囲が面として動きだすのか

□雪崩層の雪質（乾雪・湿雪）……なだれる雪が乾いているのか、濡れているのか

□滑り面の位置（表層・全層）……積雪の雪面に近い上層がなだれるものと、積雪の底から積雪すべてが流れるものに分けられる

右記の組み合わせで、「点発生乾雪表層雪崩」「面発生乾雪表層雪崩」「面発生湿雪全層雪崩」などが典型的な例となる。これらに含まれない種類もあり、たとえば、完全に水に浸された雪が流下する「スラッシュ雪崩」は春先によく見られ、破壊の規模が大きいことが特徴だ。

地形をよく観察し、雪崩地形に入り込まないように注意する

地形と斜度に注意する

雪崩が発生したとき、被害が及ぶ場所を「雪崩地形」と呼ぶ。雪崩のリスクマネジメントでは、雪崩地形を理解・認識し、回避することが大切なポイントとなる。

雪崩地形は、雪崩が起きる「発生区」、それが流れていく「走路」、流れた雪崩が停止する「堆積区」という3つに区分される。発生区は以下の要素に着目し、危険度を判断する。

①斜度……急であれば雪は流れ落ちるため溜まりにくく、緩やかであれば雪崩は起きにくい。30～45度が雪崩が発生しやすいといわれている

②風の影響……風上側の雪は風下に運ばれ、時に不安定な層を形成する

③地形の形状……沢状や凸状斜面、漏斗状斜面など

④植生……一般に樹木は雪を斜面にとどめやすいが、ひとたび雪崩が起きると樹木は凶器に代わる

⑤日射の影響……日射によって雪質は急速に、大幅に変化していく

雪崩地形の構成

■発生区
雪崩が発生する場所。斜度、地形、風などを考慮して発生区を見極めることがリスク回避の第一歩となる

■走路
典型的な走路は、発生区の下部に位置する沢状地形。森林内や沢状ではない斜面でも走路になり得る

■堆積区
流下してきた雪崩が速度を落とし、停止する区間。一般的に斜度が緩くなり、平坦な場合もある

雪崩の危険トライアングル

P136の「ハザードとリスク」の考え方を、雪崩に当てはめた図。地形や積雪はハザードであり、リスクではない。雪崩地形や不安定な積雪が存在する場所に、人や施設がさらされて「雪崩の危険」が発生する。逆にいえば、ハザードにさらされる時間や人数をコントロールできれば、リスクを減らすこともできる

雪崩の種類

発生の形

点発生雪崩

面発生雪崩

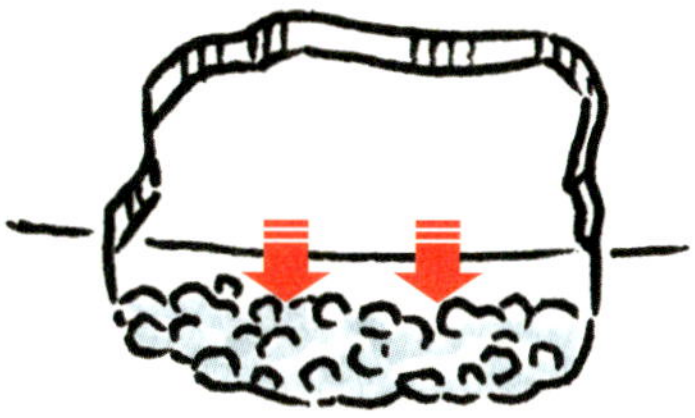

滑り面の位置

表層雪崩

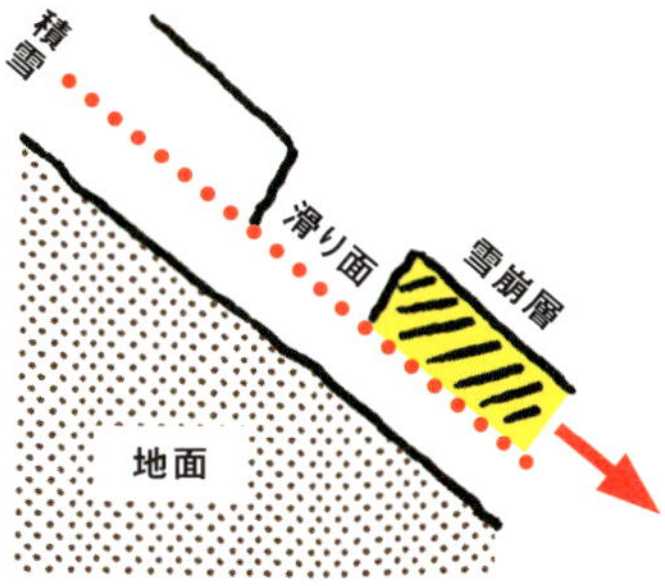

全層雪崩

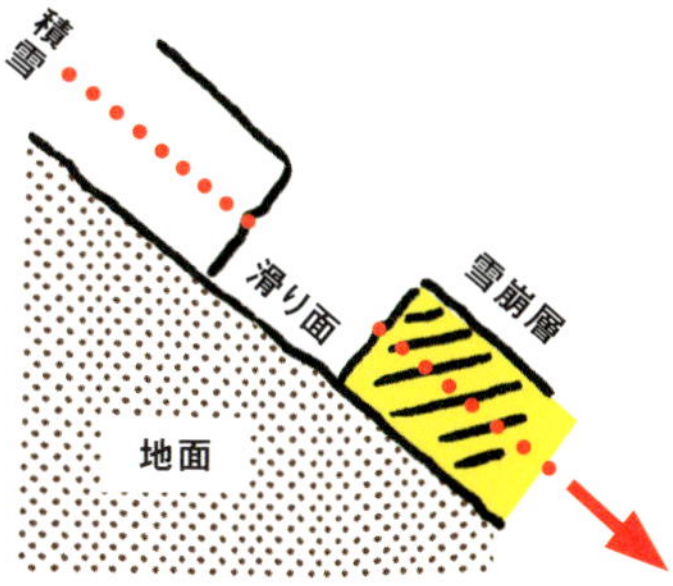

雪崩層の雪質

乾雪雪崩

雪崩層（始動積雪）の雪粒の周囲に水分を含まない、乾いた雪の雪崩

湿雪雪崩

雪崩層（始動積雪）の雪粒の周囲に水分を含んでいる、湿った雪の雪崩

また、発生した雪崩の規模は小さくても、被害を大きくする地形を「地形の罠」と呼ぶ。雪が集まりやすい漏斗状の沢や谷、斜面下に崖があって雪崩に流されて転・滑落にもっていかれそうな地形が代表例となる。

行動中は、地形とともに、積雪の状態にも注意を払う。雪面に足を踏み込んだとき、足元からブロック状の雪が崩れ落ちたり、雪面に亀裂や割れ目が入る。登高時に足元からワッフ音（弱層が刺激で破壊される音で、ズゥンというおなかに響くような音）が聞こえる。これらは雪が不安定なシグナルであり、こうした兆候があったときには雪崩地形を避けたルート取りが不可欠だ。

強い気象現象が起きている最中や直後は、積雪が不安定になる傾向がある。具体的には短時間内の大量の降雪、冬の降雨、急激な気温上昇などで、そうしたときには雪の状態に細心の注意を払わなければならない。

パーティで雪崩発生の可能性がある斜面に入る場合は、グループをマネジメントすることも重要。たとえば5人で行動しているとき、仮に雪崩に遭遇しても埋没者が1名であれば、残りの4名でセルフレスキューを行なえる。しかし5人全員が埋まったら、パーティは全滅という最悪の事態に陥ってしまう。雪崩地形を通過するときは、互いの間隔をあけるなどの対応が必要となる。

アバランチギアは必携

自分や仲間が雪崩に流されて埋没したとき、捜索・救助活動を行なう（行なってもらう）には、雪崩ビーコン、プローブ、ショベルのアバランチギアが必須装備となる。しかし、BCスキーヤーやスノーボーダーと比べて、登山者の携行比率は低いのが現状だ（２０１９年現在）。「尾根を歩くから大丈夫」「トレースがある山を登るから大丈夫」という人もいるが、日本の山での雪崩による死亡者の半数は登山者であり、実際には大丈夫ではないのだ。

雪崩で完全埋没してしまった場合、生きているうちに掘り出す時間目安は10〜15分。トリプルアンテナを内蔵したビーコンを用いて、捜索者が基礎的な訓練を受けていれば5分程度で位置特定が可能となる。雪山に登るなら、アバランチギアはパーティ全員が持ち、使い方をトレーニングしている必要がある。

積雪の評価

ピットを掘り、積雪断面を観察

積雪の状態を知るには、本文で述べた表層の観察のほか、ピット（斜面をコの字型に削った窪み）を削って積雪内部を調べる方法もある。ピット内では積雪断面を観察し、積雪を構成する層構造や各層の雪質・硬度をチェックする

コンプレッションテスト

積雪の断面観察で発見した、調べたい層の状態を確認するためのテスト。ピット内に独立した30㎝四方の四角柱をつくり、上に載せたショベルのブレードを徐々に強度を上げて叩いて衝撃を与えることで、積雪の脆弱性を確認する

注意すべき地形

カール地形

オープンな斜面

発生区の見極めには「斜度」が重要で、30～45度が最も雪崩が発生しやすい。登山ではこれくらいの斜度は気にしないことが多いので注意が必要だ。沢やカールといった「地形の形状」、積雪を支える樹林の有無など「植生」も観察して、危険な地形はできるだけ回避する

雪崩リスクの軽減法

間隔をあけて行動する

雪崩地形を通過する際は「1人ずつ」が基本で、ほかのメンバーは安全な場所で通過者や斜面の状態を見守る。ただ、幅の広い雪崩走路を横切るときなど、その基本が適応できないときは、互いに適度な間隔をあけて通過する

雪崩地形を回避する

樹林が密にあり、斜度の緩やかな①が、最も雪崩地形を回避できている。沢を登る②は、長時間、雪崩の危険に身をさらすことに。③は山頂への最短ルートだが、開けた急斜面で地形が積雪を支えていない可能性がある

埋没者の捜索手順

1 ビーコン捜索

2 プロービング

1 ビーコンを受信モードに切り替え、埋没者を捜索する 2 プローブを雪面に刺して、埋没者の位置を特定する 3 埋没者にヒットしたプローブはそのままにして、ショベルで掘り出しを行なう（なお、本書ではスペースの都合で詳しい捜索方法を解説できないため、雪崩の専門書を読んだり、講習会に参加して、正しいスキルを身につけよう）

3 掘り出し

出発前に

ビーコンは、雪崩に巻き込まれた際にも体から離れないよう、必ずアウターシェルの内側に装着する（上）。行動を開始する前には、全員のビーコンが正しく機能しているか確認するため、お互いに発信モード、受信モードに切り替えてビーコンチェックを行なう（下）

低体温症

「震え」がはじまったら、要注意

低温、風、濡れによる体温の低下が要因に

人間の体温は通常37℃前後に保たれているが、寒冷状態に長時間さらされて恒常性維持機能が失われると、35℃以下に下がることがある。こうした体温低下によって起こる全身的な症状を低体温症という。

発症する外的要因としては、低温、風、濡れなどで体温が奪われることがある。特に濡れの影響は大きく、水は空気に比べて熱を奪う能力（熱伝導率）が25倍もある。衣服が濡れた状態で風に吹かれれば、伝導と対流に加え、蒸発による冷却効果も加わるため、体熱は一気に奪われる。雪山において衣類や装備の濡れに注意しなければならない理由もここにある。また、内的要因としては、エネルギー不足で体内での熱の産生が滞ることが考えられる。

体温が36℃になると寒気を感じ、35℃まで下がると震えが起こりはじめる。35℃以下になるとふらついたり、口ごもるような会話になる。

予防には、前兆症状の「寒気」や「震え」を見逃さないことが大切。その段階でウェアを着込んだり、温かい飲み物を飲んだり、エネルギー補給をすれば、回復できる可能性が高い。震えが止まらず、問いかけへの反応が鈍くなり（＝思考力低下）、頻繁につまずいたりする（＝運動機能低下）ときは、すぐに行動を中止して、できるかぎりの「保温」「加温」「隔離」「熱産生」に努める。熱産生とは、エネルギー補給を行ない、体内からの熱の産生を促すこと。保温は、低温・風・濡れの影響をシャットアウトする服装で、体熱の喪失を防ぐこと。加温とは、温かい飲み物を飲んで、体を温めること。隔離は、テントやツエルトの中に入り、風雪や低温を遮断すること、である。

一度体温が下がりはじめると、症状が悪化するスピードが速いのも低体温症の特徴。体温が34℃以下になると山中での対応は困難となるため、早めの判断・対処が不可欠だ。

寒さに、衣類の濡れと風が加わると、体熱は一気に奪われ、危険な状況となる

体温の低下とそれに伴う症状

体温	症状
36℃前半	寒さを感じる。寒気がする。
35℃台	手の細かい動きができない。 震えがはじまる。 歩行が遅れがちになる。
35～34℃	歩行は遅く、よろめく。激しい震え。 眠そうにする。無関心状態。 口ごもるような話し方になり、 意味不明な言葉を発することもある。
34～32℃	手が使えない。まっすぐに歩けない。 転倒する。しどろもどろな会話。 意識が薄れる。 感情がなくなる（閉じこもる）。
32～30℃	起立不能。思考できない。 錯乱状態。震え停止。 不整脈が表われる。意識消失。
30～28℃	半昏睡状態。瞳孔散大。 心拍・脈拍微弱。呼吸数半減。
28～26℃	昏睡状態。心停止することも多い。

予防法

低体温症は「熱産生」「保温」「加温」「隔離」によって未然に防ぐことができる。

■**熱産生**……行動食を食べて、体内からの熱の産生を促す。
■**保温**……防寒着などウェアを着込み、体の熱の喪失を防ぐ。
■**加温**……温かい飲み物を飲んで、体を温める。
■**隔離**……ツエルトをかぶって、雪や風、低温を遮断する。

また、エネルギー補給ができていれば、吹きさらしの稜線で休んだりするよりも、行動を続けたほうが体が温まり、体温低下のリスクが低い。

ツエルトに入れば、寒さは和らぐ（上）。寒いときこそ、しっかりと食べる（右）。体温の低下を防ぐため、休憩時は防寒着を着て、温かい飲み物を飲むといい（下）

応急手当て

「震えが激しくなる」「歩行がおぼつかなくなる」など症状の悪化が見られたら、以下の処置を施して体温の回復に努める。

■テントやツエルトに入り、寒気と隔離する。
■衣類が濡れている場合、可能なら着替えさせる。
■スリーピングバッグ、レスキューシートなどで体を包む。
■温かい飲み物で、糖分・水分補給。
■湯たんぽ（ウォーターボトルにお湯を入れてつくる）や簡易カイロで、首、脇、鼠径部を加温する。

⚠ アルコール類やカフェイン入りの飲料は、血管を収縮・拡張させる作用があるので与えてはいけない。入浴や暖房で急激に温めるのも厳禁。抹消組織の冷たい血液が体の深部に流れ込み、体幹温度が低下して死亡する危険があるためだ。

凍傷

グローブやソックスは濡らさない

手足の指先や顔周辺が痛みだしたら要注意

凍傷とは、寒冷環境が体の局所に及ぼす血行障害のこと。極度の寒冷状態に長時間さらされると体熱を逃さないために血管が収縮し、体の末梢部の血流が悪くなる。こうした生理反応自体は、体の中心部を寒さから守るために必要不可欠なことなのだが、このときグローブやソックスが濡れていたり、素手で作業をしたりして、体の局所がさらに寒さにさらされると血行障害が進行し、皮膚や組織が凍結した状態になり、最悪の場合は壊死に至る。凍傷の症状は、左の表のような4段階に分けられる。壊死まで進行すると、治療は難しく、切断手術を要する。

雪山登山では、寒さや風にじかにさらされる顔周辺、特に頬、耳、鼻がなりやすい。手足の指先など体の末梢部も要注意で、雪や汗で濡れたグローブやソックスを身につけたままだと凍傷のリスクは高まる。

行動中に手足の指先や耳たぶなどがジンジンとして痛みだしたら、それは血行障害のシグナルであり、凍傷になる一歩手前の状態である。そのまま放置するとさらに血行障害が進行し、凍傷となってしまうため、痛みを感じた時点でしっかりと対処しなければならない。

最も基本的な予防法は、厚手のグローブやソックス、バラクラバなどで保温し、体の末梢部を寒さから守ることだ。出発前にその日の行動や天候を予測し、必要な装備はあらかじめ身につけておくか、ザックからすぐに取り出せるようにしておきたい。行動中にグローブを厚手のものや乾いたものに交換する場合は、グローブの内側やインナーグローブに雪がつかないように注意する。手足の指先を動かしたり、手でこすってマッサージをすることでも血行を促すことができる。

体の中心部の体温低下を防ぐために末梢部の血管収縮が起こることを考えると、凍傷を防ぐには末梢部だけではなく、中心部の保温に努めることも有効だといえる。体の中心部の保温方法は、低体温症の予防法（P143）と同じだ。

山中でⅡ度の凍傷になってしまったら、次ページの応急手当てを施す。水疱を破ると感染リスクが高まり、真皮の乾燥化が起こって凍傷が悪化するため、絶対に破ってはいけない。温浴処置を施して、できるだけ早く下山して医療機関を受診しよう。

凍傷の重傷度

Ⅰ度	表皮のみの傷害で、皮膚が痒くなったり、赤く腫れたりする。
Ⅱ度	真皮までの傷害。むくみ（浮腫）や水ぶくれ（水疱）ができる。
Ⅲ度	皮下組織までの傷害で、皮膚が腐ったようになったり（壊死）、潰瘍をつくったりする。
Ⅳ度	筋肉や骨まで腐ってしまう（壊死）。外科手術が必要。

凍傷の重傷度は4段階に分類される。浮腫や水疱が見られたら（Ⅱ度）、すぐに応急手当てをしなければならない

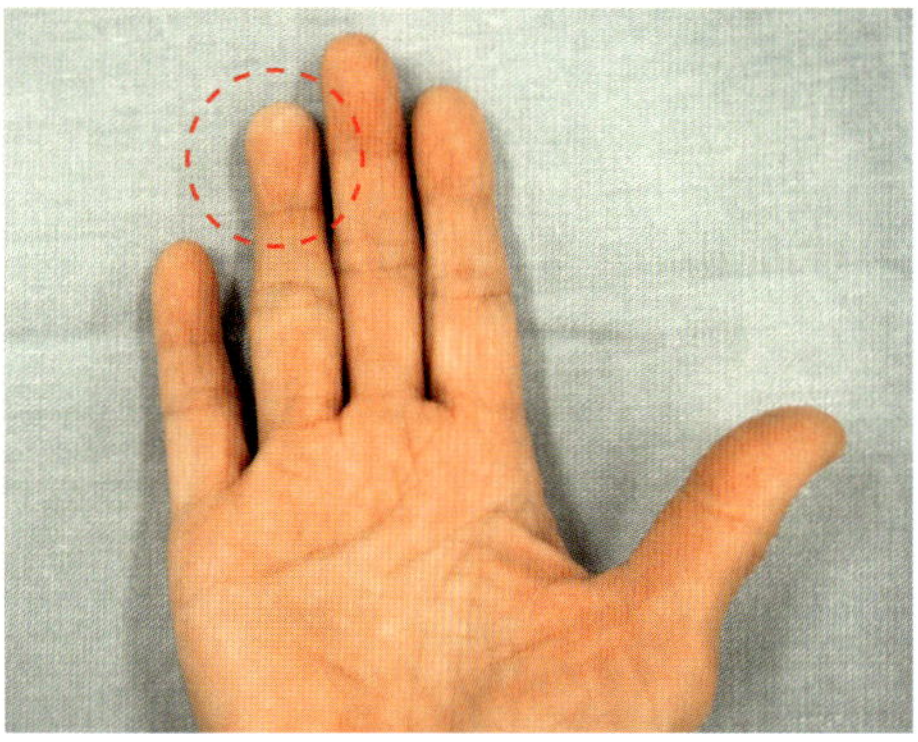

軽度の凍傷。指先が白く、感覚が鈍くなる。「冷たい」「痛い」と感じたまま放っておくと、症状が悪化する

1

予防法

凍傷になりやすい部位は、「寒さや風にさらされる顔周辺」と「手足の指先」。

【顔周辺の予防】

■フードやバラクラバで防寒・防風する。

【手足の指先の予防】

■厚手のグローブやソックスで保温。

■グローブやソックスは濡らさない。

■手足の指を動かして血行促進。

■体や手足を締めつけすぎない（靴ひもの締め具合やグローブのサイズに注意）。

「血行促進剤を塗ること」「水分を摂って、血流をサラサラにすること」も凍傷予防になる。

3

2

4

1 厚手のグローブで保温する 2 顔周辺はバラクラバで防寒。寒いときは鼻のあたりまで覆う 3 行動中はときどき指先を動かして、血行を促す 4 アイゼンバンドの締めすぎでも血行障害は起こる。足指の痛みを感じたら、休憩時にバンドをゆるめてみるといい

応急手当て

症状がⅡ度以上になってしまったときは以下の処置を施す。

■水疱は決して破らない。

■42〜43℃のお湯に30分以上つけて、患部を温める。

■感覚が戻ったら、乾いた布で水分を拭き取り、清潔な布や包帯で患部を保護する。

■できるだけ早く下山して、医師の診察を受ける。

マッサージや摩擦は患部の組織を損傷するので厳禁。ストーブでじかに温めるのもやけどの危険があるのでNG。温浴については「融解した組織はもろく、再び寒冷にさらすと再凍結や組織損傷のおそれがある」「下山まで時間がかかる場合は、山中で温浴しないほうがいい」という意見もある。ただ、多くの凍傷治療の経験がある専門医は早期の温浴対処をすすめている。温浴後、患部の充分な保温をして即下山、歩けない状況なら救助要請、がベターな判断ではないだろうか。

転・滑落

確実な歩行技術で防止する

「転ばない」「滑らない」歩行技術を磨く

雪山では、無雪期の山以上に、転・滑落の危険が大きくなる。山を覆う雪や氷は滑りやすく、アイゼンやピッケルといった雪山装備の使い方を誤ることで転倒やスリップにつながるケースも多い。凍結した斜面で転倒すれば、氷雪の続くかぎり斜面を滑り落ちていくことになる。

転・滑落による事故を防ぐには、雪上歩行技術（P74～）を確実に身につけておくことが第一。ピッケルを使った滑落停止技術（P83）はあるが、滑りだしてスピードがついてしまうと体を止めることは困難を極める。そのため、まずは「転倒しない」「スリップしない」ための歩行技術を磨くことが重要だ。特に、雪面の状態に応じた適切な用具や技術の選択、アイゼンの正しい装着と歩き方（フラットフッティング、左右の足の間隔など）に注意したい。歩行中にアイゼンが外れたり、アイゼンの爪をパンツの裾や岩にひっかけたりしてバランスを崩すことは、場所によっては致命的な事故につながりかねないからだ。

危険箇所（ハザード）をあらかじめ把握しておくことも欠かせない。軟らかい雪の緩やかな斜面では転倒や滑落は起こりにくい。注意すべきは、両側が切れ落ちた急峻な尾根や雪壁状の急斜面、岩と雪がミックスした箇所やアイスバーン（雪面が硬く凍結した箇所）などだ。また、雪庇の踏み抜きによって転・滑落することもあるし、森林限界以上の稜線上では強風にあおられてバランスを崩して滑落するおそれもある。

危険箇所では、いつも以上に気を引き締めて慎重な行動を心がけるとともに、パーティ内にロープワークに習熟したメンバーがいれば、ほかのメンバーをビレイして転・滑落を防止する。計画段階で地形図などから危険箇所を把握し、自分たちの経験や技術では通過は難しいと判断した場合は、ルートの変更を検討する。

厳冬の西穂高岳をめざす。急峻な岩稜帯が続き、一瞬たりとも気をゆるめられない

どんな場所に注意すべきか

転・滑落は、いくつかのハザードが要因となって発生する。地形的な特徴では「急峻な岩稜や岩場」「急斜面」「両側が切れ落ちたヤセ尾根やナイフエッジ」などに注意が必要。また、「アイスバーン」や「岩と氷雪のミックス帯」など積雪の状態によって危険箇所となるケースもある。さらに、「雪庇」が発達している場所や、森林限界以上の稜線上など「強風」が吹きつける場所も、転・滑落の注意箇所となる。

岩と氷雪のミックス帯。岩の部分にはアイゼンの爪が刺さらず、足の置き方によってはスリップしてしまう。氷雪の部分を選んで歩くといい

転・滑落を防ぐには

確実な歩行技術

歩行中にバランスを崩したり、スリップしなければ、転・滑落することもない。傾斜や雪面の状態に応じて、アイゼンやピッケルを正しく使いこなし、確実な歩行をすることが、転・滑落防止の基本

メンバー同士でフォローし合う

経験の浅いメンバーに対して、ほかのメンバーが足の置き場などを指示してあげる。下りではすぐ下について、バランスを崩したときなどに支えてあげる。複数人で登っているときは、そうしたメンバー間のフォローも大切

ロープを使用する

パーティに経験の浅いメンバーがいる場合は、積極的にロープを使用したい。ロープを結び合い、ビレイしていれば、仮に相手が足を滑らせても、致命的な転・滑落を防ぐことができる。ただし、ビレイする側がロープワークに習熟していることが絶対条件だ

そのほかのリスク

強風、深雪、ホワイトアウトなど

雪山のハザードにはほかに、「強風」「深雪・ドカ雪」「雪庇」などがある。強風は「転・滑落」「低体温症」、深雪・ドカ雪は「疲労」「テントの埋没」、雪庇は踏み抜きによる「転・滑落」と、さまざまなリスクを引き起こすため、山中で遭遇した際には慎重に行動しよう。

実際の雪山では複数のハザードが組み合わさることで危険な状況に追い込まれるケースも多い。たとえば、ホワイトアウトしたときに雪庇が発達した稜線を歩けば、踏み抜きや転・滑落の危険度は格段に高まる。雨で濡れたウェアのまま行動を続け、強風や低温にさらされれば、高い確率で低体温症を発症する。

自分が登る山やルートには、どんなハザードが存在するのか。ハザードは、登るシーズンによっても異なり、冬山には冬山の、春山には春山のハザードがある。ハザードを正しく把握することは、すなわち「山を知る」ことであり、それがリスクマネジメントの第一歩となる。

強風

稜線上での転倒や滑落、体温を奪い低体温症を引き起こす、などのリスクがある。風速15mでは立っていてもバランスが崩れ、20mでは行動が困難になる。天気予報で風速を確認し、森林限界以上の稜線で強風が吹くときは無理に行動せず、風が収まるまで待機する。また、行動中に突風が吹いたとき、瞬間的に耐風姿勢（P84）がとれるように練習をしておこう

深雪・ドカ雪

降雪直後や入山者が少ない山では、雪が深く降り積もり、ラッセルになることが多い。ラッセルをして登るのはかなり消耗するし、時間もかかる。メンバーの疲労度やペースを確認し、目的地への到達が難しいときは、早めに引き返しの判断を。また、冬期の日本海側の山では一晩で1m以上のドカ雪に見舞われることもある。テント泊の場合、周囲の除雪を確実に行ない、テントが埋没しないように注意しよう

雪庇

雪庇とは、尾根の風下側にひさしのように雪が張り出した部分のこと。近づきすぎると、踏み抜きや崩落による転・滑落のリスクがある。ホワイトアウトで視界がないときには、知らず知らずのうちに雪庇に近づき、踏み抜いてしまう危険があるので要注意。雪庇形成のメカニズムなど詳細はP95を参照

ホワイトアウト

濃霧や降雪、吹雪によって周囲が白一色となり、視界が失われること。樹木などのない広い場所では道迷いの、森林限界以上の稜線上では転・滑落や雪庇踏み抜きの要因となる。ホワイトアウトに遭遇してしまったら、地形図とコンパス、GPSなどで現在地を確認しながら歩くか、むやみに動かずにツエルトをかぶって天候回復を待つ

降雨

残雪期には雪ではなく、雨に降られることも珍しくない。冬期でも、標高が低いところでは雨になることがある。衣類が濡れることで体温が奪われ、さらに森林限界以上の稜線に出て強風に吹かれれば、低体温症のリスクは増大する。濡れたウェアを乾かせない環境ならば、山行を中止して下山を考えたほうがいい。また、冬の雨は積雪の状態を著しく不安定にすることも覚えておこう

春山で特に注意すべきこと

融雪による落石・シュルンド

春になって雪解けが進むと積雪の下に隠れていた不安定な石が露出して、崩れ落ちてくることがある。落石には常に注意する。また、残雪期は谷沿いをルートとすることもあるが、両岸の地面との境目にシュルンドがあいて転落のリスクが増すため、端には近づかないようにしよう

紫外線

春は1年で最も紫外線が強く、雪面からの反射もあるため、その影響は大きい。紫外線が引き起こすリスクのひとつは「雪盲」。目の炎症で、痛みで目が開けられなくなる。「日焼け」も侮ってはいけない。雪盲防止には、日中は必ずサングラスをかける。日焼け対策は、顔や首筋には日焼け止めクリーム、唇にはUVカットのリップクリームを塗る

雪山登山装備表

品名	日帰り	営業小屋泊	テント泊
個人装備			
ウェア			
アンダーウェア上下　※1	○	○	○
ミドルレイヤー上下　※1	○	○	○
アウターシェル上下　※1	○	○	○
防寒着(インサレーション)	○	○	○
レインウェア	*	*	*
バラクラバ	○	○	○
ビーニー(ニット帽)	△	△	△
ネックウォーマー	△	△	△
グローブ　※2	○	○	○
予備グローブ	○	○	○
ソックス	○	○	○
予備ソックス	○	○	○
行動用具			
雪山用登山靴	○	○	○
ゲイター	○	○	○
バックパック	○	○	○
サブザック	—	△	△
トレッキングポール	△	△	△
ピッケル	*	*	*
ピッケルリーシュ	*	*	*
ピッケルカバー	*	*	*
アイゼン	*	*	*
アイゼンケース	*	*	*
ワカンまたはスノーシュー	*	*	*
ショベル　※3	*	*	○
スタッフバッグ	○	○	○
ビニール袋	○	○	○
サングラス	○	○	○
ゴーグル	○	○	○
水筒(ウォーターボトル)	△	△	△
保温ボトル	○	○	○
ヘッドライト	○	○	○
予備電池	○	○	○
ナイフ	○	○	○
コンパス	○	○	○
地形図	○	○	○
GPSレシーバー	△	△	△
時計	○	○	○
カメラ	△	△	△
手帳・筆記用具	○	○	○
登攀用具			
ヘルメット	*	*	*
ハーネス	*	*	*
スリング/カラビナ	*	*	*
ビレイデバイス	*	*	*
キャンプ・生活用具			
スリーピングバッグ	—	—	○
シュラフカバー	△	△	△
個人用マット	—	—	○
テントシューズ	—	—	△
個人用食器・カトラリー	—	—	○
カップ	△	△	△
ティッシュペーパー	○	○	○
タオル(手ぬぐい)	○	○	○
裁縫用具/修理用具	△	△	△
日焼け止め/リップクリーム	○	○	○
携帯トイレ　※4	*	*	*
エマージェンシー用品			
ビーコン　※3	*	*	*
プローブ　※3	*	*	*
ツエルト	○	○	*
非常用携帯燃料	○	○	△
ライター(マッチ)	○	○	○
ファーストエイドキット	○	○	○
常備薬	○	○	○
非常食	○	○	○
貴重品、そのほか			
現金、カード類	○	○	○
携帯電話/予備バッテリー	○	○	○
身分証明書/健康保険証	○	○	○
登山計画書の控え	○	○	○
コース資料	△	△	△
事故伝達カード	○	○	○
共同装備			
ロープまたは補助ロープ	*	*	*
スノーアンカー　※5	*	*	*
アイスハンマー	*	*	*
アイスピトン/アイススクリュー	*	*	*
標識(赤布・赤旗)	*	*	*
スノーソー	—	—	*
テント/テントポール	—	—	○
雪用ペグ	—	—	○
内張または外張	—	—	*
フライシート	—	—	*
テントマット	—	—	○
ストーブ・ストーブ台	△	△	○
燃料	△	△	○
クッカー	△	△	○
ウォーターボトル　※6	△	△	○
炊事用雑具	—	—	○
雑巾・キッチンペーパー	—	—	△
ランタン	—	△	○
雪用ビニール袋	—	—	○
雪用タワシ	—	—	○
ラジオ	△	△	○
無線機　※7	*	*	*

凡例　○＝必携装備
△＝あれば便利または必要に応じて
*＝ルート内容によって判断する
—＝不要

※1……各ウェアは、季節、山域、山行形態に適した機能・保温性のものを用意する
※2……グローブは、季節、山域、山行形態に適した機能・保温性のものを用意する
※3……雪崩の危険性があるルートに入る場合は個人装備として必携
※4……入山者が多い山域や環境保全上の必要性が高い場合に必要
※5……スノーピケットやスノーフルーク
※6……雪を溶かしてつくった炊事用の水をためておくボトル。行動用具の水筒との兼用も可
※7……携帯電話の使えない山域で非常用の通信機器として用意する

登山計画書（届）

提出日：　　年　　月　　日　　提出者：

山域・山名／				登山形態／
担当 氏名	生年月日（年齢） 山岳保険	性別 血液	住所 電話・携帯電話（登山時携帯している場合）	緊急連絡先（間柄） 電話

山行期間	行動日　　日間　（ほかに予備日　　日）

行動予定		
	月　　日	
	月　　日	
	月　　日	
	月　　日	
	月　　日	
	備考（緊急時のエスケープルート、引き返し時間目安など）	

日の出　　時　　分／日の入　　時　　分　（　　月　　日）

基本食料　朝・夕食［各　　食分］／　行動食［　　食分］	予備食　　食分	非常食	

装備内容		
	ウェア	
	行動用具	
	登攀用具	
	宿泊用具	
	緊急対策用具	
	そのほか	
	共同装備	

関係連絡先／

そのほか

ヒトココ・ココヘリID：　　無線機のコールサイン：

※所属（山岳会など）がある場合は以下に記入

所属	有 or 無
団体名	
代表者名	
住所	
連絡先	

※救援体制がある場合は以下に記入

救援体制	有 or 無
緊急連絡先名	
住所	
連絡先（昼）	
同（夜）	

ヤマケイ登山学校

雪山登山

2019年12月 5日 初版第1刷発行
2023年 2月10日 初版第3刷発行

発行人 川崎深雪

発行所 株式会社 山と溪谷社
〒101-0051
東京都千代田区神田神保町1丁目105番地
https://www.yamakei.co.jp/

印刷・製本 図書印刷株式会社

■乱丁・落丁、及び内容に関するお問合せ先
山と溪谷社自動応答サービス ☎03-6744-1900
受付時間／11：00～16：00（土日、祝日を除く）
メールもご利用ください。
【乱丁・落丁】service@yamakei.co.jp
【内容】info@yamakei.co.jp

■書店・取次様からのご注文先
山と溪谷社受注センター
☎048-458-3455 FAX 048-421-0513

■書店・取次様からのご注文以外のお問合せ先
eigyo@yamakei.co.jp

Printed in Japan
ISBN 978-4-635-04425-7

監修・著 天野和明［あまの・かずあき］

編集 山と溪谷社 山岳図書出版部
編集・執筆 谷山宏典
写真 宇佐美博之
梶山 正
加戸昭太郎
亀田正人
柄沢啓太
中島健郎
中村英史
野口いづみ
星野秀樹
矢島慎一
写真協力 赤岳鉱泉
オーセンティックティックジャパン
公益社団法人 日本山岳ガイド協会
昭文社
北海道放送
Mt.石井スポーツ
ファイントラック
ヤマテン
吉田産業
Weather-GPV
図版協力 野村 仁
カバーイラスト協力 アルテリア
カバーイラスト 東海林巨樹
本文イラスト 越井 隆
ブック・デザイン 赤松由香里（MdN Design）
デザイン 吉田直人
本文DTP ベイス
校正 戸羽一郎

■参考文献

『山岳気象大全』猪熊隆之（山と溪谷社）
『雪崩リスク軽減の手引き』出川あずさ・池田慎二（東京新聞）
『山岳雪崩大全』雪氷災害調査チーム編（山と溪谷社）
『登山の運動生理学とトレーニング学』山本正嘉（東京新聞）